aruco

京都

Kyoto

こんどの休日も、
みんなと同じ、お決まりコース？

「みんな行くみたいだから」
「なんだか人気ありそうだから」
とりあえずおさえとこ。
でも、ホントにそれだけで、いいのかな？

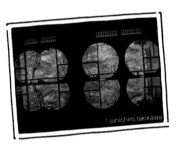

© junichiro.takikawa

やっと取れたお休みだもん。
どうせなら、みんなとはちょっと違う、
とっておきの1日にしたくない？

『aruco』は、そんなあなたの
「プチぼうけん」ごころを応援します！

◆ 女子スタッフ内でヒミツにしておきたかったマル秘スポットや穴場のお店を、
思いきって、もりもり紹介しちゃいます！

◆ 観ておかなきゃやっぱり後悔するテッパン観光名所 etc. は、
みんなより一枚ウワテの楽しみ方を教えちゃいます！

◆ 「京都でこんなコトしてきたんだよ♪」
トモダチに自慢できる体験がいっぱいです。

もっともっと、
新たな驚きや感動が
私たちを待っている！

さあ、"私だけの京都"を見つけに
プチぼうけんにでかけよう！

arucoには、あなたのプチぼうけんをサポートする
ミニ情報をいっぱいちりばめてあります。

テーマに合わせたヒントや役立つ情報、コメントもたっぷり紹介しています。

人気エリアを効率よく歩くコツやアドバイスetc.をわかりやすくカンタンに教えちゃいます。

もっとお得に快適に、限られた時間で旅を楽しみつくすテクニックや裏ワザを伝授！

京都ならではの歴史や風習などをミニコラムでご紹介。知っておくと京都ツウになれる情報が満載です。

右ページのはみだしには編集部から、左ページのはみだしには旅好き女子の皆さんからのクチコミネタを掲載しています。

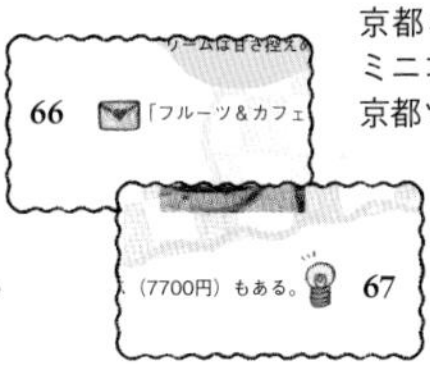

シーズン別絶景めぐり

TOTAL 30分～1時間

[オススメ時間] 午前中　[予算] 入館料

限定イベントを事前にチェック！
桜の開花時期や秋の紅葉時期に合わせて、ライトアップや特別公開などさまざまな催しが。通常非公開の重要文化財などを拝観できるチャンスもあるので見逃さずに！

プチぼうけんプランには、予算や所要時間の目安、アドバイスなどをわかりやすくまとめています。

物件データのマーク

🏠……住所
☎……電話番号
🕘……営業時間、開館時間
[休]……休館日、定休日
[料]……料金、予算
[予]……予約の必要性
[交]……交通アクセス
[URL]…ウェブサイトアドレス
[室]……ホテルの部屋数

MAPのおもなマーク

★……見どころ
[R]……レストラン＆バー
[C]……カフェ
[S]……ショップ
[H]……ホテル
※地図には主要バスのみ掲載しています。

■発行後の情報の更新と訂正について
発行後に変更された掲載情報は、『地球の歩き方』ホームページ「更新・訂正情報」で可能な限り案内しています（ホテル、レストラン料金の変更などは除く）。旅行の前にお役立てください。
[URL]www.arukikata.co.jp/travel-support/

本書は2023年10～12月の取材に基づいていますが、記載の営業時間と定休日は通常時のものです。特記がない限り、掲載料金は消費税込みの総額表示です。サービスや料金などは取材時のもので変更の可能性もあります。また掲載情報による損失などの責任を弊社は負いかねますのでご了承ください。

京都でプチぼうけん！
ねえねえ、どこ行く？　なに食べる？

観光にグルメにお買い物。
うーん、やりたいことはキリがない。
ココ行っておけばよかった、
あれ食べたかった……、
そんな後悔をしないように、
ビビッときたものには
ハナマル印をつけておいて！

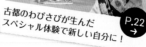

味もビジュアルもよき♡
抹茶 LOVER 必見の抹茶スイーツ三昧　P.40 →

御利益いっぱいの最強パワスポを
1 日ハシゴで大満喫！　P.46 →

最旬の京都を
しっかりチェック
しましょ♪♪

ランチは体に優しいメイドイン
京都の新鮮野菜でキマリ♪　P.68 →

おすすめの名店はこちら！
個性派揃いの喫茶店　P.82 →

ええもんがめじろ押し！
センスの光る京小物　P.88 →

老舗からニューフェイスまで。
京菓子をおみやげに♪　P.90 →

みなぎるパッションと歴史が
刻み込まれた名建築　P.144 →

知れば知るほど奥深い
仏像の世界へようこそ！　P.146 →

Contents

aruco 京都

17 「今」の京都を楽しむとっておきのプチぼうけんへ

Let's go!

59 味も見た目もお墨つき！ 京都の最強グルメをとことん食べ尽くせ☆

87 「かわいい」も「使える」も♡ おみやげセレクション

グルメ ショッピング おさんぽ

 見どころ 泊まる 情報

ざっくり知りたい！京都の 基本情報

これだけ知っておけば安心だね♪

旅行期間

KYOTOを楽しも♪

2泊3日が定番

清水寺や金閣寺といった世界遺産や寺社をじっくりめぐり、祇園や河原町でショッピングを楽しみ、話題の抹茶スイーツでまったり。京都を満喫するには2泊3日は必要。

予算　約40,000円

（2泊3日の場合）

宿泊は2泊1万8000円〜（ビジネスホテルなら1泊5000円〜）、そのほか食事代（カフェ含む）やおみやげ、観光費用、移動にともなう交通費にあてる。

交通手段　地下鉄・バスはマスト

路線図は→P.162　交通ガイドは→P.160

タクシー	荷物が多いときはタクシーもおすすめ。初乗りは500円（約1kmまで）。
バス	京都市営バスは市街全域くまなく経路をめぐらせている。均一運賃で大人230円。 観光バスは→P.160
シェアサイクル	交通渋滞を気にせずエコで安くて便利なサービス。高低差のある市内は電動アシスト自転車がおすすめ。

新幹線で京都へ　便利でお得

京都へのアクセスで最も利用の多い新幹線。全国に張りめぐらされたネットワークと安全性の高さでスムーズに移動できる。

仙台駅	新幹線はやぶさ＋のぞみ 約4時間 2万2720円	京都駅
東京駅	新幹線のぞみ 約2時間10分 1万4170円	
博多駅	新幹線のぞみ 約2時間43分 1万6780円	

空港から京都へ　航空会社も豊富

京都には空港がないため大阪国際空港（伊丹）か関西国際空港を利用する。LCC含め多くの直行便がある。

伊丹空港	新快速 急行モノレール 約1時間15分 1020円	京都駅
	リムジンバス 約50分〜1時間 1340円	
関西国際空港	特急はるか 約1時間20分 3640円	
	リムジンバス 約1時間25分 2600円	

KYOTO ☆ TIPS

☆ 京都駅から主要観光地へ！

主要観光地をめぐるなら交通渋滞を気にせずスピーディに移動できる地下鉄や電車が便利。地下鉄は東西と南北の2本。JR線なら乗り換えなしで嵐山や宇治方面へ行ける。

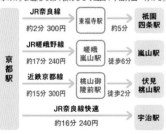

京都駅	JR奈良線 約2分 300円	東福寺駅	約5分	祇園四条駅
	JR嵯峨野線 約17分 240円	嵯峨嵐山駅	徒歩6分	嵐山駅
	近鉄京都線 約15分 300円	桃山御陵前駅	徒歩2分	伏見桃山駅
	JR奈良線快速 約16分 240円			宇治駅

☆ 市バスの基本3路線を知る！

路線や停留所の多い市バスは、京都市内観光に必須の交通手段。まずは観光名所への利用に欠かせない3つの路線を覚えておこう。※時間帯は10:00〜16:00

204 北大路バスターミナルが拠点。金閣寺、岡崎方面、銀閣寺へ（逆回りもあり）。3〜5本／1時間	205 九条車庫が拠点。東寺、京都駅、下鴨神社へ（逆回りもあり）。7〜8本／1時間	206 北大路バスターミナルが拠点。四条大宮、京都駅、祇園へ（逆回りもあり）。4〜6本／1時間

☆ 市内移動はアプリを賢く利用！

スムーズに公共交通機関を乗りこなすためのアプリをあらかじめスマホに入れておこう。

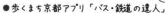

バス・鉄道の達人

●歩くまち京都アプリ「バス・鉄道の達人」
URL www.arukumachikyoto.jp
出発地と目的地を入力するだけで、バスや鉄道の経路や運賃、所要時間を無料で調べられるほか、観光情報も充実している。

ベストシーズン

4〜5月、10〜12月

町歩きに適しているのは春と秋。晴天の日が多く、春には寺社や渡月橋など各所の桜が楽しめる。近年夏の暑さが長いが、10月を過ぎた頃からは、さわやかな日が続く。

真夏は注意！
ジメジメとした梅雨時期と高温多湿な夏は観光シーズンとは言いがたい。7〜8月は真夏日が続き、最高気温35℃以上の猛暑日も珍しくない。日差しが強いので日傘や日焼け止めクリームなどUV対策は万全にしよう。ゲリラ豪雨も想定しておこう。

夜桜などの見学にはコートなどの防寒アイテムは必須

アスファルトの照り返しには、日よけグッズがお役立ち！

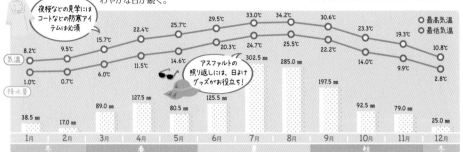

	1月	2月	3月	4月	5月	6月	7月	8月	9月	10月	11月	12月
最高気温	8.2℃	9.5℃	15.7℃	22.4℃	25.7℃	29.5℃	33.0℃	34.2℃	30.6℃	23.3℃	19.3℃	10.8℃
最低気温	1.0℃	0.7℃	6.0℃	11.5℃	14.6℃	20.3℃	24.7℃	25.5℃	22.2℃	14.0℃	9.9℃	2.8℃
降水量	38.5㎜	17.0㎜	89.0㎜	127.5㎜	80.5㎜	125.5㎜	302.5㎜	285.0㎜	197.5㎜	92.5㎜	79.0㎜	25.0㎜

冬 | 春 | 夏 | 秋 | 冬

四季のスポット＆イベント

季節を彩る自然とイベントを楽しもう！

京都は寺社や公園が多く、自然が豊か。花々や紅葉などが四季折々、目を楽しませてくれる。歴史あるお祭りや送り火など京都ならではのイベントが楽しめるのも魅力。

SPRING

仁和寺の桜
見頃：
3月下旬〜
4月中旬
Map P.174-B1

葵祭（賀茂祭）
5月15日
→P.158

SUMMER

大河内山荘庭園の青もみじ
見頃：
5月〜7月
Map P.178-B1

京都五山送り火
8月16日
→P.158

AUTUMN

修学院離宮の紅葉
見頃：
11月中旬〜
下旬
Map P.177-A2

時代祭
10月22日
→P.158

WINTER

京都駅光のファンタジー
11月下旬〜
3月下旬
→P.54
（京都駅ビル）

京都七福神めぐり
Map P.168-C2
（六波羅蜜寺）

🌟 旅プランで気をつけることは!?

寺社の特別拝観や季節のイベントなどは、事前予約が必要な場合もあるので、公式サイトで最新情報をチェックしておこう。御朱印やお守りといった授与品の購入は現金のみの対応がほとんど。小銭の用意も忘れずに。

🌟 おもな通り名を覚えておこう！

京都市内は東西南北の通りによって区切られており、住所も通りの名前で表す。北へ向かうことを「上（あが）る」、南へは「下（さが）る」、東へ向かうことを「東入（ひがしい）る」、西へ「西入（にしい）る」と、京都の人たちは、通り名を歌にして覚えている。京都市役所の向かい、本能寺会館前に「通り名のわらべ歌」が聞ける案内装置がある。

🌟 お役立ちコインロッカー＆手荷物預かり所情報

鉄道駅にはコインロッカーがある。ロッカーに入らない荷物は一時預かりサービスやクロークサービスを利用するとよい。

● 京都駅手荷物一時預かりサービス
烏丸口地下1階／八条口1階

料金は1個800円〜。烏丸口地下1階は8:00〜20:00、八条口1階は9:00〜20:00の営業。京都タワー3階のツーリストインフォメーションにも預かりサービスがある。

● エクボクローク
京都駅などの主要駅を中心に44ヵ所

料金は500円〜。スマホからの事前予約で2ヵ月前の1日から当日まで可。事前登録のクレジットカードで支払い、当日はスマホのQRコードを見せればOK。

● 佐川急便手荷物一時預かりサービス
京都駅八条口

料金は1個700円〜。9:00〜20:00の営業。ホテルへの当日配送サービスもあり、受け付けは14:00まで。

🔍 検索！ コインロッカーなび

位置情報サービス、GPS機能を利用し、現在地や観光地などで近くのコインロッカーや手荷物預かり所を検索可能。
URL www.coinlocker-navi.com

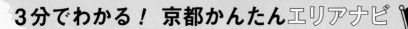

3分でわかる！ 京都かんたんエリアナビ

主要＆注目エリア check!

エリアごとにガラリと雰囲気が変わる京都。まずはここでざっくりと位置関係と各エリアの特徴を把握して、旅のプランに役立てよう！

Welcome to Kyoto

Area Navi

洛西観光の中心
嵐山・嵯峨野 P.130

名刹・古刹が点在し、桜や紅葉の時期には多くの人でにぎわう。太秦映画村やトロッコ列車、保津川下りなど遊びスポットも多い。

春のトロッコ列車

名刹がたくさん！
紫野・北野天満宮 P.126

年間を通して観光客の姿が絶えない。世界遺産登録のスポット、龍安寺、仁和寺、金閣寺が集まる。学問の神様を祀る北野天満宮は梅の名所。

ヘルシーな豆腐饅頭

紫野 Murasakino

金閣寺

龍安寺

仁和寺

北野天満宮 Kitanotenmangu

嵐山・嵯峨野 Arashiyama・Sagano

嵐電北野線

北野白梅町駅

天龍寺

嵐山駅

JR嵯峨野線

二条 Nijo

渡月橋

帷子ノ辻駅

地下鉄東西線

嵐電嵐山本線

嵐山駅

桂川

四条大宮

桂離宮

桂駅

阪急京都本線

JR京都線

ターミナル駅もチェック

歴史＆文化が息づく
二条城・西陣 P.118

古都らしい風情を感じられるエリア。二条城の北側は、1200余年の歴史を有する西陣織の産地として有名。晴明神社などのパワースポットも人気。

手織工場の見学も

平安京にタイムスリップ
京都御所周辺 P.124

京都御苑の中に位置する京都御所を中心に、原生林に囲まれた下鴨神社や、京都市民の憩いのスポット・鴨川デルタなど緑が広がるエリア。

楽しくな〜れ！

京都の玄関口
京都駅 P.100

バスターミナルや地下鉄案内所、観光案内所、飲食店、ショップが集まり旅の拠点に便利。東寺や西本願寺をはじめとする寺社も徒歩圏内。

ライトアップ姿♪

駅前に鎮座します

名水スポットをめぐる
伏見 P.134

名水の街として有名で、日本を代表する酒処で知られる。季節限定で遊覧船の運航もあり、約1時間の船旅が人気。

少し足を延ばして
貴船・鞍馬
Kifune-Kurama

・鞍馬寺
・貴船神社
・鞍馬駅
・上賀茂神社

国際会館駅
北大路駅
下鴨神社

一乗寺
Ichijoji

修学院
Shugakuin

叡山電車

京都御所
Kyotogosho

出町柳駅

岡崎
Okazaki

●銀閣寺

鴨川

京阪本線

河原町・烏丸
Kawaramachi-Karasuma

烏丸御池駅

京都河原町駅

八坂神社

祇園
Gion

清水寺
Kiyomizudera

東本願寺

● **京都駅**
Kyoto Station

京コスメもあるよ♪

JR奈良線

宇治・伏見
Uji-Fushimi

近鉄京都線

ラーメンは見逃せない

川床のある京の奥座敷
貴船・鞍馬 P.136

水神の総本宮・貴船神社や義経と鞍馬天狗をめぐるパワースポット・鞍馬寺といった見どころ多し。

『源氏物語』の舞台を体感
宇治 P.138

平等院と宇治上神社のふたつの世界遺産は必見。宇治茶を使ったスイーツやみやげ物探しが楽しめる。

写真提供：平等院

昼夜問わずにぎわう
河原町・烏丸 P.114

市内随一の繁華街。1歩路地に入ると町家造りのおしゃれなカフェや、雰囲気のいいショップが点在する。変化に富んだ街の散策が楽しい。

京都の中心街

京都のお楽しみが凝縮
祇園・清水寺 P.106,P.110

二年坂や清水坂といったにぎわいのある坂が多い清水寺周辺や、京情緒あふれる祇園は京都散策の人気エリア。

八坂さんへお参り

1日中遊べちゃう！

多彩なアートスポットをめぐる
岡崎 P.120

東山文化発祥の地。銀閣寺から哲学の道、永観堂、南禅寺と桜や紅葉の名所が連なる。疏水の北側にはアートファンも注目の美術館が立ち並ぶ。

撮影：来田猛

昔と今が混在する
一乗寺・修学院 P.128

庭園が美しい詩仙堂や曼殊院が点在。個性派書店も多く、新たなカルチャーの発信スポットとなっている。行列必至のラーメン店が多く集まる。

11

aruco最旬 TOPICS

知っておきたい京都情報がもりだくさん!

NEWS

京都初!

アートと文化がドッキング
蔦屋書店のアートあふれるシェアラウンジ

京都髙島屋S.C.[T8]6階の「SHARE LOUNGE」。アート展示と書棚のスペース、カフェがあり、仕事の合間に好みのドリンク片手にのんびり過ごせる。

1.コンシェルジュセレクトのBOOKライブラリー　2,3.電源やWi-Fi完備で仕事や勉強に集中できる。最新の営業時間等はSNSで確認を

京都 蔦屋書店 キョウト ツタヤショテン

[Map] P.171-C4 河原町・烏丸

⌂京都市下京区四条通寺町東入2御旅町35 京都髙島屋S.C.[T8]5・6F ☎075-606-4525 🕘シェアラウンジ8:00～22:00、京都 蔦屋書店10:00～20:00 [休]不定休 [交]阪急京都線京都河原町駅地下直結

全身の肌ケアブランドへ
よーじやグループが創立120年目のイメチェン!

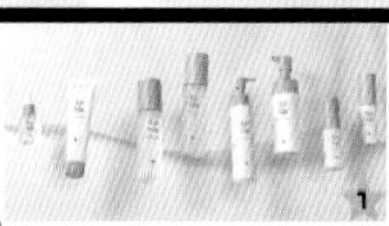

あぶらとり紙で一躍有名になった、よーじやが2024年に創立120年を迎える。4月28日を「よーじやの日」と制定し、1年を通してさまざまなキャンペーンを展開する。

1.新フェイシャルケアブランド「su-ha（すーは）」 2.お手入れから身だしなみまで幅広いラインアップ　3.定番のあぶらとり紙

よーじや祇園本店
ヨージヤギオンホンテン

[Map] P.168-A2 祇園・清水寺

⌂京都市東山区祇園四条花見小路東北角 ☎075-541-0177 🕘10:30～18:30（土・日・祝～19:00）[休]無休 [交]京阪本線祇園四条駅7番出口から徒歩5分

ロングセラー!

SIGHTSEEING

国内初!

1.タクシーが荷物を運んでくれるからラクラク　2.目的地に着いたら乗車料金と貨物料金を支払う

到着時の悩みを解消
お荷物チェックインTAXIが登場!

タクシーに乗車し、観光を楽しんでいる間に手荷物を宿泊先のホテルまで輸送する新ワンストップサービス。タクシー不足や市バスの混雑回避におすすめ。

☎075-864-2100（キャビックコールセンター）🕘9:00～18:00（受付時間）

ポート数650ヵ所以上
電動マイクロモビリティのシェアリングサービスを導入!

電動アシスト自転車や電動キックボードを取り扱うLuupが、京都駅北口広場にポートを導入。密度高く街中にポートがあり、CO_2削減にも貢献。

株式会社Luup
カブシキガイシャループ

[Map] P.181-B3 京都駅

⌂京都市下京区東塩小路町 京都駅北口広場 [URL]luup.sc/

1.駅前で便利なロケーション ※京都駅北口広場は電動アシスト自転車専用　2.スマートフォンアプリ「LUUP」を使用　3.馬力のある電動アシスト自転車と漕がずに乗れる電動キックボード ※写真はすべてイメージ

電動でラクラク♪

抹茶のいいとこどり！

GOURMET

限定スイーツも♪

お茶の味×歴史を知る
お茶の魅力を発信する
テーマパークがオープン！

宇治の老舗茶屋「森半」が手がける複合施設。ガラス越しにお茶の品質などを審査する拝見場を見られるコーナーなど、見どころがいっぱい。できたての抹茶やスイーツが楽しめるカフェのほか、人気商品の購入もできる。

TEA SQUARE MORIHAN ティー スクエア モリハン

Map P.165-C2 宇治

🏠宇治市小倉町久保78 ☎0774-51-1519 🕘9:30〜17:30、カフェ・菓子工房10:00〜17:00 🈺日 🚉近鉄京都線小倉駅東側出口から徒歩10分

1. 抹茶やほうじ茶を使った種類豊富なスイーツ 2. 蔵を改装したカフェ 3. 中庭には茶の木が 4. 炒りたてほうじ茶付きの抹茶モンブラン1210円

京ばあむグッズも販売
京都最大級！
お菓子のミュージアム

1. バームクーヘンをイメージした1階ショップ 2. 限定スイーツ「盆地ふれ」1188円 3. カフェ限定メニュー「リッチプレート」1430円 4. 京ばあむが作られる過程を通路から見学

「京ばあむ」が大ヒットのatelier京ばあむが新施設をオープン。カフェ限定メニューやギフトに喜ばれる限定パッケージを用意。さらに2階に設置した見学通路から製造過程を見学することも。今後、さまざまな体験メニューを展開予定。

atelier京ばあむ アトリエキョウバアム

Map P.165-B2 西九条

🏠京都市南区西九条高畠町1 ☎075-585-3795 🕘ショップ・工場見学10:00〜18:00、カフェ11:00〜18:00（L.O.17:30）🈺不定休 🚉市バス市民防災センターから徒歩2分

国内初出店も
伏見稲荷から日本の
食文化やおみやげを発信！

1階は100席（屋外含む）を設けたフードコート、2階は展示会型のおみやげショップ、屋上は稲荷山を望む64席のテラス席で構成。国内初出店の和牛寿司ロール専門店など11の飲食店にも注目！

伏見稲荷OICYビレッジ
フシミイナリオイシービレッジ

Map P.183-C1 泉涌寺・東福寺
伏見稲荷

🏠京都市伏見区深草一ノ坪町13-5 🕘1階フードコート9:00〜22:00（L.O.21:00）※店舗により異なる、2階伏見稲荷おみやげ横丁9:00〜21:00 🈺店舗により異なる 🚉京阪本線伏見稲荷駅から徒歩1分

全制覇したくなりそう

1. スイーツやコスメ、お酒などがズラリと並ぶおみやげ横丁 2. キツネや鳥居のクッキーがかわいい「FOV DRINK STAND」の伏見稲荷ソフトクリーム各600円 3. 自分好みの料理を選び食べ歩きが楽しめるフードコート

京都2泊3日 aruco的 究極プラン

定番&穴場スポットも楽しみつつ新しい京都のトレンドを見つけたり、
地元の人とおしゃべりしたり、私だけのとっておきの京都を見つけたい！
そんなワガママをかなえる究極プランをご紹介♪

プチぼうけん しちゃうよ！

Day 1 午前中に京都駅到着！鴨川周辺をとことん満喫

ホテルに荷物を置いたらさっそくお出かけ。
まずは京都の中心から攻めちゃおう♪

10:00 京都駅に到着

電車8分

10:20 Ace Hotel Kyoto
に到着。荷物を預けてレッツゴー！ P.156

電車+バス 25分

11:00

世界遺産の
下鴨神社
（賀茂御祖神社）
を参拝
P.37、46、124

徒歩8分

11:45 **出町ふたば**で
名代豆餅をパクリ
P.150

バス22分

ディナーもおすすめ♪

12:30

フレンチの**青いけ**で
旬野菜を味わう P.27、125

徒歩7分

14:00

**京都しゃぼんや
奥の工房**で
オーガニック京コスメを買う
P.95

バス20分

15:30 京都アートの今を
**京都市京セラ
美術館**で体験
P.121、143

撮影：来田猛

バス15分

18:30 **権太呂 本店**で
だし香る鍋と
うどんをいただく P.77

徒歩15分

京の夜に乾杯！

20:30 町屋バー**FINLANDIA
BAR**で北欧のお酒に
酔いしれる P.55

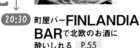

Day 2 早朝から清水寺〜祇園へ繰り出し、グルメ&ショッピングめぐりも♡

清水寺周辺はフォトジェニックエリア。
旬が集まる祇園・河原町も徒歩圏内★

8:00 早起きして神気があふれる**清水寺へ**
P.28、36、110、112

平安時代の面影を残す

徒歩10分

10:00 ☆**八坂庚申堂**の
くくり猿にお参り
P.111

徒歩2分

11:30 五重塔が見える**つぶら乃**でランチ
P.68

おはぎやカヌレは
おみやげに
ピッタリ

徒歩15分

13:00

**マールブランシュ
加加阿365祇園店**
で限定チョコをゲット P.90

徒歩6分

13:30 祇園祭の舞台、
八坂神社は
必訪です
P.33、107

夜のライトアップもぜひ！

徒歩3分

`14:00` **ジュヴァンセル祇園店**の
抹茶スイーツでひと休み P.42

徒歩
3分

`15:00` 京都らしい風情漂う**祇園白川**をさんぽ P.106

着物姿で
記念撮影♪

バス
6分

`16:00` **上羽絵惣**の看板商品
胡粉ネイルを購入 P.29

私の彩りが
すてき

徒歩
13分

`17:00` 明治創業の**竹笹堂**の紙文具をチェック P.115

徒歩
10分

`17:30` **錦市場**で
おみやげ探し
P.96-97

徒歩
3分

`18:30` **おばんざいとグリル SALA**で
野菜いっぱいのおばんざいを! P.71

電車15分

`20:00` **京都駅ビル**へ移動してライトアップにうっとり♡
P.54

`Day 3` 嵐山・嵯峨野散策のあとは
天神さんのおひざもとへ

パワスポで運気UPを祈願♡
おみやげ探しもマストです。

`9:00` **MUKU ARASHIYAMA**で
炊きたてご飯 P.34、132

とっておきの
朝ご飯

徒歩
15分

`10:00` パワースポット
野宮神社で
縁結びお守りを入手
P.38

徒歩
3分

`10:30` 涼を求めて
竹林の道へ
P.38

神秘的〜

電車
45分

`12:00` テイクアウトOK! ピクニックグルメにも♡
フルーツパーラー クリケット P.66

♡♡

徒歩
6分

`13:00` **北野天満宮**で
資格取得や技芸上達
を祈願 P.127

天満宮の
総本社です

バス
30分

`15:00` ホテルで荷物をピックアップ

電車8分

`16:00` 出発前のおみやげは
京都駅でコンプリート P.100

徒歩
すぐ

`17:00` 京都のシメは京都タワーサンドで
京ばあむソフト♪ P.101

15

テーマでめぐる 1dayアレンジプラン

こだわり派に
オススメ！

アートスポットめぐり、体験＆美食、人気のスイーツや
ショッピング。テーマでめぐるおすすめの3プランをご紹介。
欲張りさんも納得すること間違いなし！

アレンジ Plan 1 仏像や美術館をめぐり 優美な姿を目に焼きつける！

10:00 庭園もすてきな**重森三玲庭園美術館**を訪れる　P.121

美しい庭
全体に
ストーリーがある

バス
30分

12:00 VIPを迎えた**長楽館**を見学＆アフタヌーンティーも　P.60

徒歩
16分

14:00 **六波羅蜜寺**で個性派仏像に会う　P.9、58、147

徒歩
15分

ビロードの
椅子が◎

16:00 豪華客船がモデルの**フランソア喫茶室**へ　P.82

アレンジ Plan 2 推し活を応援！ うまいモンもハズせません

10:00 **七條甘春堂 本店**で和菓子作りにチャレンジ　P.22

電車
15分

伝統に
触れて
ください

12:00 **ふじ寅**でせいろご飯とデザート　P.29

バス
30分

14:30 **京都川端商店**で京染め体験　P.28

推し色で
京染めストール
作り♡

バス
45分

18:00 美食家もうなる**ラ・パールデュー**の京野菜を堪能　P.70

アレンジ Plan 3 今いちばんアツイ！ スイーツ＆おみやげ

11:00 イチゴがいっぱい**FUKUNAGA901**の映えパフェを味わう　P.61

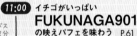

バス
22分

13:00 お香の老舗といえば**林龍昇堂**　P.88

バス
35分

14:30 **高台寺一念坂金網つじ**でとっておきの逸品を入手　P.98、108

永く
使える
逸品！

徒歩
8分

15:30 **TEN**の華やかな抹茶ケーキはマスト！　P.43

16

京都の最前線は
ここにあり

「今」の京都を楽しむ
とっておきの
プチぼうけんへ

歴史ある寺社や伝統を守り続ける老舗がある一方で
いいものは柔軟に取り入れるところが京都の魅力。
朝活やサイクリングなど、歴史と最先端がMIXした
ディープな京都を体感するプチぼうけんに出かけよう。

LET'S GO!

王道派も個性派もおまかせあれ！
京都の春夏秋冬をALLシーズン楽しむ

春の桜、夏の青もみじ、秋の紅葉、冬の雪景色と、古都を彩る四季折々の景色は風情たっぷり。
一度は見るべき絶景の地へいざ！

TOTAL 30分〜
時間

シーズン別絶景めぐり

オススメ 時間　**午前中**　予算 **入館料**

限定イベントを事前にチェック！
桜の開花時期や秋の紅葉時期に合わせて、
ライトアップや特別公開などさまざまな催
しが。通常非公開の重要文化財などを拝
観できるチャンスもあるので見逃さずに！

和歌にも詠われる
桜を愛でる

仁和寺 ニンナジ

御室御所と呼ばれた格式あ
る寺院。伽藍の西側に咲く
約200本の御室桜の並木は、
江戸時代から庶民の桜とし
て親しまれてきた。

Map P.174-B1　DATA → P.126
紫野・北野天満宮
見頃 4月上旬〜中旬

写真提供：環境省京都御苑管理事務所

初めてもリピーターも期待大！
ココが絶景スポット

京都では寺社や庭園、ギャラリーが季
節の移り変わりを教えてくれる。何度
も訪れたくなる絶景を目当てに旅のプ
ランニングをしてみよう。

王道
花見 × **春** ×

個性派
ひな祭り

人形を川に流し
健康祈願

DATA → P.37

上賀茂神社
（賀茂別雷神社）の桃花神事
開催日 3月3日

カミガモジンジャ（カモワケイカヅチジンジャ）ノトウカシンジ

桃の節句の日に桃の花や草餅などを
供え、境内の小川に紙製のひな人形
を流す「流しびな」で無病息災を祈
願する伝統行事。一般参拝者も
参加可能（有料）。

Map P.165-A2 上賀茂

頭上を覆うしだれ桜に
酔いしれる

京都御苑

キョウトギョエン

人気ツートップは、苑内北部にある
近衛邸跡の糸桜と八重紅しだれ桜。
早咲きの糸桜の開花が始まると本格
的な桜シーズンが到来する。

DATA → P.65　**Map P.176-B2**
京都御所周辺　見頃 3月上旬〜4月中旬

迫力の
湯立神楽！

初夏を彩る
緑のシャワーをあびる

大河内山荘庭園
オオコウチサンソウテイエン

時代劇の名優・大河内傳次郎が造った別荘。園内の滴水庵周辺の青もみじと苔の共演がすばらしい。大乗閣からは洛西の町並みや比叡山が望める。

Map P.178-B1　嵐山・嵯峨野

🏠 京都市右京区嵯峨小倉山田淵山町8　☎075-872-2233　🕘9:00〜17:00（最終入場16:30）　🈺無休　💰1000円　🚌市バス野々宮から徒歩10分

見頃 5〜7月

プチぼうけん①

京都の春夏秋冬

夏の風物詩で涼を感じる

正寿院の風鈴まつり
ショウジュインノフウリンマツリ

Map P.164-C2　宇治

2000個を超える風鈴がつるされ、チリンチリンと涼し気に鳴り響く壮大な景色が神秘的。期間中は風鈴の絵付け体験も楽しめる。

🏠 宇治田原町奥山田川上149　☎0774-88-3601　🕘9:00〜16:30、12〜3月10:00〜16:00　💰600円　🚌京都京阪バス奥山田正寿院口から徒歩10分

開催時期 6〜9月

猪目窓もチェックしてね♡

個性派
風鈴

王道
青もみじ × 夏 × し

嵐山借景×
庭園にほれぼれ

宝厳院 ホウゴンイン

通常非公開だが春の特別拝観で、すがすがしい色彩の青もみじが楽しめる。室町時代に作庭された回遊式庭園「獅子吼の庭」の美しさは格別。

Map P.178-C2　嵐山・嵯峨野

🏠 京都市右京区嵯峨天龍寺芒ノ馬場町36　☎075-861-0091　🕘拝観9:00〜17:00（最終受付16:30）※春・秋の特別拝観のみ　🈺特別拝観期間中無休　💰700円※本堂は別途参拝志納料　🚃嵐電嵐山本線嵐山駅から徒歩3分

開催時期 春の特別拝観 3月中旬〜6月下旬

平安時代に思いをはせる
嵐山随一の紅葉

宝筐院
ホウキョウイン

DATA → P.131

Map P.178-B2
嵐山・嵯峨野

見頃 11月下旬〜12月上旬

石畳の両側に続く、赤や黄金色の紅葉のトンネルが圧巻。枯山水庭園は、島根県の足立美術館の作庭で知られる中根金作によるものの。

奉納演奏は
19:00に
スター

パワームーンにほっこり

神泉苑の観月会
シンセンエンノカンゲツカイ

開催時期 9月17日

Map P.170-A1 二条城・西陣

🏠 京都市中京区御池通神泉苑町東入ル門前町167 📞075-821-1466 ⏰6:30〜20:00（授与所9:00〜16:30）、観月会18:00〜 💺観月茶席700円（数量限定）🚌市バス神泉苑前からすぐ

抹茶とお菓子を楽しみながら、澄んだ空にくっきりと浮かび上がるお月様を観賞するイベント。観月法要や奉納演奏のほか、特別御朱印帳の授与もある。

王道
紅葉

×秋×

個性派
月見

映り紅葉が
ステキ♪

文豪川端康成が
執筆した部屋も現存
@junichiro.takikawa

アーティスティックな仕掛けに
心打たれる

嵐山祐斎亭
アラシヤマユウサイテイ

見頃 11月中旬〜12月上旬

染色作家・奥田祐斎の染色アートギャラリー。嵐山の紅葉が3つの丸窓を染め、黒塗りの机にも映り込む景色は息をのむ美しさ。川端康成が執筆した部屋や、水鏡のあるテラスも必見。

Map P.178-C1 嵐山・嵯峨野

🏠 京都市右京区嵯峨亀ノ尾町6 📞075-881-2331 ⏰10:00〜17:00（最終受付16:30）※紅葉シーズンは8:00〜（公式サイトで要確認）💺木（11月は無休）💴2000円（要予約）🚃阪急嵐山線嵐山駅・嵐電嵐山線嵐山駅から徒歩10分、またはJR嵯峨嵐山駅から徒歩20分

幻想的〜〜♡

茶×白が織りなす
自然美を体感

貴船神社
キフネジンジャ

石段の参道に並ぶ朱色の春日
灯籠に降り積もる真っ白な雪
が神秘的。積雪日限定でライ
トアップも行われる。恋愛成
就の願かけも忘れずに。

Map P.186-A1 貴船・鞍馬

DATA → P.137

| 開催時期 | 1月中旬〜2月末 (ライトアップは20:00まで) |

冬 × 王道 雪景色

冬 × 個性派 文化財

いつもは
見られない
文化財が特別に見学できる!

桜や紅葉の混雑を避け、冬の時期に
じっくりと文化財や伝統文化に触
れ、京都の魅力を存分に堪能できる
キャンペーン。特別公開のほか、伝
統文化体験プランなどさまざまなイ
ベントが開催される。

冬だからこそ贅沢な時間を
京の冬の旅キャンペーン
非公開文化財特別公開
キョウノフユノタビキャンペーン
ヒコウカイブンカザイトクベツコウカイ
開催1〜3月
※内容の詳細は前年の11月頃発表
主催:京都市・京都市観光協会

額縁庭園を眺め
水琴窟を聴き心を鎮める

宝泉院
ホウセンイン

山門をくぐると樹齢約700年の五葉松
が出迎える。雪景色の「盤桓園(ばん
かんえん)」を、窓枠をフレームに見立
てた書院から観賞する額縁庭園が有名。

雪が降り積もればほかの季節では見
られない絶景が待っている

| 見頃 | 1月初旬〜2月初旬 |

抹茶と
お菓子付き♪

Map P.165-A2 大原・比叡山

🏠京都市左京区大原勝林院町187
☎075-744-2409 ⏰9:00〜17:00
(最終受付16:30) 💴900円
🚌京都バス大原から徒歩15分

21

テーマを決めればもっとおもしろい
とっておき体験で"新しい自分"に出会う

伝統の技を感じる和菓子作り、寺院での写経や坐禅など、
京都ならではの特別な体験を通してすてきな自分にアップグレード！

京の四季を感じる 美しい和菓子作り

季節の移ろいを映し出す上生菓子は、華やかな見た目が特徴。3種類4個の和菓子を作ったら、最後は抹茶と一緒にいただきます！

和菓子作り体験	TOTAL 1時間30分
オススメ時間	10:00〜16:30
予算	3300円
予約	電話またはオンライン受付

和菓子職人の技を知る
上生菓子の作り方や技術を知ってもらいたいという目的で製作体験を実施。自分で作ったものと職人の手による和菓子を比べてみよう。できたてならではのあんの軟らかさも楽しんで。

山桜

今回*の体験で作ったのはこの3種類！　※3月の体験例

春うらら

菜の花

かわいいお菓子ばかり！

月によって作る和菓子が変わります

一月	二月
四月	五月	六月
七月	八月	九月
十月	十一月	十二月

※写真はイメージ。内容は変更になる可能性あり

教えてくれたのは

できたての和菓子を食べられる特別感が体験の醍醐味です

太田廣之さん
七條甘春堂 京都タワーサンド店の店長。毎月変わるお菓子の内容を考案。体験教室では修学旅行生に教えることもある。

こんな道具で作ります

ⓐ 試食用の皿と黒文字
ⓑ 持ち帰り用ケース
ⓒ 竹べら
ⓓ 布巾
　※手を温らす用と茶巾絞り用
ⓔ ふるい
　※使用用途で目の粗さが異なる
ⓕ 練りきり生地
ⓖ あん

残りの和菓子はおみやげに

七條甘春堂 本店

シチジョウカンシュンドウ ホンテン

創業1865年、約160年にわたって愛される菓匠。「和菓子は文化と一緒に育つ」という思いから、伝統を守りながら時代を取り入れた京菓子を生み出す。話題の「ポケモン京菓子」もそのひとつ。

Map P.181-B4　京都駅

🏠 京都市東山区西の門町551　☎ 075-541-3771
🕘 9:00〜18:00　📅 無休　🚃 京阪本線七条駅4番出口から徒歩4分

大胆かつ繊細に！

和菓子作り＋茶道体験にチャレンジ！

まずはお手本を見よう

山桜をつくる

白とピンクの生地を押しつぶして重ねる。

白生地を外側にしてあんをのせ、くるくると回しながらあんを包む

1 2 3 4

ふるいで押し出した黄生地を中心に置く

指で花びらを成形したら、竹べらで大きく4ヵ所、小さく5ヵ所に筋を入れる

Point
指は中心から外へ滑らせるように。竹べらは一気に動かすほうがきれいに仕上がる

春うららをつくる

黄・緑・ピンクの生地を並べる

生地を布巾で包みくるくるとねじる

1 2 3 4

上から均等に力を入れて押しつぶす

中心にあんをのせて生地で包む

Point
布巾で手をこまめに湿らせると生地がくっつきにくくなる

生地1色につき指を1本置いて上からグッと押す

菜の花をつくる

中心から外へすべらせるように緑の生地をふるいで押し出す

1

細かい網目のふるいで押し出した黄生地を5～6ヵ所に植え付ける

Point
箸の先にくっつけるようにして生地を取り、差し込むようにして置く

2 3

そぼろ状になった緑生地をあんに付ける

茶道体験＆実食

茶筅の中で抹茶とお湯を混ぜる

1 2

Point
茶筅（ちゃせん）を前後に素早く動かして泡を立てる
※抹茶を泡立てるかどうかは流派によって異なる

和菓子も抹茶もおいしい！

抹茶とともに自分が作った和菓子を食べる。作法はあまり気にしなくてOK

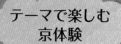

テーマで楽しむ 京体験

「体験」といってもその内容はさまざま。「文化を体感したい」「非日常の空間で心を穏やかにしたい」など、まずは目的を決めよう。

抹茶のお香づくり

TOTAL 1時間

料金 8000円（香炉付き）　予約 オンライン受付

香炉付きのプランでは専用香炉〔銀葉 gin-yo〕をもらえる

香りと感触に癒やされる

お香体験

宇治抹茶入り

お香作りだけでなく、昔ながらのたき方、空薫（そらだき）の実演鑑賞も！

1. 乳鉢で原料となる粉や水を練り上げる。香りの原料は抹茶のみ　2. 木型に生地を入れて型を抜く。かわいい木注品型はお菓子の木型職人による特注品　3. お香は6～9個作成。体験でプレゼントされる専用香炉があれば、持ち帰ったその日に香りを楽しめる

茶菓子のような抹茶のお香

INCENSE KITCHEN インセンス キッチン

平等院の西隣にある縣（あがた）神社にて宇治特産の抹茶を使ったお香作りができる。「源氏物語プラン（源氏物語ミュージアム割引券付き）」では、登場人物とゆかりのある恵心院で体験を行う。

Map P.184-C2、P.185-C3 宇治

🏠 宇治市宇治山本1-150　お香づくり体験会場：縣神社：宇治市宇治蓮華72　恵心院：宇治市宇治山田67　☎0774-27-2561、090-8753-1838　体験開催時間10:30～11:30　13:30～14:30　⏰不定休（会場により異なる。予約ページにて要確認）📍いずれも京阪宇治線宇治駅から徒歩10分、またはJR宇治駅南口から徒歩13分

京都の伝統文化を深く知りたいなら、実際に体験するのが1番！

culture

京都最古の花街・上七軒

上七軒歌舞練場

カミシチケンカブレンジョウ

DATA → P.127

7月～9月初旬頃は歌舞練場がビアガーデンに。一見さんでも利用OK

1444年、北野天満宮の東参道に建てられた7軒の水茶屋が起源の古い花街。通常は非公開だが、季節の行事で芸舞妓による舞踏が披露される。

1.寿会。日頃の稽古の成果を発表する場でもある秋の催し 2,3.北野をどり。色鮮やかな衣装を身にまとった舞妓が可憐に舞う。芸舞妓が総出演するフィナーレの「上七軒夜曲」は必見

舞踏鑑賞

花街へ行ってみよう

歴史ある花街・上七軒で芸舞妓による舞踊を鑑賞する華やかなひととき

北野をどり

TOTAL 1時間10分

期間 3月下旬～4月上旬頃　料金 7000円（お茶席付き御観覧券）　予約 公式サイトまたは電話、FAXにて要予約（詳細は公式サイトで確認）

寿会

TOTAL 1時間30分

期間 11月頃　料金 8000円

24

写仏・写経

心静かに紙と向き合う

写経は初心者向けから本格的な体験まで可能。仏の姿を筆でなぞる写仏もおすすめ

1. 大日如来や阿弥陀如来、毘沙門天など、用紙に印刷された仏の下絵像を筆で写し取る
2. 初心者向けの写仏は8種、中級者向けは12種
3. 写仏体験後は抹茶と菓子をいただける。写真は夏の様子

写経 写仏	TOTAL 30分〜2時間
料金 写仏 1500〜2500円	予約 公式サイトで要予約（開催日時は公式サイトで確認）

東福寺の鬼門（北方）に位置
勝林寺 ショウリンジ

東福寺の塔頭寺院で、秘仏として平安時代作の毘沙門天立像を祀る。初心者〜中級者向けの写仏体験のほか、坐禅や写経体験も実施。

Map P.183-A1　泉涌寺・東福寺・伏見稲荷
🏠京都市東山区本町15-795
📞075-561-4311
🕙10:00〜16:00　🈺無休
🈶境内自由　🚉JR東福寺駅から徒歩10分

まるでアート作品のような季節限定御朱印のファンも多い

プチぼうけん2　とっておき体験

心も体もリフレッシュしたいなら、寺院が開催する各種体験がおすすめ。
mindfullness

通常非公開の寺で座禅体験
両足院 リョウソクイン

臨済宗建仁寺派の塔頭寺院。通常一般公開はしていないが、初夏と冬に特別拝観を行う。平時は初心者も参加可能な座禅体験を受け付けている。

Map P.168-B2　祇園・清水寺
🏠京都市東山区大和大路通四条下ル4丁目小松町591　📞075-561-3216　🈺通常非公開　🚉京阪本線祇園四条駅から徒歩7分

坐禅体験	TOTAL 約1時間
料金 2000円	予約 公式サイトで要予約

坐禅

姿勢も心も整える

禅宗の修行のひとつ。境内の空気を感じながら、自分と向き合う

時間内に参加者が自由に座る形式で、坐禅の開始と終わりの合図はない

坐禅参加時に御本尊参拝と庭園見学が可能

僧侶の指導を受けて準備体操から法話まで体験する

体験後は法堂で雲龍図を拝観しよう。直径12mの大迫力！

ちょこっと座禅体験	TOTAL FREE
開催時間 9:30〜 15:30	予約 事前に開催日時を確認の上、当日総受付で申し込み（行事などで開催不可の場合あり）
料金 500円の志納	

1337年開創、日本最大の禅寺
妙心寺 ミョウシンジ

46の塔頭を有し、在籍僧数は約7000人にのぼる臨済宗妙心寺派の大本山。重要文化財の大方丈で少人数向けに座禅体験を開催する。

Map P.174-C2　紫野・北野天満宮

🏠京都市右京区花園妙心寺町1　📞075-461-5226　🕙9:00〜12:00、13:00〜16:00（最終受付15:30）　🈺無休　💰700円　🚉JR花園駅から徒歩5分、または市バス妙心寺北門前から徒歩2分

プチぼうけん 3

知ってた！？パリと京都の意外な関係 フランス旅 in KYOTO

京都のなかのフランスめぐり TOTAL 8時間

オススメ時間 9:30〜17:30　予算 1万7000円

パリを感じながら歩こう
左京区から鴨川を渡り御所南エリアへ。バスなどを利用するのもいいけれど街並みや景色がすてきなので歩いて回るのもおすすめ。

京都は寺社や抹茶など和のイメージがあるけれど、実はパリと姉妹都市というだけありフランスを感じるおしゃれなお店が多いんです！

朝から晩まで パリジェンヌ気分♡

鴨川の東側から川を渡って京都の中心部へ。モーニングからランチ、カフェまで楽しみながら京都のなかのパリを感じに行きましょう。

INSTITUT FRANCO-JAPONAIS DU KANSAI

日仏交流の拠点です

モーニング1400円

プロフィットロール 600円

ランチとカフェタイムにはスイーツも

同じ敷地内

9:30

日仏の建築家による フランス建築を見学

1. 3階のサロンはレンタルもできるスペース　2. 無料で閲覧可能なライブラリーもある

1 美しい建物に感激
関西日仏学館
カンサイニチフツガッカン

フランス政府が運営する日本初のフランス語学校として1927年に開館。白亜の美しい建物は国の登録有形文化財に指定されている。

Map P.172-A2 岡崎

⌂京都市左京区吉田泉殿町8 ☎075-761-2105 🕘9:30〜21:00（土〜19:00）※要確認 [休]日・月・祝 [交]京阪鴨東線出町柳駅2番出口から徒歩12分

10:00

絶品クロワッサンを朝食に

2 関西日仏学館でモーニング
Les Deux Garçons à L' institut
レ ドゥ ギャルソン ア ランスティチュ

北大路通にある人気ビストロの姉妹店。クロワッサン、カプチーノ、ヨーグルトなどが付くモーニングでフランスの朝を感じよう。

Map P.172-A2 岡崎

⌂京都市左京区吉田泉殿町8 ☎075-761-2180 🕘モーニング9:30〜11:30、ランチ〜14:30、カフェ〜16:30L.O. [休]日・月 [交]京阪鴨東線出町柳駅2番出口から徒歩12分

バス＋徒歩25分

11:30

京都とパリがブレンドした キュートな雑貨を購入

1. 御朱印帳「花」ピンク3520円　2. Lトート「京の山並み」エメラルド9240円

3 センスあふれる雑貨が揃う
petit à petit
プティ タ プティ

京都の風景やパリをテーマにしたオリジナルのテキスタイルブランド。バッグや文具などが揃う。

Map P.176-C2 京都御所周辺

⌂京都市中京区寺町通夷川上ル藤木町32 ☎075-746-5921 🕘10:30〜18:00 [休]木 [交]地下鉄京都市役所前駅3番出口から徒歩6分

鴨川　セーヌ川

京都とパリは姉妹都市
京都とパリは1958年に指定された姉妹都市。街の中心を流れる鴨川とセーヌ川、京都タワーとエッフェル塔というランドマーク、寺社が点在し伝統を大切にしているところがたくさんある。

高さ300m
高さ131m

エッフェル塔　京都タワー

野菜が
たっぷり

柚子クリームがたっぷり♪

タルト
ユズ ミズオ 939円

約15種類の野菜をさまざまな形に変えてテリーヌにしたスペシャリテの野菜のプレッセ

疲れたら
甘いもの

Sadaharu AOKI paris

パリに
いるみたい！

FRANCE TRIP IN KYOTO

徒歩8分

13:00

**旬の野菜を
フレンチで味わう**

④ 新鮮野菜をランチで楽しむ
青いけ
アオイケ
町屋をリノベーションしたレストラン。料理はすべてコース仕立てで、京都産を中心に30〜60種類もの野菜を使った料理が味わえる。ランチコース8800円〜。

徒歩8分

DATA → P.125

15:00

**本場で愛される
極上スイーツに感動**

⑤ 限定メニューもチェック
Sadaharu AOKI paris
烏丸御池店
サダハル アオキ パリ
カラスマオイケテン
パリを拠点に活躍するパティシエ・青木定治氏の店。マカロンのほか、京都水尾産の柚子や宇治抹茶を用いた限定メニューも。

Map P.171-A3 河原町・烏丸
🏠京都市中京区東洞院通御池上ル船屋町420
☎075-241-1102　⏰10:00〜19:00　不定休
🚇地下鉄烏丸御池駅1番出口から徒歩2分

17:00

**最後は人気の
カヌレとコーヒーで締め**

⑥ モチモチ食感が最高！
here Kyoto
ヒア キョウト
バリスタの店主がパリで食べて衝撃を受けたカヌレを再現した、コーヒーとカヌレの専門店。カフェラテに浸して食べるのも◎。

Map P.170-B2 河原町・烏丸
🏠京都市中京区姉西洞院町
524 椛 京都三条1F
☎075-254-8260
⏰9:00〜18:00
不定休
🚇地下鉄
烏丸御池駅
4-1出口から
徒歩10分

徒歩11分

カフェラテ600円、
カヌレ380円

C'est
bon!

旅先でも推しへの愛は不滅です♡
「推しカラー」を見つけるカラフルトリップ

大好きなアイドルやキャラクターのイメージカラーなど、
気分が上がる自分好みの色を探す旅で元気とパワーをもらおう！

カラフルな京都の歩き方

TOTAL 7時間

オススメ時間 10:00～17:00　予算 1万円

💡 事前の情報収集を入念に

スマートに旅をするならどこで何をするかの事前調査が重要なカギ。特に製作体験をする場合は時間に余裕をもって計画を立てよう。

とことん「色」にこだわる京都さんぽ

まずは染色体験からスタート。カラフルなグルメのあるお店をめぐりながらおみやげ探しも忘れずに。

色見本から好きなカラーを選び、生地を輪ゴムなどで絞る

❶ 色や絞り方を決める

体験の手順を聞いてから絞り方(柄)と色をチョイス。染め方によっては複数の色を選んでもOK

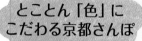

エプロンをして体験スタート

ログウッド　コチニール　アカネ　マリーゴールド

エンジュ

おもに5種の材料を配合して古来の染色を再現

❷ 染める

染料に漬ける「染色」、ミョウバンに浸して色を定着させる「媒染」を行う。好みの色になるまで繰り返す

微粉砕された染料をお湯に溶かす

10:00
天然染料で染める 京染めストール作り

最新技術で豊かな色彩を再現

京都川端商店
キョウトカワバタショウテン

自然由来の原料に独自開発の技術を加えた「新万葉染め」が体験できる工房。色見本から好きな色を選び、模様付けの絞りと染めを行う。真っ白な生地が鮮やかに染まる過程は感動もの。

❸ 仕上げ加工

色が溶け出さなくなるまでオリーブ石鹸と海藻コラーゲンで柔軟処理を。最後に水洗いと脱水をしたら……

1時間ほどでできあがります

完成！

Map **P.165-B2** 二条城・西陣

🏠 京都市中京区壬生松原町51-1
📞 075-325-0777　🕙 10:00～17:00　📅 不定休　💴 ストール3990円、手ぬぐい1840円、トートバッグ3190円　🚃 JR丹波口駅から徒歩10分

御利益あり！の **カラフル授与品**

随求ブレス

あらゆる願いをかなえる
清水寺
キヨミズデラ

清水寺随求堂の御本尊である大随求菩薩はどんな願いでもかなえるよう働いてくださるお寺の仏。梵字が書かれたブレスで御利益倍増!?

白・黒・赤・青・黄・紫の6色展開。サイズは2種類、各500円

DATA → P.112

推し活に欠かせないお守り
車折神社 クルマザキジンジャ

ライブの当選や良席を願うファンを応援するグッズ。境内の芸能神社に芸能人が多数訪れることで知られる車折神社で祈願した御神砂が入る。タワーレコード京都店でも入手可能。

Map **P.179-B3** 嵐山・嵯峨野

🏠 京都市右京区嵯峨朝日町23
📞 075-861-0039　🕤 参拝9:30～17:00　📅 無休　💴 城電嵐山本線車折神社駅から徒歩1分

「神席祈願」の文字が。裏面には写真の切り抜きを収納可能

タワレコ 推し活お守り

白は心願成就のお守り

水茜（みずあかね）　鶯緑（うぐいすみどり）　藍（あい）　バナナ

刺激臭が少なく軽い塗り心地の水溶性ネイル。1452円〜

艶紅（つやべに）

✨So cute♥

バス+バス25分→

柔らかなパール感を楽しめる雲母桃（きらもも）

低刺激で肌に優しい薬用ハンドジュレ瑞々（みずみず）1540円

11:40

創業270年超！絵具店の胡粉ネイルを選ぶ

オーガニックの手作り石鹸　胡粉石鹸 90g 1833円

日本最古の日本画用絵具専門店

上羽絵惣
ウエバエソウ

1751年創業。日本画に使用する泥絵具などを扱うなか、2010年に開発した胡粉（ホタテの貝殻）を活用した胡粉ネイルが大ヒット。日本の伝統色を表現した40色以上のネイルが揃う。

Map P.171-C3　河原町・烏丸

🏠京都市下京区燈籠町579 ☎075-351-0693 🕘9:00〜17:00 🗓土・日・祝 🚃地下鉄四条駅5番出口から徒歩7分

12:30

12:30

ランチは見た目もかわいい
せいろごはんで決まり！

徒歩17分

季節の野菜をたっぷり味わう
ふじ寅　フジトラ

食事と喫茶を楽しめるカフェ。京町家を改装した奥行きのある店内はどこか懐かしい雰囲気が漂う。新鮮な野菜とブランド豚を使ったランチが好評だが、喫茶タイムのおやつもおすすめ。

Map P.168-B2　祇園・清水寺

🏠京都市東山区宮川筋1-231-1 ☎075-561-3854 🕘ランチ11:00〜L.O.15:30（火・木L.O.16:30）、喫茶14:00〜L.O.16:00（火・木L.O.17:00）、月・金〜日17:00〜L.O.20:30 🗓水 🚃京阪本線祇園四条駅1番出口から徒歩1分、または阪急京都本線京都河原町駅1B出口から徒歩6分

アイス最中御膳2200円は選べる宇治茶付き

推しの誕生日をお祝い！？
プラス550円でランチのデザートをバースデイプレートに変更できる

季節のお野菜

ブランド豚「京都ぽーく」

炊き込みごはんのセイロ蒸し

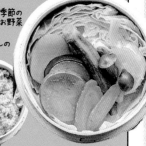

季節野菜のせいろごはん2750円は柚子麺味噌など7種の薬味で味わう。抹茶のパンナコッタ付き

プチぼうけん↑

「推しカラー」を見つけるカラフルトリップ

カラーバリエ豊富なおすすめショップ

1本から購入も可能

Lisn Kyoto　リスン キョウト

インセンスを中心に、機能性とデザイン性に優れた商品を展開。約150種類の香りにはすべてイメージストーリーとビジュアルがある。

Map P.171-C3　河原町・烏丸

🏠京都市下京区烏丸通四条下ル COCON KARASUMA 1F ☎075-353-6468 🕘11:00〜19:00 🗓不定休 🚃地下鉄四条駅2番出口または阪急京都線烏丸駅23番出口直結

PALLET（パレット）2200円。15種類30本、簡易ホルダー付き

PALLET

カスタマイズもできる

西陣織と水引細工の御朱印帳どめバンド、ヘアアクセサリー、ヘアゴム

自分だけのアクセサリーを
西陣織と水引細工　やまひで
ニシジンオリトミズヒキザイク ヤマヒデ

西陣織帯地を企画製造販売している西陣織メーカーが、オリジナル柄の西陣織と水引細工を使った手作りアクセサリーを販売。

Map P.166-A2　紫野・北野天満宮

🏠京都市北区紫野東藤ノ森町1-2 ☎075-432-6777 🕘10:00〜18:00（L.O.17:00）🗓水 🚃市バス船岡山からすぐ

29

14:00

お店の名物も
check!

ゼリーポンチ
750円はさっぱ
りとした味わい

喫茶店としては珍しく
BGMを流していない

徒歩5分

日替わりケー
キやカクテル
も提供する

クリームソー
ダ各700円は
全6種類

ストロベリー　レモン　スカイブルー　バイオレット　メロン　オレンジ

レトロ喫茶で
推しカラードリンク
をいただき!

青い光が幻想的なレトロ喫茶

喫茶ソワレ
キッサンワレ

青色の照明が特徴的な
1948年創業の京都を
代表する名喫茶。5色
のゼリーを使用した「ゼ
リーの誘惑」と称するメ
ニューの数々が人気。

DATA → P.116

15:30

徒歩
10
分

好きな色をチョイス!
オリジナルストラップ
をおみやげに

1826年創業と伝わる紐専門店

伊藤組紐店
イトウ クミヒモテン

真田紐のストラップ3分 (9mm)
2750円はネックストラップもある

和装用の各種紐のほか、組紐や
真田紐を使った、おみやげに手
頃なキーホルダーや根付を販
売する。色の組み合わせや
柄の指定が可能。

釈迦玉のキーホ
ルダー1100
円。色の組み
合わせを指定
できる

Map P.171-B4　河原町・烏丸

京都市中京区寺町六角北西角
075-221-1320　10:30～17:00
日、不定休　地下鉄京都市役所
前駅1番出口から徒歩6分、または京阪
本線三条京阪駅6番出口から徒歩9分

徒歩+電車15分

呼吸を楽しくする美しい線香

サンガインセンス本店
香煙研究所
サンガインセンスホンテン
コウエンケンキュウジョ

屋久杉や魔性と称されたお酒・アブサンなど、世界の香
りを日本伝統の線香で表現。防腐剤や化学糊を使わず、
廃棄ゼロで制作する。

Map P.171-A3　河原町・烏丸

京都市中京区秋野々町528
なし　13:00～19:00
火　地下鉄烏丸御
池駅1番出口から徒歩5分、
または地下鉄丸太町駅7番
出口から徒歩10分

一瞬で気分転換できるリフレッ
シュスプレー各3500円

16:30

自然物のみで作り出す
ユニークな創作線香

香煙の美しさに
までこだわる

世界巡香シリ
ーズ各3500
円～は全9種
類5本入り

推しカラーの着物を着よう!

アンティーク
着物プランを
チョイス

1 着物や帯をセレクト
京都最大級のバ
リエーションを
誇る豊富な品揃
えから選べる。

2 オプションもチョイス
着物の柄に合わ
せて帯飾りやヘ
ア飾りを追加し
てもかわいい。

3 ヘアセット
カタログから好みの
ヘアスタイルを決める
(予約不要、別料金)。

4 着付け
経験豊富なスタッ
フが手早く着付けて
くれて、背筋が伸びる。

完成

迷うのも
楽しい!

かわいい着物で思い出作り

京都きものレンタル京越 河原町店
キョウトキモノレンタルキョウエツ カワラマチテン

王道デザインはもちろん、人気のアンティー
ク着物やオプション小物が充実している。着
物に合わせてヘアセットもお願いできる。

Map P.171-C4　河原町・烏丸

京都市下京区天満町456-25 杉田ビル
075-341-2477　9:00～18:30 (返却
時間18:00)　無休　ひとときプラン
3190円、アンティーク着物プラン4950円など
阪急京都本線京都河原町駅から徒歩3分、
または京阪本線祇園四条駅から徒歩5分

Red

赤

前向きになれる！

見るとアドレナリンが分泌されるという赤は、千本鳥居のある伏見稲荷や11月中旬〜12月初旬に見頃を迎える紅葉の名所で観賞できる。

1. 嵐山祐斎亭 (P.20) の庭園　2.朱色の鳥居がずらりと並ぶ伏見稲荷大社は絶好のフォトスポット

伏見稲荷大社
DATA→P.135

Blue

京都水族館
Map P.180-B1

1.クラゲやイルカなど生き物約250種を10のエリアで展示する京都水族館
2. 伊勢湾沿岸に建物が並ぶ伊根町

集中力を高める

青

青色の照明を基調とした京都水族館の「クラゲワンダー」で穏やかな気分に。京都から約3時間の伊根町は紺碧の海と建物のコントラストが美しい。

Green

緑

リラックス効果あり

社殿と参道を覆うように原生林が茂る下鴨神社を歩けば、心がやすらぐ。さらに宇治抹茶を使ったスイーツを食べれば癒やされ度100％！

1. 宇治特産の抹茶は目が覚めるような緑色
2. 下鴨神社 (P.124) の広大な敷地に40種477本の樹木が並ぶ糺の森

糺の森
Map P.167-A3

Yellow

堀川通
Map P.166-C2

1. 京都市上京区の堀川通
2. 御金神社 (P.47) ではイチョウをモチーフにした金色の絵馬を奉納

金運が上がる！

黄

例年11月上旬〜下旬に見頃を迎える堀川通のイチョウ並木や、金運の御利益がすごいと評判の御金神社を訪れて金運上昇を祈願しよう。

プチぼうけん 5

「京都ツウ」に聞きました！いいことづくしの朝活さんぽ♪

お寺や神社のなかには早朝から門を開けているところが多い。
参拝後は、焼きたてパンとバリスタが入れてくれるコーヒー片手に散歩にでかけよう！

Point
南禅寺境内にある水路閣（Map P.173-C3）は早朝なら人もまばらなので思いきり写真撮影ができる

朝の岡崎界隈を楽しむ TOTAL 3時間

[オススメ時間] 8:00～11:00 [予算] 3000円

朝の散歩も楽しもう
岡崎界隈は緑が多く、朝散歩にぴったり。水路閣をひとり占めして写真撮影をしたり、おいしいパンとコーヒーをテイクアウトして疏水沿いでのんびり朝食を食べたりしよう。
※南禅寺の境内は飲食禁止

静寂に包まれた朝の京都を満喫しよう

朝からあちこち動きまくり
アクティブ派はこちら！

人気の寺社や飲食店は昼前後になると観光客で大混雑してしまうもの。がんばって早起きして人気が少ない時間帯を狙った「時差観光」を楽しんで。

「京都ツウ」が教える朝活ポイント！
とにかく人が多い京都の観光地も早朝なら比較的ゆっくりめぐることができるのでおすすめ。京都の朝の澄んだ空気も楽しんで！

三門
歌舞伎『楼門五三桐』にも登場する有名なスポット

1 国宝を有す名刹を早朝参拝

美しい建物に感激
南禅寺 ナンゼンジ

国宝の方丈をはじめ、小堀遠州作の枯山水庭園、狩野派の障壁画など文化財を多く伝える。三門周辺の桜や紅葉など境内には四季折々の美しさを見せるスポットがたくさん。

Map P.173-C3 岡崎
⌂京都市左京区南禅寺福地86 ☎075-771-0365
🕘境内自由（方丈庭園、三門は8:40～17:00、12～2月は～16:30、受付は20分前まで）[休]無休 [料]方丈庭園600円、三門600円 [交]地下鉄蹴上駅1番出口から徒歩10分

方丈庭園
大方丈前面の庭園は別名「虎の子渡しの庭」と呼ばれている

法堂
天井には蟠龍（ばんりゅう）が描かれている

毎月第2・4日曜は朝6時から無料座禅ができる！
月に2回、予約なしで参加できる「暁天坐禅会」が開かれているので参加してみよう。7時には解散となるので、体験後に境内を見て回るのもいい。

場所：龍渕閣 日時：第2・4日曜6:00～7:00（11～3月 6:30～7:30、8・12月の第4日曜および1月第2日曜は休会） 内容：座禅および10分間の法話

Point
ドイツの定番ケーキやサンドイッチをテラス席で食べることができる

徒歩8分

3 コーヒースタンドで癒やしの1杯をテイクアウト

1. ザラミ620円。ブレッツェルの丸型パンにサラミ、ゴーダチーズ、キュウリをサンド 2. ラウゲンブレッツェル300円。ドイツで最も有名なパンのひとつ。表面の岩塩がアクセント

徒歩20分

バリスタが入れる朝の1杯
dot.s ドットエス
動物園の向かいに立つ白を基調としたスタイリッシュなカフェ。バリスタが入れるカフェラテやコーヒー、焼き菓子を堪能できる。

`Map P.172-B2` 岡崎

🏠 京都市左京区岡崎南御所町20-1
☎ 075-754-5566 🕐9:00〜18:00
🚫不定休 🚌市バス岡崎公園動物園前からすぐ

Point
一流のバリスタがすてきなラテアートを描いてくれる

1. シンプルモダンな店内
2. バターのようなコクが感じられるカフェラテ600円

2 朝ごはんに人気のドイツパンをGET

本場の味をテイクアウト
Bäckerei PERKEO
ベッカライ ペルケオ
ドイツのパン職人最高資格をもつドイツ人と日本人夫婦が営むドイツパン専門店。天然酵母から100%手作り。素材の味が楽しめる。

DATA → P.120

岡崎エリアを流れる
4 疏水を眺めながら朝ごはん

岡崎疏水
オカザキソスイ
明治期に造られた琵琶湖疏水の分流で、南禅寺から夷川発電所までの約1.5kmを指す。疏水沿いは散策路になっている。

`Map P.172-C2` 岡崎

琵琶湖疏水 → P.151

春はお花見も

Point
疏水沿いのベンチに座ってテイクアウトしたパンとコーヒーを味わおう

徒歩5分

さんぽにぴったり♪

参拝後は
ホテルで朝ごはん
ゆっくり派はこちら!

Point
早朝は日中の喧騒が嘘のように静か。心静やかに参拝できる

徒歩20分

西楼門 四条通に面した朱塗りの門。国の重要文化財に指定

朝のすがすがしい気分でお参り
八坂神社 ヤサカジンジャ
京都の人々から「祇園さん」と呼ばれ親しまれている全国にある八坂神社の総本社。7月に行われる祭礼「祇園祭」はあまりにも有名。

DATA → P.107

本殿 本殿下には池があり、青龍が京を守っているという伝説がある

ホテルメイドのモーニング
フォションホテル京都グラン カフェ フォション
フォションホテルキョウト
パリの高級食料品店として有名なフォションが手がけるホテル。東山が一望できる最上階のレストランで優雅なモーニングはいかが。

`Map P.168-B1` 祇園・清水寺

🏠 京都市下京区難波町406 ☎ 075-751-7711 🕐モーニング7:00〜11:00(宿泊ゲスト優先)、ランチ11:30〜15:00、ディナー17:00〜22:00 🚫無休 🚃京阪京都本線清水五条駅3番出口から徒歩6分

1.

1. ゴージャスな空間を楽しもう 2. フォションブレックファスト4950円。オリジナルのアッサムティーやコーヒー、京都大原山田農園の平飼い卵を使った卵料理が入ったコース

Point
洗練された雰囲気のなか極上のひとときを過ごせる

だし

炊きたての
ご飯やだしの
香りも楽しめる

＼ だしをドリップ ／

自分でだしを作ってお茶漬けにする「ドリップ出汁の鯛茶漬け」がプラス500円で付けられる

上／だしには厳選された食材を使用
左／羽釜土鍋の炊きたてご飯

おすすめ朝ごはん
朝食・昼食
3500円

だしと炊きたてご飯を

MUKU ARASHIYAMA

ムク アラシヤマ

ホテルYADO Arashiyamaに併設された朝ごはんを食べるためのレストラン。おくどさん（かまど）で炊いたご飯とさまざまなだしを使った本日の豆皿料理、出汁巻き玉子などが味わえる。

DATA → P.132

1. 料理人のパフォーマンスが楽しめるカウンター席　2. メインは季節の素材をふんだんに盛り込んだ、本日の豆皿料理

編集部イチオシ！朝ごはんスポット

喫茶店の名店から新進気鋭のレストランまで京都の朝ごはんの選択肢は幅広い。今朝は何を食べようか迷っちゃいそう。

京都の朝食といえば

イノダコーヒ本店

イノダコーヒホンテン

1940年創業、京都を代表する喫茶店のひとつ。京の朝食にはバランスよく仕上げた看板ブレンドの「アラビアの真珠」を一緒に。砂糖、ミルクを入れて飲むのが定番だ。

[Map] P.171-B3 河原町・烏丸

⌂京都市中京区堺町通三条下ル道祐町140
☎075-221-0507
🕒7:00〜18:00（L.O.17:30）[休]無休
[交]地下鉄烏丸御池駅5番出口から徒歩10分

1. 開業時の店舗を復元したクラシカルな旧館
2. ふわふわのスクランブルエッグ、ボンレスハムにクロワッサンなど高級感あるモーニング。ドリンクは定番ブレンドのアラビアの真珠690円　3. プリン480円。昔懐かしいスタイルに心が和む　4. 吹き抜け、ガラス張りのモダンな本館。テラス席もある

迷ったら
これを頼もう
老舗

おすすめ朝ごはん
京の朝食
1680円

和食で朝を始めよう

LORIMER 京都
ロリマー キョウト

NYの定食屋を京都に逆輸入。京町家をリノベーションした店内で、「一汁三菜」をテーマに京都の舞鶴漁港から届く新鮮な魚をメインに旬の野菜を使った和の朝食を堪能しよう。

Map P.181-A3 京都駅

🏠京都市下京区橋詰町143　☎075-366-5787
🕐7:30〜15:00（L.O.14:30）　🗓不定休
🚃地下鉄五条駅5番出口から徒歩2分

いいことづくしの朝活さんぽ♪

おすすめ朝ごはん
一汁三菜
1760円

おさかな

新鮮な魚料理を楽しんで！

1. 京町屋をリノベーションした和モダンな店内　2. メインの魚は塩焼きや幽庵焼きなど2種類から選択できる　3. 今日の魚とおかず、炊きたてご飯、カツオ＋昆布だしで取った味噌汁を楽しむ、一汁三菜

スイーツもおすすめ

炭と薪を使い窯で燻したスモークチキンとレバノンの定番料理・ファラフェルがのったスモークチキン＆ファラフェルミックスプレート

おすすめ朝ごはん
スモークチキン＆
ファラフェル
ミックスプレート
1680円

レバノン料理

1. 大きな石造りのテーブルを囲んで朝食を　2. 薫香カヌレ500円などスイーツも人気がある　3. 珍しいグレー色のピタパン300円。プレートの食材を挟んで味わおう

カジュアルで美しいひと皿を

汽
キ

高瀬川畔に立つレバノン料理店。ミシュランに選ばれるフランス料理店で腕を磨いたシェフ自ら携わる畑で取れた野菜などを使い、安心安全でかつ美しい朝食を提供する。

Map P.181-A4 京都駅

🏠京都市下京区都市町149　☎075-585-4224
🕐8:00〜10:30（L.O.9:45）、11:00〜15:30（L.O.14:45）　🗓水　🚃京阪本線清水五条駅1番出口から徒歩3分

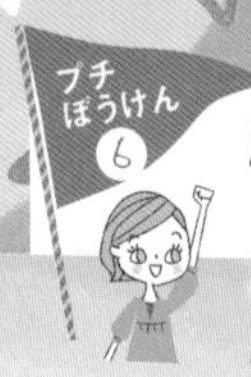

編集部厳選！ タイプ別3コース 渋滞知らずのサイクリング旅へ出発進行！

車内は混雑＆道の渋滞で到着時間が読めないバスに代わって注目されている自転車。
京都の名所旧跡をめぐるおすすめコースをご紹介。

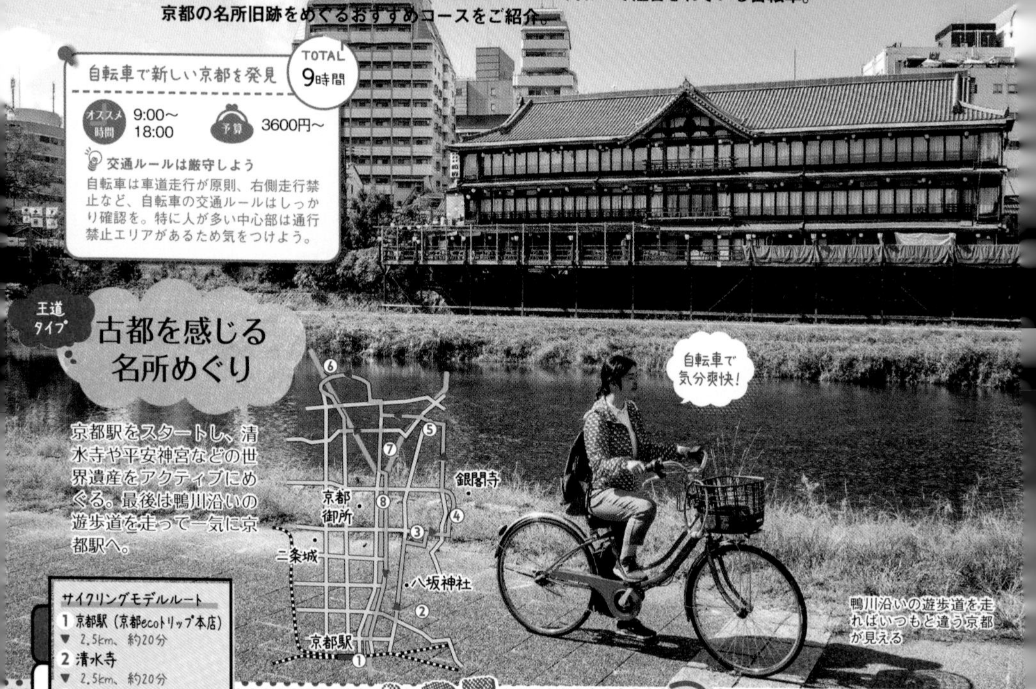

鴨川沿いの遊歩道を走ればいつもと違う京都が見える

自転車で新しい京都を発見 TOTAL 9時間

オススメ時間 9:00～18:00　予算 3600円～

交通ルールは厳守しよう
自転車は車道走行が原則、右側走行禁止など、自転車の交通ルールはしっかり確認を。特に人が多い中心部は通行禁止エリアがあるため気をつけよう。

王道タイプ

古都を感じる名所めぐり

京都駅をスタートし、清水寺や平安神宮などの世界遺産をアクティブにめぐる。最後は鴨川沿いの遊歩道を走って一気に京都駅へ。

サイクリングモデルルート
1 京都駅（京都ecoトリップ本店）
▼ 2.5km、約20分
2 清水寺
▼ 2.5km、約20分
3 平安神宮
▼ 2km、約15分
4 哲学の道
▼ 3.5km、約30分
5 天天有
▼ 4km、約35分
6 上賀茂神社（賀茂別雷神社）
▼ 3km、約25分
7 下鴨神社（賀茂御祖神社）
▼ 1km、約5分
8 鴨川遊歩道
▼ 5km、約40分
京都駅（京都ecoトリップ本店）

START

1 京都駅前で自転車をレンタル

市内に3店舗を展開する京都最大級のレンタサイクル専門店。自転車観光専用マップを無料でもらえる。他支店での返却も可(別料金)。

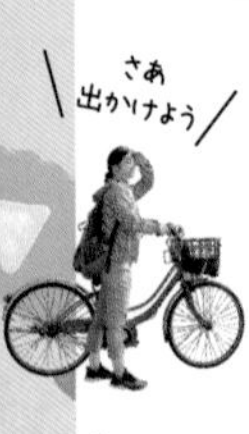

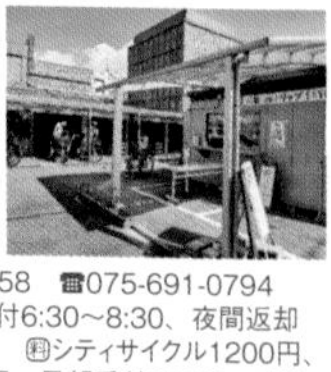

京都駅八条口から徒歩2分
京都ecoトリップ 本店
キョウトエコトリップ ホンテン
Map P.180-C2
京都駅
⌂京都市南区東九条室町58　☎075-691-0794
🕘9:00～18:00（早朝受付6:30～8:30、夜間返却18:01～22:00）[休]無休 [料]シティサイクル1200円、電動アシスト自転車2400円、早朝受付300円、夜間返却400円 [交]JR京都駅八条西口から徒歩2分

2 「清水の舞台」で有名な世界遺産を参拝

本堂から張り出した舞台をはじめ、仁王門や三重塔、音羽の滝など名所が多数。境内に駐輪場はないので近くの駐輪場を使用しよう。

清水寺 キヨミズデラ →P.112

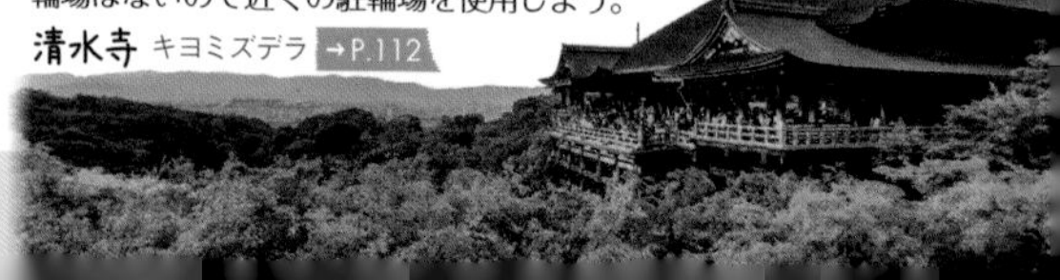

3 京都を代表する美しい庭園を眺める

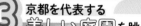

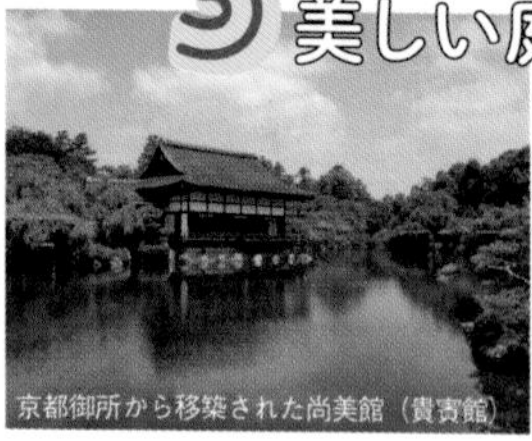
京都御所から移築された尚美館（貴賓館）

1895年、平安遷都1100年を機に桓武天皇を祭神として創建。国の名勝に指定されている神苑は池泉回遊式庭園で、4つの庭からなる。

平安神宮 ヘイアンジングウ →P.120

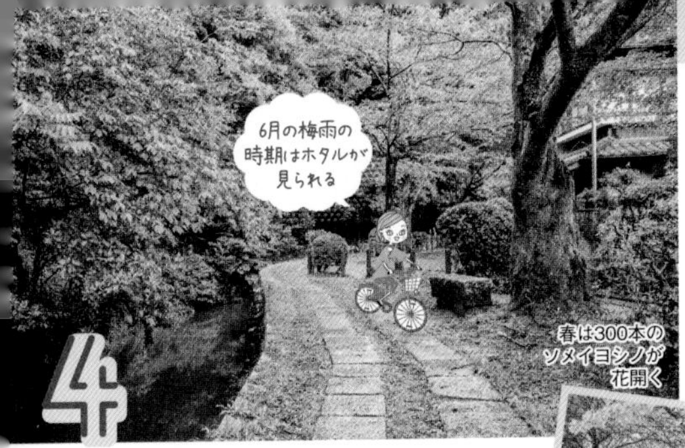
6月の梅雨の
時期はホタルが
見られる
春は300本の
ソメイヨシノが
花開く

4 「日本の道百選」を走る

銀閣寺と南禅寺を結ぶ約2㎞の散歩道。名前の由来は哲学者の西田幾太郎が思索の場としたこと。混雑時は自転車を押して通行しよう。

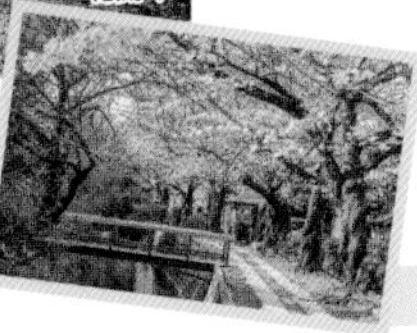

琵琶湖疏水分線沿いの小径
哲学の道 テツガクノミチ
[Map P.173-A3] 岡崎
🏠京都市左京区鹿ケ谷法然院西町 🕘散策自由
[交]地下鉄蹴上駅1番出口から徒歩20分（南側）

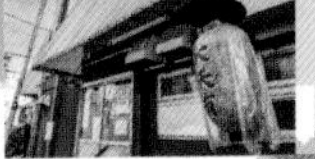

5 ラーメン激戦区の名店でランチ

1971年創業、人気店がひしめく一乗寺エリアの代表格。鶏のうま味が凝縮された濃厚で甘味のあるスープが中太麺にとろりと絡む。

天天有
テンテンユウ
→P.129

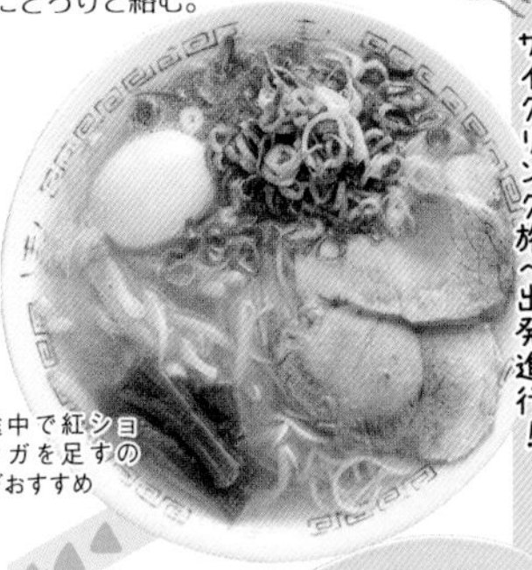
途中で紅ショウガを足すのがおすすめ

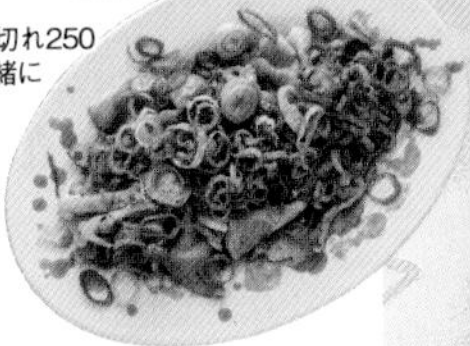
豚の細切れ250円も一緒に注文を

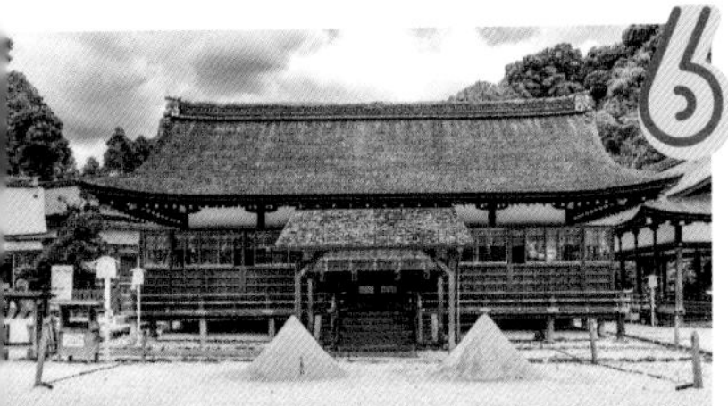
細殿前の「立砂」は神が降臨した神山を表現

6 京都最古の神社で必勝パワーをいただく

677年に現在の社殿の礎が創建された古社。特別参拝では国宝の本殿・権殿前で参拝が可能。紫式部も参拝した摂社・片山御子神社で良縁祈願を忘れずに。

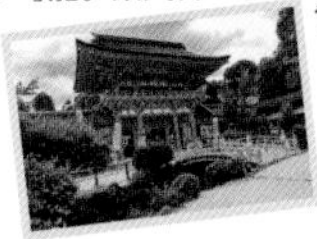
重要文化財の楼門

あらゆる災厄を祓う神を祀る
上賀茂神社（賀茂別雷神社）
カミガモジンジャ（カモワケイカヅチジンジャ）
[Map P.165-A2] 上賀茂
🏠京都市北区上賀茂本山339 ☎075-781-0011 🕘5:30〜17:00（二ノ鳥居）、本殿・権殿の特別参拝10:00〜16:00 [休]無休 [料]参拝無料（特別参拝500円） [交]市バス上賀茂神社前からすぐ

7 原生林に覆われた聖地でリフレッシュ

糺の森と呼ばれる自然林に囲まれている。本殿参拝後は相生社とその隣の連理の賢木で良縁祈願し、鏡絵馬が有名な摂社の河合神社へ。

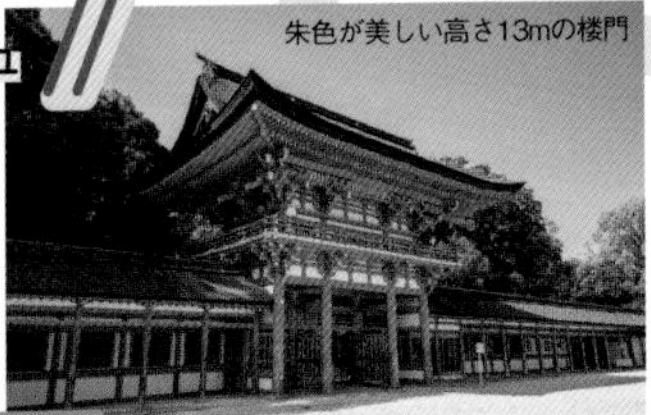
朱色が美しい高さ13mの楼門

下鴨神社（賀茂御祖神社）
シモガモジンジャ（カモミオヤジンジャ）
→P.124

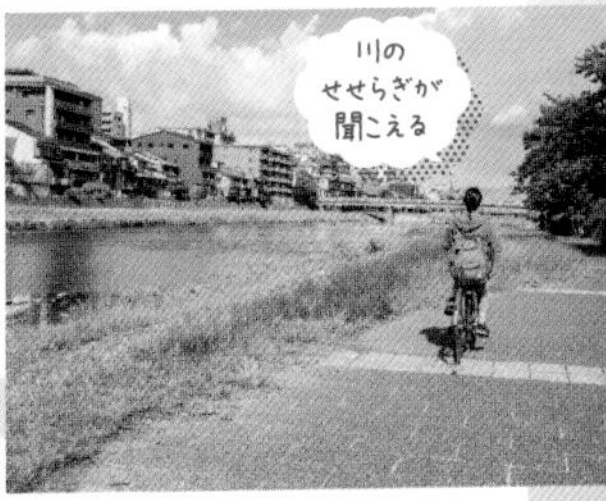
川の
せせらぎが
聞こえる

8 鴨川沿いを走って京都駅へ

京都市内を南北に流れる鴨川の東岸に整備されているのがタイル敷の鴨川遊歩道。信号待ちなどもなく、川を眺めながらサイクリングを楽しめる。

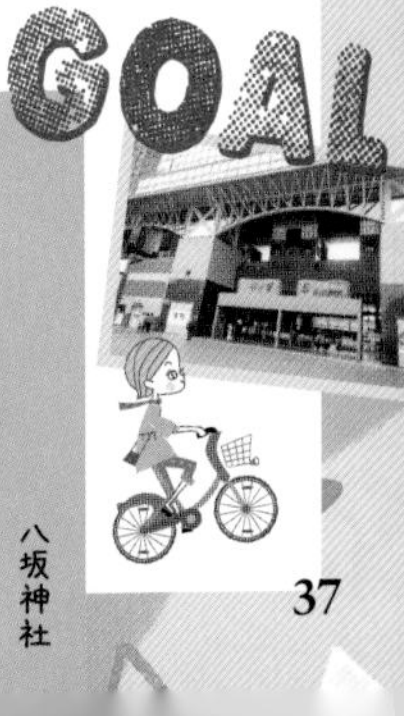
GOAL

京都市の自転車走行ルール

路上駐輪はNG!

京都市内のほぼ全域で路上駐輪は固く禁止されている。少しの時間であっても放置自転車として撤去されてしまい、保管手数料3500円がかかる。施設の駐輪場や市営駐輪場などを利用しよう。

通行禁止エリアがある

四条通や河原町通をはじめ、人が集中する都心部には自転車の通行規制エリアがある。規制時間帯は自転車で通行することができないため、押して通行するか迂回すること。

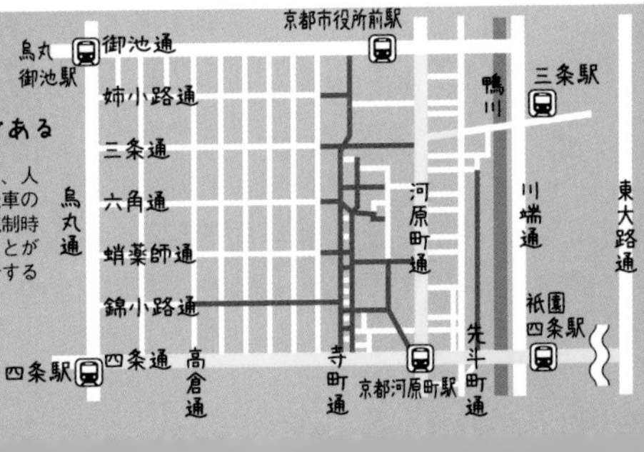
烏丸御池駅
御池通
京都市役所前駅
姉小路通
三条通
六角通
蛸薬師通
錦小路通
四条通
四条駅
烏丸通
高倉通
寺町通
河原町通
京都河原町駅
鴨川
三条駅
川端通
祇園四条駅
先斗町通
東大路通
八坂神社
終日禁止
禁止時間帯あり

プチぼうけん6
サイクリング旅へ出発進行!

癒やされたいタイプ

嵯峨野・嵐山で
京景色に感動！

人力車のドリンクフォルダー

日々の疲れを吹き飛ばしたい人は平安貴族も愛した景勝地へ。激混みの桜・紅葉シーズンは避けよう。

サイクリングモデルルート

1 嵐山駅（らんぶらレンタサイクル）
▼ 180m、約1分
2 渡月橋
▼ 750m、約5分
3 Rickshaw café
▼ 700m、約5分
4 野宮神社
▼ 250m、約2分
5 竹林の道
▼ 1.5km、約10分
6 あだし野念仏寺
▼ 2.5km、約20分
嵐山駅（らんぶらレンタサイクル）

二尊院
嵯峨嵐山駅
天龍寺 ① 嵐山駅
② 嵐山公園
対岸の嵐山公園まで渡ってみよう

START
嵐山駅で
自転車をレンタル

嵐山エリアで唯一電動アシスト自転車を取り扱う。嵐電嵐山駅ホームの足湯利用券が付いてくる。

Map P.178-C2 嵐山・嵯峨野

🏠京都市右京区嵯峨天龍寺造路町20-2 ☎075-882-2515 ⏰10:00〜17:00（受付〜15:00）無休
3段変速自転車1日1100円、電動付き自転車1日1600円
嵐電嵐山本線嵐山駅構内

2
嵐山を代表する
名所を渡る

桂川に架かる橋で、承和年間（834〜848年）に造られたとされる。現在の橋は1934年に完成。

自然と調和する弓なりの橋
渡月橋 トゲツキョウ
Map P.178-C2 嵐山・嵯峨野

散策自由 嵐電嵐山本線嵐山駅から徒歩3分、または阪急嵐山線嵐山駅から徒歩8分

3
写真映え抜群の
カラフルドリンクをゲット

フルーツソーダは春から秋までの季節限定メニュー

カフェとしての利用はもちろん、道案内や人力車の配車も行う（状況により配車できないことも）。天気のよい日はテラス席が人気。

人力車えびす屋によるカフェ
Rickshaw café リキシャカフェ
Map P.178-B2 嵐山・嵯峨野

🏠京都市右京区嵯峨天龍寺車道町26 ☎075-334-6462 ⏰9:00〜17:00（フードメニューL.O.16:30） ※季節により変動あり
無休 JR嵯峨嵐山駅または嵐電嵐山本線嵐山駅嵯峨駅から徒歩1分

4
『源氏物語』
にも登場する古社へ

黒木鳥居は日本最古の鳥居の様式

伊勢神宮に仕える斎王が伊勢へ行く前に身を清めた聖地。神石「亀石」は心願成就の御利益があるとか。

平安の風情を今に伝える
野宮神社 ノノミヤジンジャ
Map P.178-B2 嵐山・嵯峨野

縁結びお守り1000円

🏠京都市右京区嵯峨野々宮町1 ☎075-871-1972 ⏰9:00〜16:30 無休
無料 JR嵯峨嵐山駅から徒歩10分

5
夏でも涼しい
散策路を通る

約400mにわたって道の両側に竹林が続く。手入れされた数万本の竹のトンネルは真夏でも涼やか。

混み合っているときは自転車を押して通ろう

嵐山観光といえばここ
竹林の道 チクリンノミチ
Map P.178-B2
嵐山・嵯峨野

🏠京都市右京区嵯峨小倉山田淵山町 散策自由 嵐電嵐山本線嵐山駅から徒歩6分

6
8000体の石仏・
石塔が圧巻

鎌倉時代の仏師・湛慶による御本尊・阿弥陀如来像

1200年前に弘法大師によって開創。境内に並ぶ石仏・石塔は、無縁仏を集めて極楽浄土の阿弥陀説法を聞く人々になぞらえて配列安祀したもの。

法然上人の常念仏道場
あだし野念仏寺 アダシノネンブツジ
Map P.178-A1
嵐山・嵯峨野

🏠京都市右京区嵯峨鳥居本化野町17 ☎075-861-2221 ⏰参拝9:00〜16:30（12〜2月は〜15:30）
無休 500円 京都バス鳥居本から徒歩5分

平安〜鎌倉時代の石仏・石塔が並ぶ「西院の河原」

GOAL

お花見喫タイプ

西陣で穴場の桜名所を総ナメ！

START

約1200年の歴史をもつ西陣織の産地である西陣エリアで、春を彩るお花見スポットをめぐる。

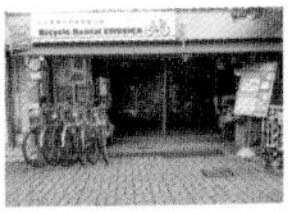

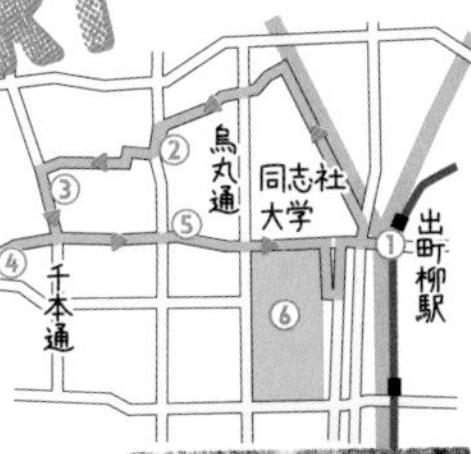

サイクリングモデルルート
1 出町柳駅（レンタサイクルえむじか）
▼ 2.5km、約20分
2 水火天満宮
▼ 1.5km、約10分
3 釘抜地蔵（石像寺）
▼ 750m、約5分
4 knot café
▼ 1.5km、約10分
5 白峯神宮
▼ 1.5km、約10分
6 京都迎賓館
▼ 1.3km、約10分
出町柳駅（レンタサイクルえむじか）

1 出町柳駅近くで自転車をレンタル

変速なしと3段変速自転車が選べる。1日利用の短期プランのほか、お得な長期プランの設定も。

短期～長期レンタルに対応
レンタサイクルえむじか
Map P.167-B3 京都御所周辺
🏠京都市左京区田中上柳町24 リヴィエール鴨東1F東側 ☎075-200-8219 🕘9:00～21:30 [料]当日20:00返却800円～ [交]京阪鴨東線出町柳駅7番出口からすぐ

プチぼうけん6

サイクリング旅へ出発進行！

2 しだれ桜が美しい「水火の天神さん」を訪ねる

都の水害・火災を鎮めるために創建された。5つの末社のほか、安産祈願の「玉子神石」や大願成就の「出生石」など見どころ多数。

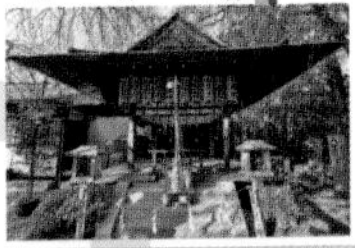

日本で最初の天満宮
水火天満宮 スイカテンマングウ
Map P.166-A2 京都御所周辺
🏠京都市上京区堀川通寺之内上ル扇町722-10 ☎075-451-5057 🕘参拝自由 [休]無休 [料]無料 [交]地下鉄鞍馬口駅2番出口から徒歩10分

主祭神・菅原道真公を祀る本殿

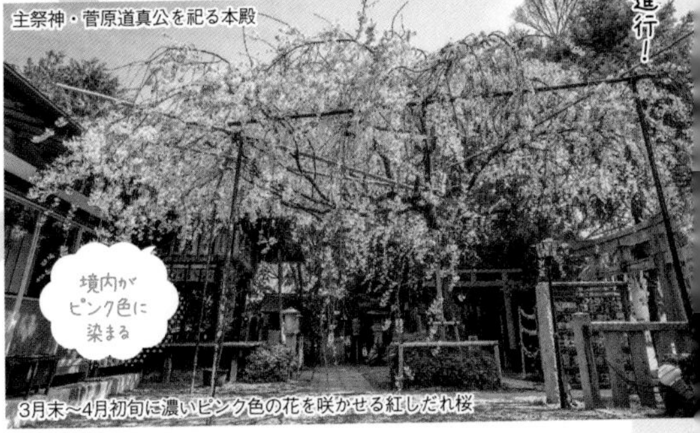

境内がピンク色に染まる

3月末～4月初旬に濃いピンク色の花を咲かせる紅しだれ桜

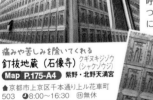

願いが成就したら2本の八寸釘と釘抜を張り付けた絵馬を奉納

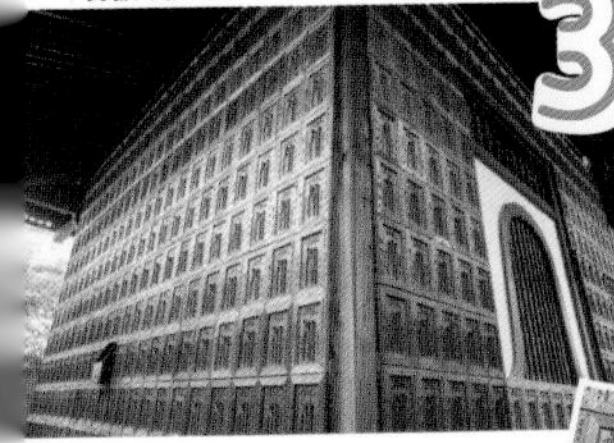

3 ずらりと並ぶ絵馬に驚き！

819年創建。「苦抜（くぬき）地蔵」と呼ばれていたが、いつしか「釘抜地蔵」になったとされる。

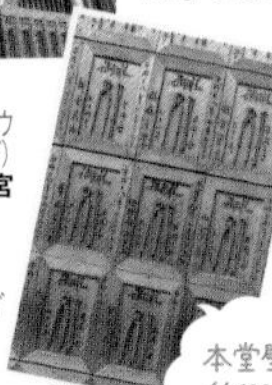

本堂壁面に約1000枚の絵馬が！

痛みや苦しみを除いてくれる
釘抜地蔵（石像寺） クギヌキジゾウ（シャクゾウジ）
Map P.175-A4 紫野・北野天満宮
🏠京都市上京区千本通り上ル花車町503 🕘8:00～16:30 [休]無休 [料]無料 [交]市バス千本上立売からすぐ

4 小腹が減ったらまんまるあんぱんをパクリ

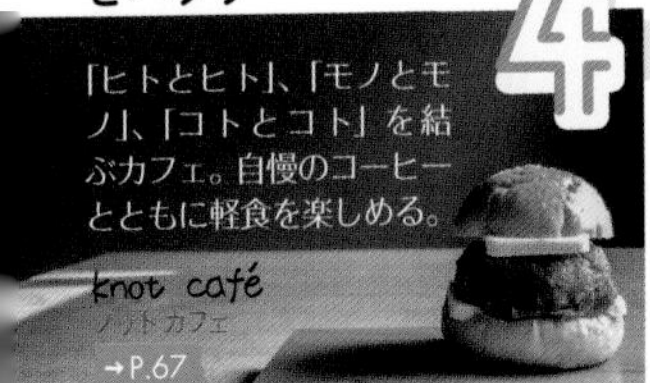

「ヒトとヒト」、「モノとモノ」、「コトとコト」を結ぶカフェ。自慢のコーヒーとともに軽食を楽しめる。

knot café ノットカフェ
→P.67

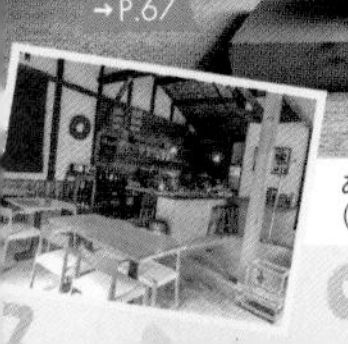

あんバターサンド363円（テイクアウト356円）

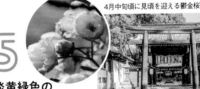

4月中旬頃に見頃を迎える鬱金桜

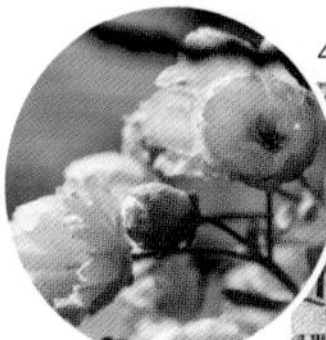

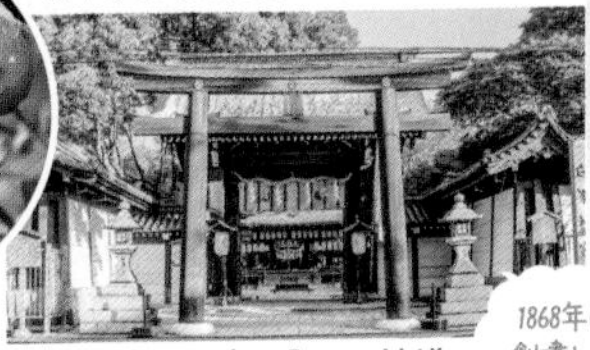

5 淡黄緑色の「鬱金桜（うこんざくら）」を見る

蹴鞠の守護神を祀ることから各種スポーツ公式球が奉納されている。境内には花色が淡黄緑色から淡紅色に変化する鬱金桜がある。

1868年に創建した

技能上達の「まりの神様」
白峯神宮 シラミネジングウ
Map P.166-B2 京都御所周辺
🏠京都市上京区飛鳥井町261 ☎075-441-3810 🕘参拝8:00～17:00 [休]無休 [料]無料 [交]地下鉄今出川駅から徒歩10分

6 最後は孤高のしだれ桜を観賞

京都御苑内にある国の迎賓施設。伝統的技能を駆使した建築とともに庭園のしだれ桜を見学しよう。

京都迎賓館 キョウトゲイヒンカン
→P.125

しだれ桜は1本のみ

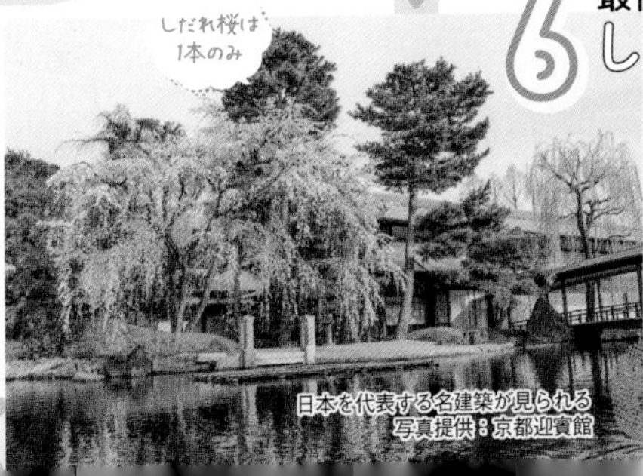

日本を代表する名建築が見られる
写真提供：京都迎賓館

GOAL

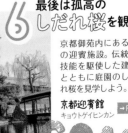

抹茶LOVEが止まらない！
パフェorプレート お気に入り探し♡

京都といえばやっぱり抹茶！乙女心をつかんでやまないパフェと見目美しいプレート、
香り高い抹茶を使った絶品抹茶スイーツを召し上がれ。

大人気の抹茶スイーツの
注目ポイントを調査！

京都スイーツの一大ジャンルともいえる抹茶スイーツは見た目、味ともに年々レベルが上昇中。特におすすめのメニューをピックアップ！

抹茶スイーツを満喫しよう
TOTAL 2～3時間

オススメ 時間	午前中	
予算	1300円～	

開店と同時に飛び込むべし！
京都スイーツのなかでも特に人気の高い抹茶スイーツ。おやつ時には行列必至なので、オープンと同時に入店するのがおすすめ。移動時間におなかを空かせたらしごしてみよう。

☑ ここに注目！
エディブルフラワーが頭上を飾る
はかなげな飴細工の上にエディブルフラワーがちりばめられている

アイスクリーム

白玉団子

羊羹

お抹茶のパフェ
1500円
芳香な抹茶が香る、洋風に仕立てた羊羹を盛り込んだパフェ

ひとつのグラスで完結する小宇宙
抹茶パフェ

どの角度から眺めても美しい抹茶パフェは抹茶スイーツの大定番！

芸術品のような創作パフェ
GION NISHI CAFE
ギオン ニシ カフェ

料亭「祇園にし」による洋菓子店。和のテイストを取り入れた遊び心あふれるスイーツがカウンターで作られる様子を眺めよう。

Map P.169-B3 祇園・清水寺
🏠 京都市東山区月見町21-2 2F ☎075-531-7724 ⏰11:00～18:30 (L.O. 18:00) 🗓月・火、不定休 🚉京阪本線祇園四条駅1番出口から徒歩10分

エスプーマ

和栗

☑ ここに注目！
あふれんばかりのエスプーマ
店の代名詞である濃厚エスプーマがたっぷりトッピングされている

濃茶ゼリー

美し過ぎる抹茶タワー！

清水パフェ
1280円
茶臼ひとつから1日500gしか作れない宇治抹茶を使用している

こちらも おすすめ
名物のエスプーマ雪氷（抹茶雪氷）1280円

老舗茶問屋による濃厚パフェ
清水一芳園カフェ
京都本店
シミズイッポウエンカフェ キョウトホンテン

創業約80年の茶問屋が手がけるカフェで、ハイクオリティな抹茶を使って供すパフェやエスプーマ氷など、抹茶スイーツに定評がある。

Map P.181-B4 京都駅
🏠 京都市東山区本瓦町665 ☎075-202-7964 ⏰11:00～17:00（L.O. 16:30）🗓月（祝日の場合は営業）🚉市バス東山七条から徒歩2分

全国から抹茶ファンが訪れる

40

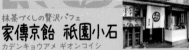

迷ったらまずはやってみて！

「パフェ派」「プレート派」診断チャート

→ YES
→ NO

ひとつのコトに集中するタイプだ

友達との付き合いは「狭く深く」

サプライズが好きだ

洋服の好みは流行に左右されない → A / B

タワマンと一軒家ならタワマンに住みたい → A / B

人見知りをするほうだ → A / B

Aのあなたは…パフェ派
職人気質でわくわくすることが好きなあなたには、スプーンを進めるごとに発見のあるパフェがおすすめ。

Bのあなたは…プレート派
視野が広く、新しいモノが好きなあなたは、抹茶のさまざまな食べ方を提案してくれるプレートをチョイスして。

プチぼうけん！
パフェ or プレート お気に入り探し♡

PARFAIT

白玉

抹茶アイス

抹茶餅風ゼリー

ここに注目！
独特のもちっと食感！
抹茶餅風ゼリー
店自慢の抹茶餅風ゼリーは、ほかにはないもちもちの弾力

抹茶パフェ
1350円
ゼリーに、アイス、蜜まですべて抹茶づくしの大満足の一品

抹茶づくしの贅沢パフェ
家傳京飴 祇園小石
カデンキョウアメ ギオンコイシ

祇園にある京飴店に甘味処が併設。飴の素材に使う黒みつや抹茶を使った和スイーツを提供する。抹茶は宇治の「山政小山園」のものを使用。

DATA → P.108

抹茶のパラダイス

煎餅

抹茶アイスクリーム

稲穂

ここに注目！
稲穂やせんべい、干菓子など、お米づくし！
素揚げした稲穂や、麩焼きの煎餅、米粉の干菓子などお米をふんだんに使用

稲荷パフェ
1400円
濃厚なアイスクリームの上にのった、赤い鳥居がインパクト大

社寺御用達の抹茶を使用
稲荷茶寮
イナリサリョウ

社寺御用達の抹茶を扱う「椿堂」プロデュースのカフェ。伏見稲荷大社の境内にあり、五穀豊穣の御利益にちなんだパフェが人気。

店内から庭園や稲荷山を望む

DATA → P.135

ここに注目！
ぴんと鎮座する
抹茶ロールケーキ
大きくカットしたロールケーキがまるまるひと切れ。大満足のボリューム

和甘味を心ゆくまで
伊藤久右衛門 祇園四条店
イトウキュウエモン ギオンシジョウテン

江戸時代後期からお茶処・宇治でお茶屋を営んできた伊藤久右衛門。和甘味がこれでもかとのった大ボリュームのパフェを堪能あれ。

Map P.168-A2 祇園・清水寺
🏠 京都市東山区四条通大和大路東南角祇園町南側586 ☎075-741-8096 ⏰10:30～18:30(L.O.18:00) 休無休 🚃京阪本線祇園四条駅6番出口から徒歩1分

茶だんご

わらび餅

黒豆

特選よくばりパフェ
1590円
和甘味がたくさんトッピングされたパフェ。上質な抹茶の苦味を楽しめる

1階はおみやげコーナー、2～3階が茶房となっている

41

求肥

バナナ

パウンドケーキ

お団子

祇園フォンデュ
1540円
濃厚な抹茶チョコレートソースと素材のマリアージュを堪能したい

ここに注目！
温かい抹茶ソースとのハーモニー
お団子やパウンドケーキはもちろん、あっさりしたフルーツとも好相性

抹茶チョコのフォンデュ
ジュヴァンセル祇園店
ジュヴァンセルギオンテン

京風情漂う花街のスイーツカフェでオープン以来ファンを魅了し続ける「祇園フォンデュ」。重箱で供されるのも乙女心をくすぐる。

Map P.169-B3 祇園・清水寺

🏠京都市東山区八坂鳥居前南入清井町482 京ばんビル2F ☎075-551-1511 🕐10:00～18:00（L.O.17:30）休火（祝日の場合は営業）🚃京阪本線祇園四条駅6番出口から徒歩10分

名刹にある宇治茶専門店
皐盧庵茶舗
コウロアンチャホ

宇治茶を生産から加工、販売、おもてなしまでする宇治茶の専門店。大徳寺の境内にある築80年ほどの町家で自家製抹茶をいただこう。

さまざまな雰囲気の部屋があり、ひと部屋ひと組でゆっくりと過ごせる

Map P.166-A2 紫野・北野天満宮

🏠京都市北区紫野大徳寺町17-1 ☎075-494-0677 🕐10:00～日没（L.O.16:30）休火・水 🚃地下鉄北大路駅6番出口から徒歩18分

ここに注目！
選べるこだわりのお茶
抹茶濃茶、薄茶、無農薬抹茶、手摘み玉露、無農薬煎茶などから選べる

お皿の上に描かれる
アート作品
抹茶プレート
パフェに負けず劣らず美しい抹茶プレートも要チェック！

干菓子

ねこもなか

大徳寺納豆

生菓子

お茶

ちょっとぜいたくなお茶セット
2000円
お茶1種、生菓子、干菓子、大徳寺納豆、自家製アイスがセットに

とろ～りつるんの看板スイーツ
茶寮翠泉 高辻本店
サリョウスイセン タカツジホンテン

お茶室をイメージした空間で本格和スイーツを提供。美しい坪庭を眺めながら、上質な宇治抹茶をふんだんに使用した甘味に舌鼓を打ちたい。

ビルの1階でありながら町家のように風情あるたたずまい

Map P.171-C3 河原町・烏丸

🏠京都市下京区高辻通東洞院東入稲荷町521 京都高辻ビル1F ☎075-278-0111 🕐10:30～18:00（L.O.17:30）休不定休 🚃地下鉄四条駅5番出口から徒歩5分

ここに注目！
やみつきのとろ～り食感
とろ～っと伸びて、ほんわり溶ける独特の食感に熟練の技が光る

出来立て
抹茶わらび餅
1560円
オリジナルの国産わらび粉、京都宇治抹茶、徳島県産和三盆を練り上げた逸品

抹茶みやげ

おうちで気軽に楽しめる宇治抹茶や、抹茶のスイーツをおみやげに。

生茶ゼリイ
（抹茶）
450円
日本茶の繊細な香りと芳醇なうま味をとじ込めた、看板商品

濃いめの抹茶チョコレート 690円
抹茶の風味が凝縮されたチョコレート。パッケージもすてき

グリーンティー
150g袋入680円
抹茶にフロストシュガーを混ぜた甘いドリンク。さっと溶けて便利

宇治を代表する老舗茶商
中村藤吉本店
ナカムラトウキチホンテン

1854年創業。明治・大正時代の製茶工場をリノベーションしたカフェにはショップも併設。試飲もできるため、好みのお茶を見つけられるはず。

DATA → P.138

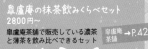

✓ここに注目！
美し過ぎるプレートアート
マーブル柄のケーキの周りには粉糖や抹茶パウダー、ゴマのアートが

抹茶レアチーズケーキセット
1500円
抹茶の苦味が引き立つ甘さ控えめのチーズケーキ。ドリンク付き

清水寺の参道でひと休み

TEN テン

作家が創る器に盛りつけられた和のデザートやケーキが人気。アーティスティックな模様が目を楽しませる抹茶レアチーズケーキは必食。

[Map] P.169-C3 祇園・清水寺

⌂京都市東山区清水2-208-10
☎075-533-6252 🕘10:30～18:00（L.O.17:30） [休]不定休 [交]市バス清水道から徒歩7分

カフェで取り扱っている器やカトラリーを販売するショップも併設

プチぼうけんり

パフェ or プレート お気に入り探し♡

宝石箱をオープン！

✓ここに注目！
湯気が舞い上がる粋な演出
桐箱を開けると湯気が舞い上がり、抹茶スイーツがお目見えする

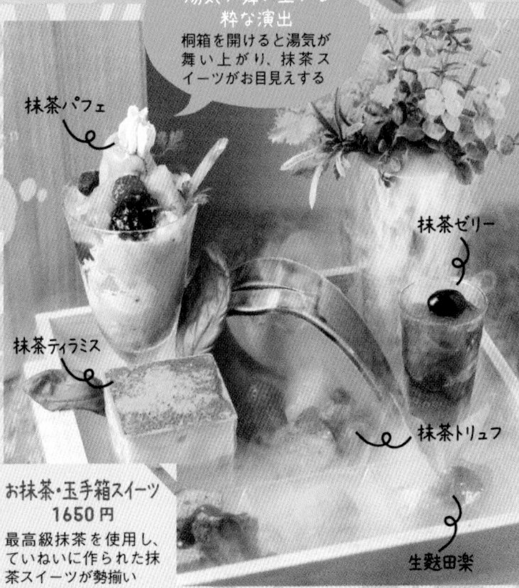

抹茶パフェ
抹茶ゼリー
抹茶ティラミス
抹茶トリュフ
生麩田楽

お抹茶・玉手箱スイーツ
1650円
最高級抹茶を使用し、ていねいに作られた抹茶スイーツが勢揃い

PLATE

抹茶オールスターここにあり

French cafe CHASEN 高台寺

フレンチ カフェ チャセン コウダイジ

京懐石の八寸盛に見立てた、抹茶スイーツの盛り合わせがSNSで話題を集める。抹茶は宇治茶の老舗・丸利吉田銘茶園のものを使用。

[Map] P.169-B3
祇園・清水寺

⌂京都市東山区下河原町高台寺境内 ☎075-366-5905 🕘11:00～21:00（L.O.20:30） [休]無休
[交]京阪本線祇園四条駅6番出口から徒歩15分

東山の街並みを眼下に望む開放的な店内。枯山水庭園をイメージしたアートも

自家製抹茶フィナンシェ
240円
濃厚な抹茶と焦がしバターの香りがラテとの相性抜群！

清水一芳園カフェ 京都本店 → P.40

宇治抹茶（あじろ木）
25g缶入 2160円
宇治抹茶をご家庭で。そのまま飲むのはもちろん、アイスやケーキにも

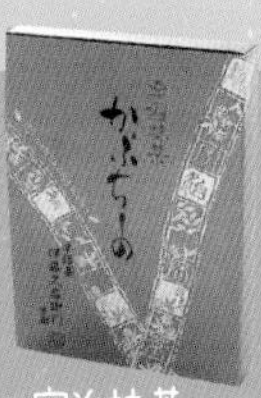

宇治抹茶
あじろ木
伊藤久右衛門

泡立つ宇治抹茶カプチーノ スティック
5本入 646円
お湯または水を注ぐだけで簡単にカプチーノができる

伊藤久右衛門 祇園四条店 → P.41

皐盧庵の抹茶飲みくらべセット
2800円～
皐盧庵茶舗で販売している濃茶と薄茶を飲み比べできるセット

皐盧庵茶舗 → P.42

おひとり様もゆるりと過ごせる 体が喜ぶプラスαの銭湯めぐり

昔ながらのレトロな銭湯が残る一方、"ととのう"サウナが充実の進化系まで、京都の銭湯は個性派揃い。

+ 文化財
国の登録有形文化財。脱衣場格天井の天狗と牛若丸の鮮やかな彫刻が圧巻！

すてきなレトロ空間♥

京都の銭湯 ここがスゴイ！

お寺の浴室を一般開放するなど、昔から身近な存在だった銭湯。サウナ料金は入浴料込み、多彩な湯船など、訪れる価値大！

ローカル銭湯めぐり
TOTAL 2時間

オススメ時間 15:00～19:00
予算 490円～

💡 個性強めの銭湯多し
壁や浴室のタイルがどことなくモダン、建物の文化財登録、湯上がりスペースや食事処が整っているなど、リーズナブルにスペシャルな体験が楽しめるのが京都の銭湯。肌ざわりのいいお湯の秘密は、地下水を薪だきするため。

天狗と牛若丸の彫刻が！

1 唐破風の重厚な建物 船岡温泉
フナオカオンセン

檜の浴槽もおすすめ

廊下を彩るマジョリカタイルなど、大正時代を彷彿させる細工が随所に残る。日本で初めて導入した電気風呂など、湯船の数も豊富。

Map P.175-A4 紫野・北野天満宮
🏠京都市北区紫野南舟岡町82-1
☎075-441-3735 ⏰15:00（日8:00～）～23:30 🈳無休 💴490円（サウナ利用込み） 🚌市バス千本鞍馬口から徒歩5分

1. 見事な彫刻とかわいらしいマジョリカタイルが融合した脱衣所 2. 巨岩に囲まれた露天風呂 3. 3代目店主の大野さん 4. 浴場は日替わりで男女入れ替え。サウナ＆水風呂も完備 5. 浴室前の廊下はマジョリカタイルがびっしり

+ 裸体像
「ヨシエさん」と呼ばれる人気の裸婦像。魚にまたがる姿に思わずクスッ。

2 アメニティ充実！手ぶらでOK 源湯
ミナモトユ

浴槽底のキュートな魚のタイル絵、まばゆく光るジェットバスと、女子心をくすぐる仕掛けがいっぱい。湯上がりはくつろぎスペースでまったり。

1. Wi-Fiが使えるくつろぎスペース 2. 主浴槽の底に描かれた魚を見ると気分が和む 3. 常連客を癒やしてくれるヨシエさん

Map P.175-C3 紫野・北野天満宮
🏠京都市上京区北町506-0 ☎080-3832-4126 ⏰14:00～翌1:00 🈳火 💴490円 🚌市バス大将軍から徒歩4分

3 都会の喧騒を忘れまったり 宇治天然温泉 源氏の湯本店
ウジテンネンオンセン ゲンジノユホンテン

Map P.164-B2 宇治

大きな窓から庭園を眺める開放感たっぷりの内湯と、浅湯、深湯の浴槽に、信楽焼の壺湯、水風呂、ロウリュウサウナを備えた露天風呂がある。

🏠宇治市大久保町大竹52 ☎0774-41-2615 ⏰10:00（土・日・祝9:00）～24:00（最終受付23:00）、朝風呂（土・日・祝のみ）6:00～9:00（最終受付8:30） 🈳無休 💴1000円 🚌近鉄京都線大久保駅から徒歩8分、無料送迎バスあり

+ サウナのあとは水深1mの水風呂でクールダウン。壺湯は信楽焼の陶器風呂「源氏物語 まどろみの湯」。内湯には保湿効果の高い炭酸泉も

+ 天然温泉
地下1111mから湧き出る天然温泉。ポカポカと温まり傷に効く塩化温泉。

4 長者湯
2023年10月にリニューアル
チョウジュ

坪庭も
ありますよ

創業106年の長者湯がリニューアルでサウナを新設。天然地下水を薪で沸かし、肌への当たりがやわらかい湯と一緒に楽しみたい。

Map P.166-B2 二条城・西陣

🏠京都市上京区上長者町通松屋町西入ル須浜東町450 ☎075-441-1223 ⏰15:10～24:00 休火 💰490円（サウナ利用込み）🚃市バス大宮中立売から徒歩2分

+ カルチャー
軽量で耐久性に優れた柳行李をロッカーにINが京スタイル。なかには50年以上使われているものもある。

1. 柳行李がズラリと並ぶ脱衣所　2. 薬湯やジェット風呂もある　3. 新設のサウナに加え水風呂も拡充　4. 女湯入口のタイル絵は桜舞う清水寺　5. 番台で接客する主人の間嶋さん

+ アニマル
インコとリクガメが浴室内に同居し癒やし効果も倍増。清潔感◎で安心安全。

5 松葉湯
浴室タイル画はマッターホルン
マツバユ

インコはここだよ～♪

明治創業、常連客から「インコ銭湯」と呼ばれ親しまれる。パワフルなジェットバスや、温度95℃でテレビ付きのサウナで心身ともにリラックス。

Map P.175-C4 紫野・北野天満宮

🏠京都市上京区下立売通御前東入ル西東町356 ☎075-841-4696 ⏰15:00～24:00 休日 💰490円（サウナ利用込み）🚃市バス丸太町御前通から徒歩3分

風呂の噴水は手作り

1. お釜ドライヤーと按摩機はもちろん現役　2. マッターホルンのタイル絵と小鳥がお出迎え　3. 動物好きで優しさあふれる店主の松井さん　4. 湯量豊富な露天風呂で涼む

京町家を改装！ 隠れ家サウナ

路地裏で "ととのう"
MACHIYA:SAUNA KYOTO
マチヤ サウナ キョウト

築160年の京町家を和モダンなプライベートサウナへと改装。サウナ室は水墨画で仕上げられ、隣には外気浴スペースを用意。宿泊施設としての利用も可能。

Map P.170-A2 河原町・烏丸

🏠京都市中京区三坊西洞院町561 ☎090-9838-9637 ⏰9:00～22:30（1回3時間完全貸切）休不定休 💰8000円（土・日・祝9800円）※一棟貸切宿泊は予約サイト参照 🚃地下鉄烏丸御池駅4-1出口から徒歩5分

1. 天井の高い開放感のあるくつろぎスペース　2. 個室サウナで思う存分デトックス　3. 季節ごとに異なる景観を楽しめる外気浴スペース

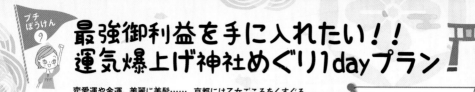

最強御利益を手に入れたい！！
運気爆上げ神社めぐり1dayプラン

恋愛運や金運、美麗に美髪……、京都には乙女ごころをくすぐる、
さまざまな御利益のある神社がたくさん！　お参りして運気を上げちゃお♡

神社めぐりのアドバイス

TOTAL
5時間

オススメ
時間　9:00～12:00、14:00～16:00

予算　志納&授与品
1000円～

御利益と授与品を事前にチェック！
縁結び、健康など寺社によって御利益もさまざまで、運気アップが期待できる期間限定の御朱印やお守りなどの授与品も個性豊か。事前に調べ運気を引き寄せる準備をしておこう。

歴史の都・京都の
パワースポットへ

神聖な気が流れる神社は多くの人たちの願いをかなえてきた強力パワスポ。拝殿で手を合わせれば、運気アップが期待できるかも。

縁結び

静かに
お祈り

相生社

縁結び
参り

美麗

緑に囲まれ心を鎮める

1 下鴨神社（賀茂御祖神社）
シモガモジンジャ（カモミオヤジンジャ）

神聖な空気を感じる「下鴨さん」。本殿に参拝したら、縁結び詣でに欠かせない「相生社」とその隣に祀られる「連理の賢木」へ。美人の女神様を祀る摂社・河合神社への参拝も忘れずに！

Map P.167-A3 京都御所周辺

DATA → P.124

1. 女性の守護神・玉依姫命を祀る摂社の河合神社　2. すっぴんの顔の手鏡形絵馬をマイコスメ（色鉛筆の貸し出しもあり）でメイクアップ。美のパワーを祈願し奉納する

3. 鳥居の正面に立ち、女性は右から、男性は左から社の周りを回り、3周目の途中で絵馬を奉納する特別な作法がある　4. ふたつと同じ柄がない、ちりめん布のお守り「媛守」1000円　5. 繊細でかわいらしい「開運招福招福レース御守」2000円

こちらも訪れたい！
御利益神社

縁結び
玉の輿

阿呆
賢さん

お玉さんのパワーで玉の輿！

今宮神社
イマミヤジンジャ

八百屋の娘から5代将軍綱吉の生母となった「お玉さん」が神社の再興に尽力。お玉さんにあやかり多くの女性が参拝に訪れる。心を込めて祈願すればシンデレラストーリーも夢じゃない。

Map P.166-A2 紫野・北野天満宮

🏠京都市北区紫野今宮町21　📞075-491-0082　参拝自由
（授与所9:00～17:00）　🚌市バス今宮神社前からすぐ

1. 三間社切妻造の社殿　2. 願いごとがかなうかを占う石「神占石（かみうらいし）」　3. 京野菜が織られている「玉の輿お守」800円

厄除け 🎯

徒歩＋バス 25分

厄除守

2 前向きなパワーをGet！
晴明神社 セイメイジンジャ

陰陽師、安倍晴明公の屋敷跡に建てられ、境内には病気治癒の晴明井、厄を吸い取る厄除桃などが点在。悩みや心配ごとにこわばる心を解きほぐしてくれる。

Map P.166-B2 ・二条城・西陣

🏠京都市上京区晴明町806　☎075-441-6460　🕘9:00～17:00（授与所～16:30）🚃市バス一条戻橋・晴明神社前からすぐ

1. 晴明公の念力で湧き出たといわれる晴明井　2.「厄除守」1000円を身に付け魔除け・厄除けを　3. 安倍晴明公は人々の苦しみ・悩みを取り払うことに尽力した

プチぼうけん9 運気爆上げ神社めぐり1dayプラン

徒歩＋バス 20分

福

金運

3 金色の鳥居が出迎える
御金神社 ミカネジンジャ

全国でも珍しい、金属や鉱山、鉱物の神様を祀る神社。境内には、御神木のイチョウをモチーフにした金色の絵馬が多数奉納されている。

Map P.170-A2 ・二条城・西陣

🏠京都市中京区押西洞院町614　☎075-222-2062　🕘参拝自由（授与所10:00～16:00）　🚃地下鉄二条城前駅2番出口・烏丸御池駅4-1番出口から徒歩8分、または市バス堀川御池から徒歩5分

1. 静かな住宅街に鎮座。地域の氏神様と親しまれる　2. 本殿屋根の瓦には社紋の金の字が光る　3. 一つひとつに金の箔押しのある「福つつみ守」2000円のほか、金運招福の授与品がたくさん！

4 女性の願いをすべてかなえる
市比賣神社 イチヒメジンジャ

女人厄除祈願で知られ、全国から多くの女性がお参りに訪れる。名水が湧く井戸、天之真名井は一願成就の井戸とも呼ばれている。

Map P.181-A3 ・京都駅

🏠京都市下京区河原町五条下ル一筋目西入　☎075-361-2775　🕘9:00～16:30　🚃京阪本線清水五条駅から徒歩5分、または市バス河原町五条から徒歩3分

1. 本殿が北向きに建てられているのは皇室守護の神社であることの証し　2. 絵馬を奉納し、御神水を飲んで手を合わせると願いごとがひとつかなうそう　3.「姫みくじ」1000円

天之真名井

徒歩＋地下鉄 20分

中におみくじが！

一願成就

髪塚

美髪

御髪献納

美髪で女子力アップ
御髪神社 ミカミジンジャ

御祭神は、日本で初めて髪結いを生業とされ、さまざまな神の悩みやトラブルを祓ってくれる。日本でここだけというレアな御利益に、女性はもちろん、美容関係の人や男性も多く訪れる。

Map P.178-B1 ・嵐山・嵯峨野

🏠京都市右京区嵯峨小倉山田渕山町10　☎075-882-9771　🕘参拝自由（授与所9:30～16:00）　🚃JR嵯峨嵐山駅から徒歩15分、または嵯峨野観光鉄道トロッコ嵐山駅からすぐ

1. 御髪献納袋（500円）をいただき髪を3～4cm切って納めると神職が日々祈持してくれる　2. ミニサイズの「御櫛守」各800円

あの人気作品の舞台はどこ！？
エンタメに登場する「京都」を探せ！

1200年の都・京都はその独特の文化や街並みから漫画や小説などの舞台になることが多い。人気作ゆかりの京都のスポットへ行ってみよう。

聖地巡礼の旅に出かけよう

漫画や小説に登場する実在のスポットをご紹介。作品も京都ももっと好きになりそう！

エンタメ作品×京都を発見

TOTAL
30分～6時間

オススメ時間 10:00～17:00　予算 無料～

登場人物になった気分で散策を
ゆかりの地めぐりをより楽しむなら、散策前にもう一度作品に目を通しておくのがポイント。コミックや小説なら現場で再度チェックすれば、より臨場感が高まりそう。

コミック

『舞妓さんちのまかないさん』× 辰巳大明神 タツミダイミョウジン

壁には常連の舞妓さんの祝い札が

作品をcheck！
『舞妓さんちのまかないさん』

舞台は京都のど真ん中にある花街。舞妓さんたちが共同生活を営む「屋形」でまかないさんとして働く青森県出身のキヨと、舞妓さんになった幼なじみのすみれを中心とした日常をつづる。

©小山愛子／小学館

南東を守る祇園のお稲荷さん Ⓐ

名前の由来は京都御所の南東（辰巳の方角）に位置すること。花街の芸舞妓が芸事の上達を願って参拝することもあるとか。舞妓デビュー前のすみれも願かけに訪れている。

Map P.168-A2
祇園・清水寺

近くには巽橋がある

➕こちらも注目

芸舞妓さん御用達の名店
切通し進々堂 キリトオシシンシンドウ Ⓑ

上ウインナートースト380円とコーヒー500円（ワンドリンク制）

四条通りの脇道にある1960年創業の喫茶店。すみれ行きつけのお店へ行き、キヨが「ういきゅうトースト」を食べる話に登場する。

Map P.168-A2
祇園・清水寺
🏠京都市東山区祇園町北側254
📞075-561-3029 🕙10:00～L.O.15:30 🈺月、不定休
🚉京阪本線祇園四条駅7番出口から徒歩2分

愛宕山に鎮座する火伏の神様
愛宕神社 アタゴジンジャ Ⓒ

市内最高峰・標高924mの愛宕山山頂にある全国900社の総本宮。キヨも苦労して山を登り、神社でいただいたお札を台所へお祀りしている。

Map P.165-A1 洛西

🏠京都市右京区嵯峨愛宕町1
📞075-861-0658 🕙参拝夏期9:00～16:00、冬期9:00～15:00 🈺無休 🚌京都バス清滝（表参道登山口）から徒歩2時間

霊験あらたかな「火迺要慎」（ひのようじん）のお札

阿呆
火迺要慎

出町桝形商店街 デマチマスガタショウテンガイ Ⓓ

キヨが食材の調達にたまに行く、地域密着型の店が軒を連ねるアーケード街。

→P.150

花見小路 ハナミコウジ Ⓔ

約1km南北に続く道の両側にお茶屋さんや料亭が並ぶ。ドラマ版にも登場。

→P.55

仁和寺　京都御所 Ⓐ
渡月橋　二条城・ Ⓑ Ⓔ
清水寺
京都駅
桂川
伏見稲荷大社

エンタメに登場する「京都」を探せ！

コミック 『であいもん』× 山科鳴海餅 （ヤマシナナルミモチ）

1. 桜の香りの最中に粒あんがたっぷり詰まったさくら最中200円 2. 支の子餅220円など気軽に買える季節の和菓子がたくさん 3. さくら餅190円 4. 粒あんを近江産羽二重米で包み焼き上げた、やきもち200円

➕こちらも注目

今出川駅 イマデガワエキ
地下鉄烏丸線の駅。第1話で一果と和がお菓子を売った場所。

Map P.176-A1
京都御所周辺

浅野先生も来店した和菓子店
丹波大納言小豆など地元産品を原材料に使い、四季折々の和菓子を提供。『であいもん』とのコラボ商品を販売するなど、各地からファンが訪れる。2024年に創業60周年を迎える。

Map P.165-B2 山科

🏠京都市山科区西野八幡田町2-4 ☎075-581-5512 🕐8:30〜18:30 休火 🚉地下鉄御陵駅1番出口から徒歩15分、またはJR山科駅から徒歩20分

小説 『夜は短し歩けよ乙女』× 進々堂 京大北門前 （シンシンドウ キョウダイキタモンマエ）

深煎りのカフェと進々堂製のクロワッサン

京大第一の図書室!?

京大生の図書室！？

老舗ベーカリー・進々堂初代社長の孫・川口さん夫婦が営む

物語の重要なシーンに登場
1930年創業。90年以上にわたって京大生たちに親しまれるカフェ。店内は創業当時と変わらないレトロモダンな雰囲気が漂う。同店で先輩と乙女がデートの待ち合わせをする。

Map P.177-C1 岡崎

🏠京都市左京区北白川追分町88 ☎075-701-4121 🕐10:00〜18:00 休火 🚉京阪鴨東線出町柳駅4番出口から徒歩10分

『古都』× 嵯峨豆腐 森嘉（サガトウフ モリカ）

1. 老舗の風格を感じる趣ある建物
2. 伝統の味を守る6代目店主

嵯峨豆腐（大）519円

嵯峨豆腐考案の老舗豆腐店

創業150年以上の歴史を誇る。にがりの代わりにすまし粉（石膏）を用いた嵯峨豆腐は湯豆腐にするのがおすすめ。『古都』でも千恵子が湯豆腐を作るシーンに森嘉が登場する。

Map P.178-B2 嵐山・嵯峨野

🏠京都市右京区嵯峨釈迦堂藤ノ木町42 ☎075-872-3955 🕘9:00～17:00 🈺水（休日の場合は翌平日）🚃JR嵯峨嵐山駅北口から徒歩15分

作品をcheck!

『古都』

京都を舞台に、生き別れになった双子の姉妹の数奇な運命を描いた川端康成の傑作。京都各地の名所や史跡、年中行事が盛り込まれている。

川端康成『古都』(新潮文庫刊)

作品をcheck!

『檸檬』

「えたいの知れない不吉な魂」に取りつかれた主人公が、レモンを見て抱いたいたずらな感情を詩的に描いた短編小説。梶井基次郎の代表作。

梶井基次郎『檸檬』(新潮文庫刊)

地下2階に「檸檬」コーナーを常設

主人公が訪れた小説の舞台の再来

幅広い品揃えで愛される京都随一の大型書店。鬱屈した主人公が、爆弾に見立てたレモンを丸善の書棚に置いて逃走し、「丸善が大爆発したらどんなにおもしろいか」と空想する。

Map P.171-B4 河原町・烏丸

🏠京都市中京区河原町通三条下ル山崎町251 京都BAL地下1F～地下2F ☎075-253-1599 🕘11:00～20:00 🈺1/1 🚃阪急京都本線京都河原町駅3B出口から徒歩7分

『檸檬』× 丸善 京都本店（マルゼン キョウトホンテン）

「MARUZEN café」で味わえる檸檬ケーキ 700円

『鴨川ホルモー』× 吉田神社（ヨシダジンジャ）

祭神が祀られた本宮

京都大学の近くに立つ鳥居

全国の神々を祀る大元宮

作品中で儀式の舞台になった

859年、平安京の守護神として創建され、導き厄除け開運の神様として崇敬されている。作中では神社の境内で主人公が上級生からホルモーを受け継ぐ奇天烈な儀式が行われる。

Map P.172-A2 岡崎

🏠京都市左京区吉田神楽岡町30 ☎075-771-3788 🕘9:00～16:30 🈺無休 🚃京阪鴨東線出町柳駅2番出口から徒歩20分、または市バス京大正門前から徒歩5分

作品をcheck!

『鴨川ホルモー』

京都を舞台に"オニ"と呼ばれる生き物を使った謎の競技・ホルモーに没頭する京大生たちのエネルギッシュな青春の日々を描く。

『鴨川ホルモー』万城目 学 KADOKAWA 角川文庫

京都が舞台に! 超人気作品でも

映画

『名探偵コナン 迷宮の十字路〔クロスロード〕』

京都の寺から依頼を受け、コナンが小五郎や蘭とともに京都を訪れるというストーリー。京都タワーや清水寺など多数の観光名所が登場する。

「名探偵コナン 迷宮の十字路〔クロスロード〕」DVD・Blu-ray 発売中 ©2003 青山剛昌・小学館・読売テレビ・日本テレビ・小学館プロダクション・東宝・TMS

映画

『るろうに剣心 京都大火編』

実写映画シリーズの第2作。伝説の剣客・緋村剣心は、政府から届いた志々雄真実の討伐依頼を受け、野望阻止のため京都へ向かう。

DVD「るろうに剣心 京都大火編（通常版）」発売中 発売・販売元：アミューズソフト 価格3,190円（税込）©和月伸宏／集英社 © 2014「るろうに剣心 京都大火編」製作委員会

そもそも
「新選組」って？

幕府要人暗殺が横行していた幕末の京都で、尊王攘夷を掲げる過激派を取り締まり、町の治安維持を担った浪士の集まり。局長近藤勇、副長土方歳三、1番隊隊長沖田総司の名前は歴史ファンでなくても耳にしたことがあるはず。

2023年で結成160年！！

新選組×京都

1863年に結成され、「幕末最強の剣士集団」とも称された新選組。今なお多くの歴史ファンを魅了する剣士たちゆかりの史跡を訪ねてみよう。

エンタメに登場する「京都」を探せ！

「新選組」がテーマの作品

『青のミブロ』

幕末の京都を舞台に、「世界を変えたい」という願いを胸に「壬生浪士組」、通称“ミブロ”に入隊した心優しき少年・におの激動の物語。

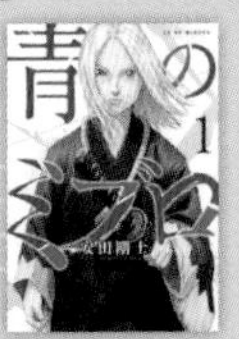

『青のミブロ（1）』 安田剛士（講談社）

『燃えよ剣』

新選組副長として剣に生きた土方歳三の生涯を描く。新選組や土方歳三のイメージを多くの人に植え付けたといわれる長編歴史小説。

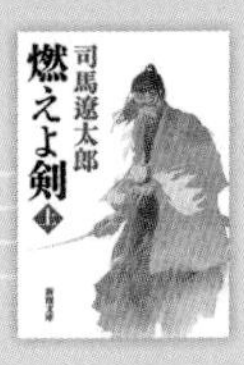

司馬遼太郎『燃えよ剣』（新潮文庫刊）

新選組ゆかりの地をめぐる

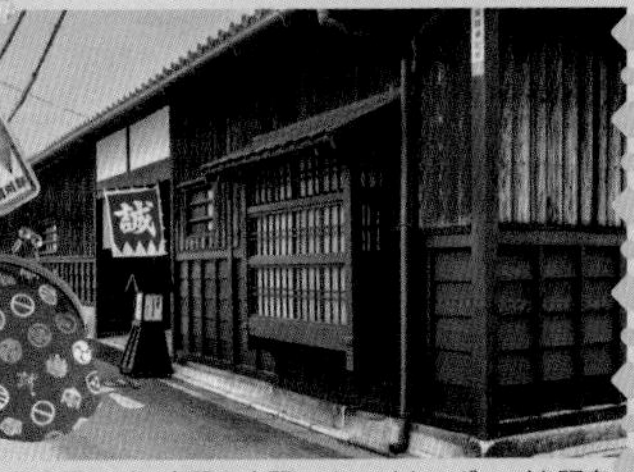

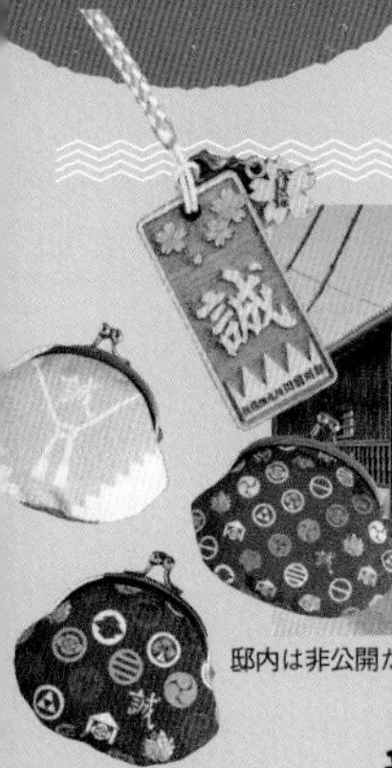

邸内は非公開だが、玄関の土間でオリジナルグッズを販売

鴨居に粛清時の刀傷が残る

壬生屯所旧跡八木家 ミブトンショキュウセキヤギケ

壬生村きっての旧家で新選組が最初に屯所をおいた。奥座敷は結成当時局長だった芹沢鴨暗殺の舞台となった。

[Map P.170-C1] 京都駅
⌂京都市中京区壬生梛ノ宮町24 ☎075-841-0751 🕘9:00～17:00（最終受付16:00）[休]不定休 [料]1100円（ガイド・屯所餅、抹茶付き） [交]市バス壬生寺道から徒歩2分

当時の土蔵・座敷が残る

新選組屯所旧前川邸

シンセングミトンショキュウマエカワテイ

京都所司代の公金出納を務めるなどの公職を兼ねていた縁で新選組に屋敷を提供していた。総長山南敬介が切腹した座敷がある。非公開。

[Map P.170-C1] 京都駅
⌂京都市中京区壬生賀陽御所町49 ☎非公開 🕘10:00～17:00（土・日・祝のみ玄関部分で関連グッズを販売） [休]月～金 [交]市バス壬生寺道から徒歩1分

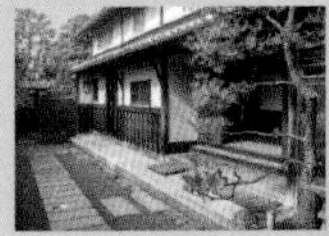

屯所があった当時の姿で保存されている

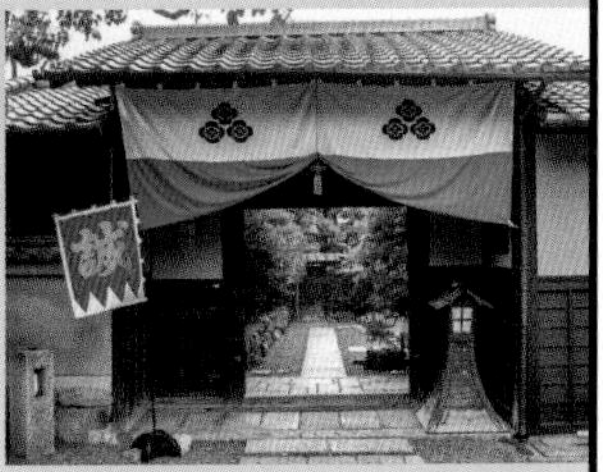

京都市登録文化財

新選組隊士の墓所がある

光縁寺 コウエンジ

1613年創建と伝わる。本堂裏手の墓所へは山門左手の小門をくぐり、玄関で供養料100円を納めて参拝を。

[Map P.170-C1] 京都駅
⌂京都市下京区綾小路通大宮西入 四条大宮町37 ☎075-811-0883 🕘墓所参拝9:00～17:00 [休]無休 [料]100円 [交]市バス四条大宮または嵐電嵐山本線四条大宮駅から徒歩3分

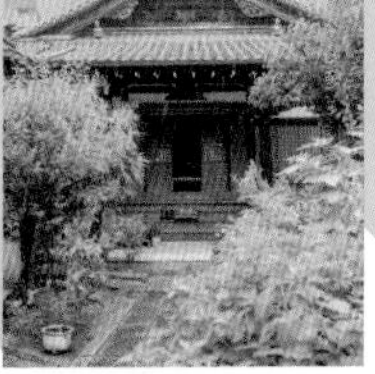

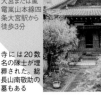

寺には20数名の隊士が埋葬された。総長山南敬助の墓もある

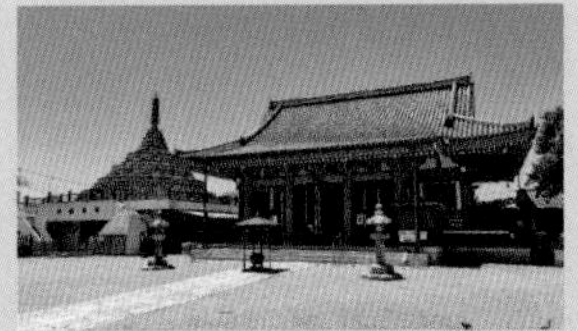

境内は新選組の兵法訓練所

壬生寺 ミブデラ

991年創建。春・秋・節分に演じられる壬生狂言が有名で、隊士が狂言を見物したという逸話も残る。

壬生塚には近藤勇の胸像が立つ

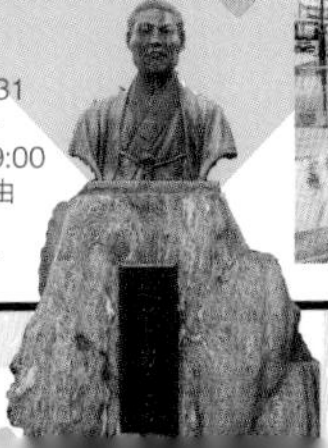

[Map P.170-C1] 京都駅
⌂京都市中京区壬生梛ノ宮町31 ☎075-841-3381 🕘8:30～17:00、壬生塚、歴史資料室9:00～16:00 [休]無休 [料]境内自由（壬生塚、歴史資料室300円） [交]市バス壬生寺道から徒歩3分

新選組の名が広まる契機に

「池田屋事件」跡地

イケダヤジケンアトチ

1864年6月5日、旅籠池田屋に集結した尊王攘夷派を新選組が襲撃したのが池田屋事件。現在跡地は居酒屋となっているが、店前に石碑が立つ。

[Map P.171-B4] 河原町・烏丸
⌂京都市中京区三条通河原町東入 [交]地下鉄三条京阪駅7番出口から徒歩4分

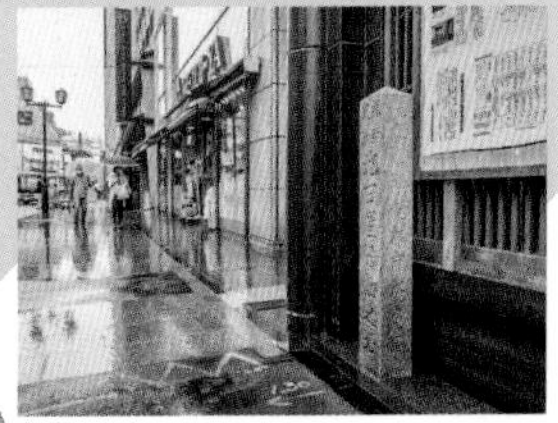

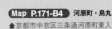

個性がキラリと光る町の本屋さんで 知的センスをアップデート！

大型店から個人店まで多くの書店が並ぶ京都。喫茶やギャラリーが併設されるなど、ほかとはひと味違う個性派書店をピックアップ！

どんな本があるのかな

書店をめぐって 運命の1冊を探す

新書&古書店を訪ねる

TOTAL 2〜3時間

オススメ時間 11:00〜18:00　予算 出合い次第

定休日と位置関係をチェック
書店を数軒ハシゴするなら、定休日や店の場所を事前に確認しておくこと。近くの観光名所をルートに組み込めば、さらに充実した時間を過ごせるはず。

映画×カフェ×書店
CAVA BOOKS
サヴァ ブックス

ネットで書籍が簡単に購入できる今だからこそ、リアルな書店めぐりがおもしろい！ 厳選された本のなかに思わぬ掘り出し物があるかも？

出町枡形商店街の一角にたたずむ複合施設「出町座」の1階に位置。カフェを取り囲むように約2000冊の書籍が並ぶ独特の造りで、本のセレクトはすべて店主の宮迫さんが行う。

Map P.176-A2 京都御所周辺

🏠京都市上京区三芳町133 出町座1F
☎なし ⏰11:00〜19:30 🅿無休（出町座に準ずる） Ⓜ京阪鴨東線出町柳駅5番出口から徒歩5分

出町座カウンターでオリジナル商品を購入できる

映画に関する本も充実

本を購入したら併設のカフェで読むのもいい

活字量の多い "読む"本がずらり
大学生が多い土地柄、ビジュアルブックなどは少なく、人文・哲学系がメイン

出町座オリジナルの読書ノート1650円と映画ノート1000円。タイトルや読後評価などが記載できる

月に2回ほどイベントも開催

店主 宮迫憲彦さん

ブックカバーがかわいい！
絵本『パンダ銭湯』などで人気のtupera tuperaによるイラスト

建築・デザイン書がメイン

建築やアート、写真などに関係する書籍を中心に独自のセレクトを行う

創業約90年の小さな書店
有限会社 大喜書店
ユウゲンガイシャダイキショテン

「書店は本と読者が『出会う場』」という考えを基にスタッフの気になる本をラインアップしている。1933年頃に開店、2013年の移転を機に「建築家のための本屋さん」として建築・アート本の専門店となった。

Map P.181-A3 京都駅

🏠 京都市下京区麩屋町通五条上ル下鱗形町563番2
☎ 075-353-7169 🕛 12:00～18:30（土・日・祝11:00～）🈺 第1・3火曜、水 🚃 京阪本線清水五条駅3番出口から徒歩5分、または地下鉄五条駅1番出口から徒歩8分

新たな本との出会いの場になるかも

建築・アート本以外にも文庫本や詩集、画集などを扱う

文庫本にはオリジナルのブックカバーもかけてもらえる

ノスタルジックな雰囲気の店内に古書がところ狭しと並ぶ

レトロな民家に多彩な古書
マヤルカ古書店
マヤルカコショテン

こけしなどの民芸品や郷土玩具も取り揃えている

古書好きは必訪の品揃え

ジャンルは文学、アート、食と暮らし、絵本、民芸など幅広い

店主が1冊ずつ査定・分類した、日常に寄り添うような古書を取り扱う。一般からの直接買い取り（店頭持ち込みまたは出張買取）がメインのため、1冊ずつの入荷が基本。

Map P.177-B1 一乗寺・修学院

🏠 京都市左京区一乗寺大原田町23-12
☎ 090-1039-5393 🕛 11:00～18:00 🈺 火 🚃 叡電叡山本線一乗寺駅から徒歩4分、または市バス高野から徒歩5分

書籍はもちろん、日用品や雑貨などスタッフが厳選した本にまつわるアイテムを扱う。地元で活躍する作家のアート作品展示なども。

1. ギャラリーやイベントスペースも併設
2. 1975年の創業以来地元で愛されている名物店

京都の書店文化を牽引する
恵文社 一乗寺店
ケイブンシャイチジョウジテン

珍しい新刊に出合える

大手出版社はもちろん、リトルプレスから海外書籍まで揃う

DATA → P.128

マンションの一室にある隠れ家的古書店。フランス文学者・澁澤龍彦の著書を中心にヨーロッパ文学や異端文学の書籍を扱う。

店内にはイギリスのアンティーク家具が並ぶ

静謐な空間で古書に触れる
アスタルテ書房
アスタルテショボウ

希少な初版は即入手を

幻想文学を中心に品揃え。今ではほぼ流通しない初版も多い

現代作家の作品を展示するギャラリー

Map P.171-A4 河原町・烏丸

🏠 京都市中京区御幸町三条上ル丸屋町331 ジュエリーハイツ202
☎ 075-221-3330 🕛 14:00～19:00 🈺 水・木 🚃 地下鉄京都市役所前駅1番出口から徒歩2分

53

夜になってからが本番です
はんなり「宵映え」スポットへいざ!

せっかく京都に来たからには夜までたっぷり遊びたい!
ライトアップに、美しい料理に、おいしいお酒にと、
余すことなく堪能しよう。

夜スポットめぐり

TOTAL 3〜4時間

オススメ時間 夕方以降 ／ 予算 1万円〜

🍴 飲食店は予約がベター
夜の飲食店は混み合うことが多いので、事前に予約するのが吉。それに比べてライトアップスポットはあまり時間の制限がないので臨機応変に予定を組もう。

フォトジェニック スポットがめじろ押し

いつもとは違う京都の表情が見られる夜の時間帯。ライトアップやイルミネーションで彩られた幻想的な風景をぜひ写真に撮って。

> ここが宵映え
> 京都3大祭をはじめとした四季折々のイベントごとのデザインは必見!

徒歩5分

愛され続けるシンボル

京都タワー キョウトタワー

京都で60年近く愛される地上131mのシンボルタワーで、街を照らす灯台をイメージしている。ライトアップされた美しい姿は必見。

Map P.181-B3 京都駅

🏠京都市下京区烏丸通七条下ル東塩小路町721-1
☎075-361-3215 🕙10:00〜21:00（最終入場20:30）
📅無休 💰900円 🚉JR京都駅中央口から徒歩2分

> ここが宵映え
> いつもは白いが、カラフルにライトアップされた姿を見られることも

大迫力のイルミネーション

京都駅ビル キョウトエキビル

京都駅ビルの大階段で、約1万5000個のLEDが散りばめられたグラフィカルイルミネーションが年中実施され、夜の京都駅を鮮やかに彩る。

Map P.180-B2 京都駅

> 大階段がカラフルに

🏠京都市下京区烏丸通塩小路下ル東塩小路町901 ☎075-361-4401
🕙15:00〜22:00 📅無休 （イベント開催等によりイルミネーションを中止する場合あり）💰無料 🚉JR京都駅直結

電車9分

隠れた名物料理です

肩ひじ張らない"くずし割烹"

くずし 理 クズシ コトワリ

割烹料理に洋食のエッセンスを加えた、独創的な和食を提供する"くずし割烹"の店。メニューは和食月替わりコース8800円のみ。

Map P.165-B2 河原町・烏丸

🏠京都市下京区万寿寺通堺町東入俵屋町239-2 ☎090-8536-5489 🕙18:00〜22:30（L.O.20:00）📅水、月末日、不定休 🚉地下鉄五条駅1番出口から徒歩7分

> ここが宵映え
> ハードルの高い割烹料理を、リーズナブルな価格で楽しめる♪

コースのメインは季節野菜の「くずし」

季節を感じて

1. スペシャリテのフォアグラのお寿司 2. 店主こだわりのお酒とともに召し上がれ

ここが宵映え
運がよければ出勤する芸舞妓に出会えるかも

歩13分

夜の花街をてくてく散歩

宮川町 ミヤガワチョウ

京都五花街のひとつで、歴史あるお茶屋が立ち並ぶ。近年は芸舞妓とのお座敷遊びを気軽に体験できるお店も増加中。

Map P.168-B1 祇園・清水寺

🏠京都市東山区宮川筋 ☎075-561-1151（宮川町お茶屋組合）
🚃京阪本線祇園四条駅1番出口から徒歩7分

桜の時期もステキです

伝統的な町並みがステキ

花見小路 ハナミ コウジ

べんがら格子に犬矢来といった伝統的な町家の建物が軒を連ねる祇園のメインストリート。夜は提灯に明かりが灯り艶やかな雰囲気に。

Map P.168-A2 祇園・清水寺

🏠京都市東山区祇園町南側 ☎075-343-0548（京都総合観光案内所）🚃京阪本線祇園四条駅1番出口から徒歩3分

提灯の柄に注目

ここが宵映え
昼間は多くの人でにぎわう通りも夜は表情をガラリと変え大人の町に

徒歩9分

徒歩15分

もう1軒行っとく？

ここが宵映え
おつまみも豊富に揃っているので、2軒目にもぴったり！

ジャパンエール
レギュラー
790円

おいしそう！

祇園の中心にたたずむ町屋バー

FINLANDIA BAR フィンランディア バー

もとはお茶屋の建物を改装したオーセンティックなバー。フィンランドをはじめとする北欧各国のお酒を多彩に揃える。

Map P.168-A2 祇園・清水寺

🏠京都市東山区祇園町南側 花見小路四条下ル一筋目西入ル南側 ☎075-541-3482
🕘18:00〜翌2:00（L.O.翌1:30）🚃京阪本線祇園四条駅1番出口から徒歩5分

バーテンダーとの会話を楽しみつついただく至極の1杯

特別な夜になりそう

ビールと料理のペアリング

SPRING VALLEY BREWERY KYOTO

スプリング バレー ブルワリー キョウト

築100年になる町家を改築し、ブルワリーを併設したレストラン。造りたてのクラフトビールと京食材を使った創作料理を召し上がれ。

Map P.171-B3 河原町・烏丸

🏠京都市中京区富小路通錦小路上ル高宮町587-2 ☎075-231-4960
🕘11:30〜23:00（L.O.22:00）、日・祝11:00〜22:00（L.O.21:00）
🈺不定休 🚃阪急京都本線京都河原町駅12番出口から徒歩5分

クラフトビールはレギュラー790円〜

足を延ばして行ってみよう！

京都タワーも見える

京都市内一望の夜景スポット

東山山頂公園展望台 ヒガシヤマサンチョウコウエンテンボウダイ

清水寺や南禅寺を抱く東山三十六峰のひとつ、高台寺山。その山頂付近にある展望台からは美しくきらめく京都市街を見渡せる。

Map P.169-B4 祇園・清水寺

🏠京都市東山区粟田口高台寺山町
👁見学自由
🚗JR京都駅から車で30分

55

レトロかわいいレストラン列車で行く!
美し過ぎる日本三景・天橋立に感動

スタイリッシュな丹後くろまつ号に乗り、
日本三景の絶景を楽しむ1日ツアーにご案内。
周辺には歴史ある寺社や名所も盛りだくさん♪

白砂青松の
「松」がテーマ!

海の線路を走りスペシャルな
ランチコースで気分も◎

京都丹後鉄道唯一のレストラン列車で天橋立ワインに合うフレンチコースを味わいながらまったり。車窓から眺める海や山並み、田園風景に魅了される女子が増加中!

丹後くろまつ号で海沿いルートを走行

松がテーマの
和モダン列車
丹後くろまつ号
タンゴクロマツゴウ

1. 七宝重ねポストカード510円　2. 舞妓巧芸七宝重ね名刺入れ4080円　3. 天橋立ワインに合うフレンチ。前菜から始まりメインの魚、肉料理、デザートまで一品ずつ提供される　4. メインの肉料理は但馬の鶏もも肉を赤ワインに漬け込み煮込んだ一品

「天橋立」めぐり

TOTAL
6時間

オススメ
時間　10:00〜
　　　16:00　予算　6500円〜

海の京都をめぐっちゃおう
到着したら松が生い茂る天橋立のなかを歩いてみよう。全長約3.6kmあり徒歩なら片道約50分、自転車なら20分ほどで渡り切れる。周辺を散策したあとは、大人気のフォトスポット「由良川橋梁」を走行するランチコースのあるレストラン列車へ乗車。のどかな景色を楽しみながら西舞鶴駅までのんびり過ごそう。

数々の列車デザインを手がけた氷戸岡鋭治氏がリニューアルして担当

カッコいい黒ボディの丹後くろまつ号に乗り13:05天橋立を出発しランチを堪能。目の前に海が広がる奈具海岸で約15分間停車し、水面から約6mの由良川橋梁の上を徐行しながら走行。ひと味違う海の京都を楽しもう。

Map P.187-C1　天橋立周辺
🏠宮津市字鶴賀2065-4（本社）　☎0570-200-770（WILLER TRAVEL予約センター）　🕐モーニングコース10:08〜11:48、ランチコース13:05〜14:50、スイーツコース16:05〜17:24　🗓月〜木（祝日除く）　💰ランチコース1万4500円　🚉京都丹後鉄道天橋立駅　※最新の情報は公式サイトを参照

……観光船ルート

天橋立傘松公園
元伊勢
籠神社
智恩寺
吉野茶屋
廻旋橋
Start
天橋立駅
宮津駅
京都丹後鉄道宮舞線
奈具海岸
由良川
橋梁
Goal
西舞鶴駅

長さ約550m、水面からの高さ約6mの由良川橋梁を走る丹後くろまつ号

穏やかな内海を運航
天橋立観光船
アマノハシダテ カンコウセン

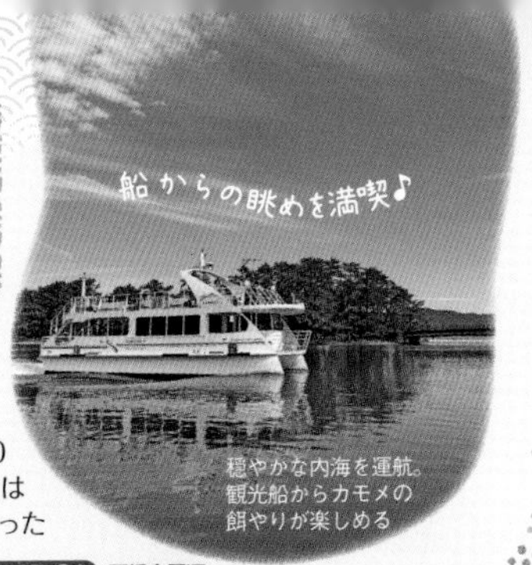
船からの眺めを満喫♪
穏やかな内海を運航。観光船からカモメの餌やりが楽しめる

天橋立桟橋と一の宮桟橋を結ぶ観光船。2023年の夏に20年ぶりに新造船が登場。船内は1階と2階に空間を分けた、ゆったりとした造り。

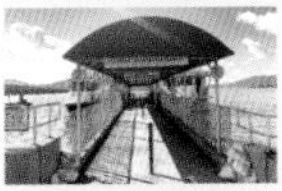
桟橋を渡り観光船へ乗り込む

Map P.187-C1 天橋立周辺

🏠宮津市字文珠466 ☎0772-22-2164（丹後海陸交通旅客船営業所天橋立桟橋） 🕘9:00～17:30（3・10月～17:00、11～2月は～16:00）、季節・曜日により、始発、終発時刻変更あり [休]無休（荒天時運休の場合あり） [料]天橋立～一の宮700円（片道） [交]京都丹後鉄道宮豊線天橋立駅から徒歩5分で天橋立桟橋へ ※天橋立桟橋改修工事期間（2024年9月まで）は桟橋が約250m移動。当日は案内版を参照

天橋立名物といえばコレ
吉野茶屋
ヨシノチャヤ

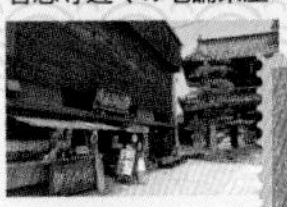
智恩寺近くの老舗茶屋

Map P.187-C1
天橋立周辺

🏠宮津市字文珠468-1
☎0772-22-6860
🕘10:00～17:00（L.O.16:30）、繁忙期・イベント時9:00～21:00（L.O.20:30）
[休]不定休 [料]天橋立～一の宮700円（片道）
[交]京都丹後鉄道宮豊線天橋立駅から徒歩5分

智恵を授かる菓子として有名な「智恵の餅」は、4軒の茶屋のみが製造を許されている。ここ吉野茶屋は完全自社製で甘さ控えめの全粒こしあん。小豆のコク深さを味わえる。

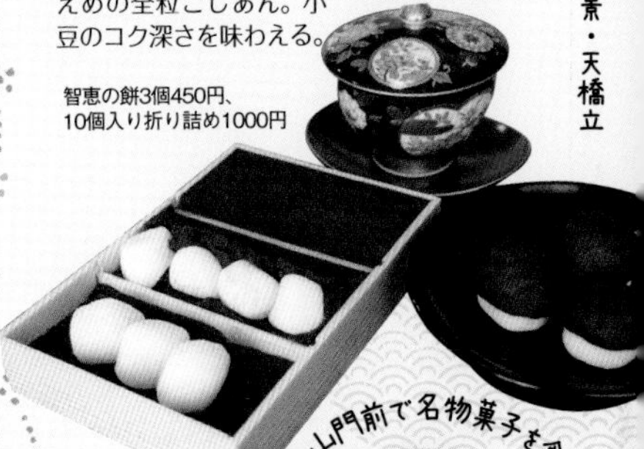
智恵の餅3個450円、10個入り折り詰め1000円

山門前で名物菓子を食べよう

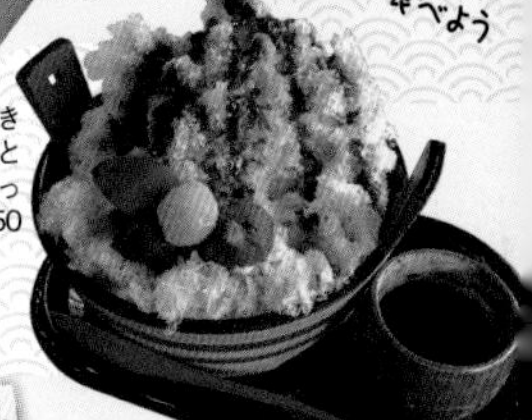
桶のような大きな器にかき氷と智恵の餅がのった智恵の餅氷750円 ※季節限定

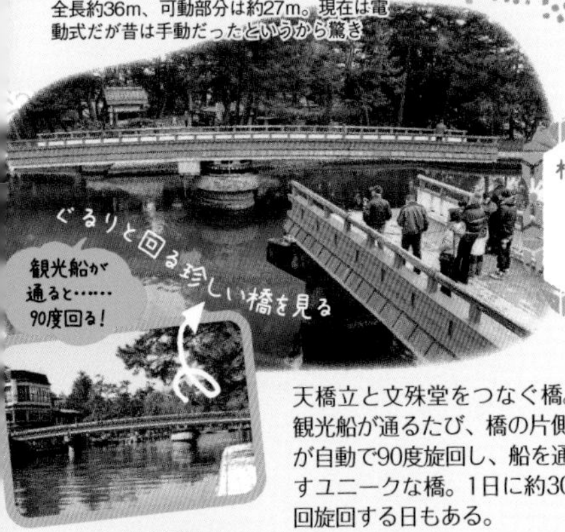
ぐるりと回る珍しい橋を見る
全長約36m、可動部分は約27m。現在は電動式だが昔は手動だったというから驚き
観光船が通ると……90度回る！

橋がぐるんと旋回!?
廻旋橋
カイセンキョウ

天橋立と文殊堂をつなぐ橋。観光船が通るたび、橋の片側が自動で90度旋回し、船を通すユニークな橋。1日に約30回旋回する日もある。

Map P.187-C1 天橋立周辺

🏠宮津市文殊 ☎0772-22-8030（天橋立観光協会）
🕘見学自由 [交]京都丹後鉄道宮豊線天橋立駅から徒歩5分

天橋立周辺のおすすめSPOT

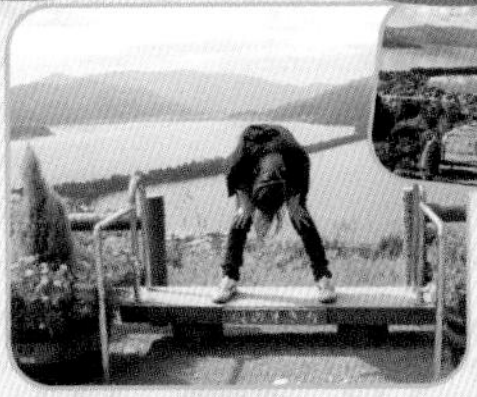
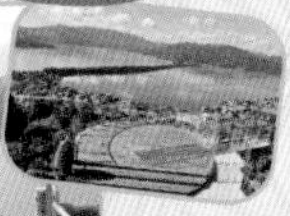
海抜130mの高台に位置する景観抜群の公園

天橋立を"股のぞき"！
天橋立傘松公園
アマノハシダテ カサマツコウエン

前屈して逆さに天橋立を見ると、雲が映った水面が空、天橋立が龍や浮き橋に見える、股のぞき発祥の地としても有名。

Map P.187-A2 天橋立周辺

🏠宮津市字大垣75 ☎0772-27-0032（丹後海陸交通） 🕘9:00～18:00（12・1月～17:00、2月～17:30） [休]無休 [料]ケーブルカー・リフト共通券（往復）800円 [交]リフト・ケーブル傘松駅からすぐ

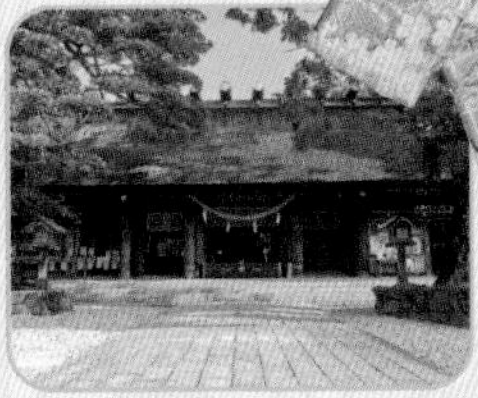
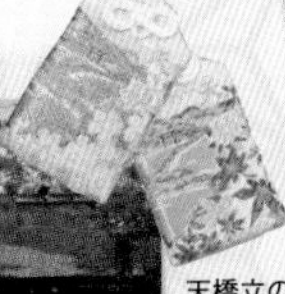
天橋立の四季を描いた天願守各1000円

丹後一の宮で良縁祈願♡
元伊勢 籠神社
モトイセ コノジンジャ

かつて男神の伊弉諾尊（いざなぎのみこと）が奥宮の真名井神社に祀られている伊弉冉尊（いざなみのみこと）のもとに通っていたという神話から良縁成就の地として知られる。

Map P.187-A2 天橋立周辺

🏠宮津市字大垣430 ☎0772-27-0006
🕘7:30～17:00（季節・曜日により変更あり）
[交]丹後海陸交通バス天橋立元伊勢籠神社からすぐ

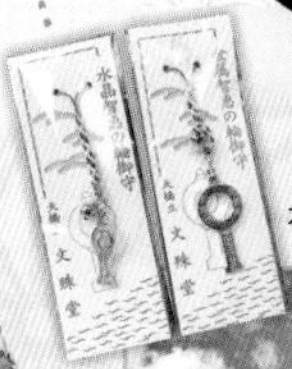
水晶智恵の輪守各700円

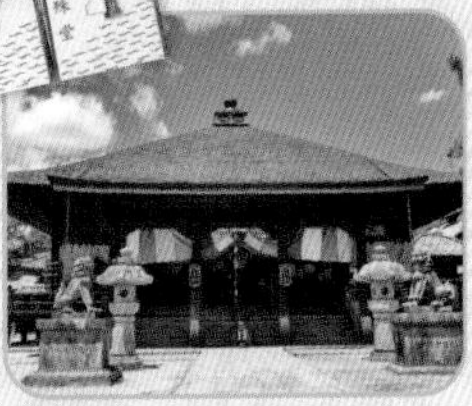

"智恵を授かる"聖地を参拝
智恩寺
チオンジ

室町時代建立の多宝塔は国の重要文化財。「3人寄れば文殊の智恵」ということわざにあるような智恵の文殊様として知られる。

Map P.187-C1 天橋立周辺

🏠宮津市字文殊466 ☎0772-22-2553
🕘参拝自由（お守り・御朱印授与8:00～17:00）
[交]京都丹後鉄道宮豊線天橋立駅から徒歩3分

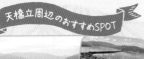

古都で「福」を手に入れる！

人気寺社で「都七福神めぐり」

「都七福神」って何？

正月や毎月7日の御縁日に巡拝すると功徳が大きいとされるが、都七福神めぐりは通年実施しているため、いつでも巡拝できる。各寺社で専用の大護符（色紙）や御宝印帳に御宝印をいただこう。

京都が発祥の地とされ、室町時代には始まっていたとされる都七福神の巡拝。福徳をもたらす七福神を巡拝し、運気上昇を願おう。

福禄寿神

3つの徳を与える仙人

赤山禅院
セキザンゼンイン

幸福・高禄・長寿の三徳を与えられたとする福禄寿神を福禄寿殿に祀る。背が低く、大きな耳たぶが特徴で、商売繁盛や健康に御利益がある。

Map P.177-A2　一乗寺・修学院

🏠京都市左京区修学院開根坊町18　☎075-701-5181（御宝印〜16:20）🚃市バス修学院離宮道または修学院道から徒歩15分

恵比寿

鳥居の中央にえびす様の顔

京都ゑびす神社
キョウトエビスジンジャ

日本3大えびすのひとつ「京のえべっさん」で、1月に行われる「十日ゑびす大祭（初ゑびす）」が有名。商売繁盛や家運隆昌に御利益がある。

Map P.168-B2　祇園・清水寺

🏠京都市東山区大和大路通四条下ル小松町125　☎075-525-0005　🕘9:00〜17:00（御宝印〜16:30）🚃京阪本線祇園四条駅1番出口から徒歩5分

大黒天

開運招福の守り神

妙円寺（松ヶ崎大黒天）
ミョウエンジ（マツガサキダイコクテン）

打ち出の小槌を右手に持ち、大きな福袋を背負い笑みを浮かべる姿が印象的。本尊の大黒天は火災の際に火火を逃れたことから、火伏守護の御利益も。

Map P.177-A1　一乗寺・修学院

🏠京都市左京区松ヶ崎東町31　☎075-781-5067　🕘9:00〜17:00（御宝印〜16:30）🚃市バス松ヶ崎大黒天から徒歩5分

京都御所●

二条城●

寿老神

行願寺（革堂）
ギョウガンジ（コウドウ）

約1000年の歴史をもつ名刹。長寿延命、子宝、諸病平癒の御利益があり、3000年に向かって左手ふたつ目のお堂に安置。

人々の難を祓い長寿延命へ導く

本尊の大黒天は火火を逃れたことから、長寿を保つ鹿を従える寿老神は本堂に安置。

Map P.176-C2　京都御所周辺

🏠京都市中京区寺町通竹屋町上ル行願寺門前町17　☎075-211-2770　🕘8:00〜17:00（御宝印〜16:30）🚃京阪本線神宮丸太町駅1番出口から徒歩10分

京都駅

伏見稲荷大社

弁財天

琵琶を奏でる姿が優美

六波羅蜜寺
ロクハラミツジ

七福神唯一の女神で、音楽や美術、文芸の神として信仰され、さらに金運、財運の神でもある弁財天を安置する。

DATA ➡ P.147

毘沙門天

甲冑姿が勇ましい

東寺（教王護国寺）
トウジ（キョウオウゴコクジ）

御影堂（大師堂）の南側に立つ毘沙門堂に、国宝・兜跋毘沙門天像の複製を安置。学業成就、財運の神として信仰を集める。

Map P.180-C1　京都駅

🏠京都市南区九条町1　☎075-691-3325　🕘8:00〜17:00（御宝印8:30〜16:30）🚃JR京都駅八条口から徒歩15分

幸福を与える福の神

布袋尊

萬福寺
マンプクジ

江戸時代初期、中国の僧・隠元禅師により開創。天王殿に金色の弥勒菩薩（布袋）坐像を安置する。夫婦円満、笑門来福の神として信仰されている。

DATA ➡ P.147

絶品メニューを
いただきます

味も見た目もお墨つき！
京都の最強グルメを
とことん食べ尽くせ☆

写真映え抜群のスイーツやカラダに優しい京野菜、
絶品のおだしがたまらないうどんなどなど、
京都のグルメは奥深いうえ、どれを選んでもハイレベル。
おなかをすかせて魅惑の京グルメの世界へ飛び込もう！

GOURMET

＼ 定番も季節限定も ／

ビジュ優勝宣言！ 愛しの京スイーツ

京都旅にはSNS映えするビジュアル系スイーツも外せません！ キュンキュンが止まらない、京スイーツをカテゴリー別にご紹介します。

Kyoto Sweets 01

アフタヌーンティー

とっておきの紅茶とスイーツとともに過ごす、優雅なアフタヌーンティーへ。

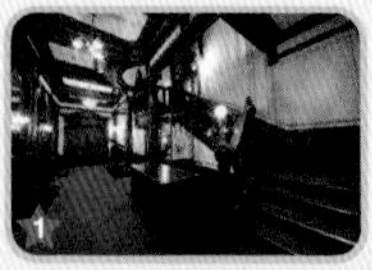

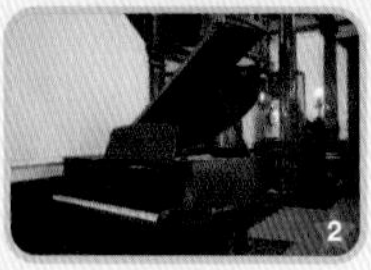

1. 本館1階ロビーのホール兼階段室　2. 本館ロビーにはピアノ（ベーゼンドルファー）がある
3. 英国・メープル社製の貴重な家具を保存する接遇の間

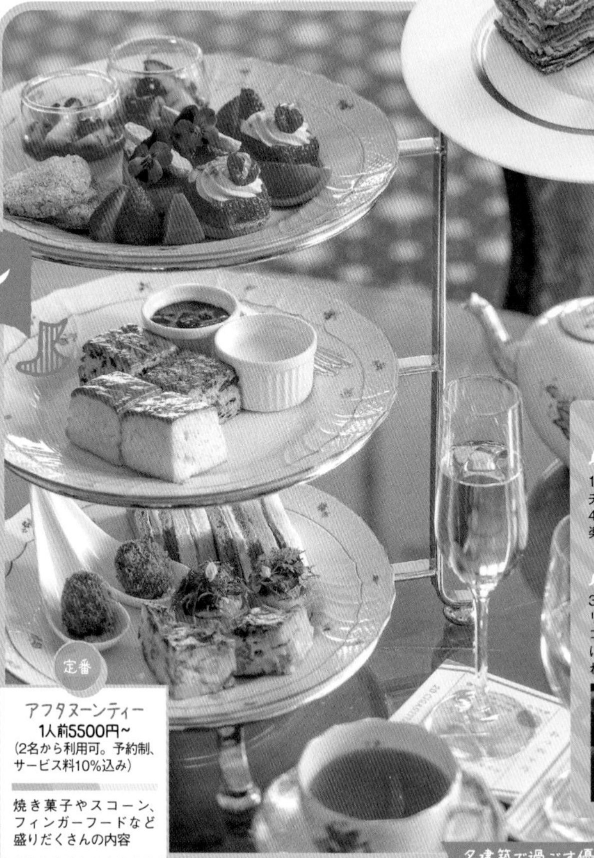

定番

アフタヌーンティー
1人前5500円～
(2名から利用可。予約制、サービス料10%込み)

焼き菓子やスコーン、フィンガーフードなど盛りだくさんの内容

手作りケーキも人気です♡

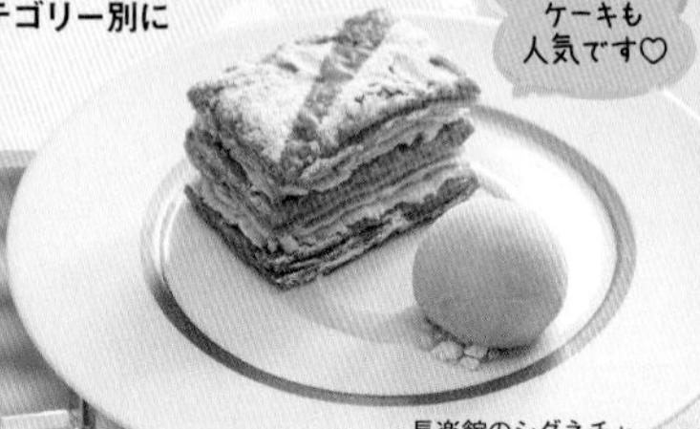

長楽館のシグネチャースイーツ、ミルフォイユ1870円

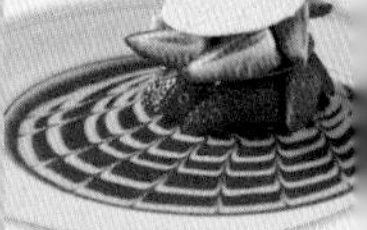

春限定苺のフィアンティーヌ2200円

アフタヌーンティーの楽しみ方

どこで始まった？
19世紀にベッドフォード公爵夫人が始めたとされる。午後4時頃紅茶とお菓子、軽食を楽しむイギリス発祥の習慣。

食べ方のマナーは？
3段スタンドの場合、セイボリー（サンドイッチ類）→スコーン→ケーキと、下から順に食べ進めるのがルールとされている。

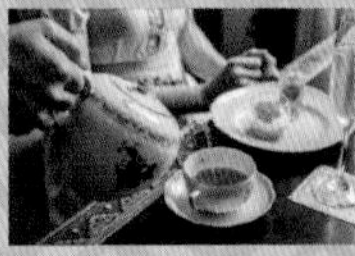

国内外のVIPを迎えた迎賓館でティータイム♪

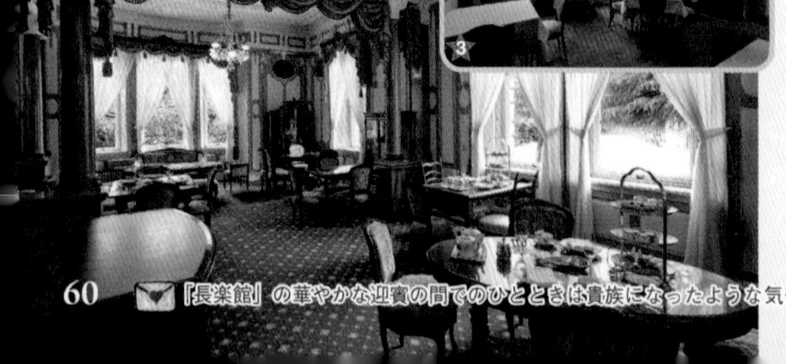

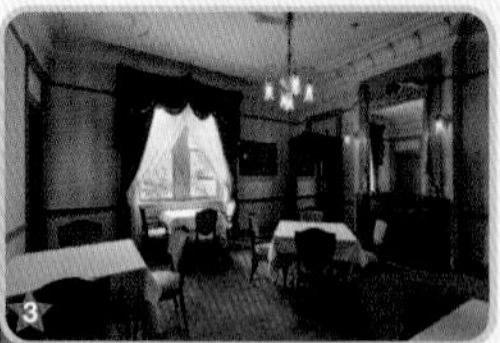

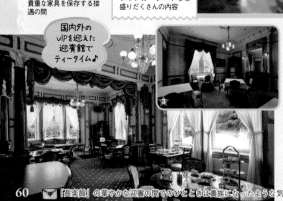

名建築で過ごす優雅な午後

長楽館
チョウラクカン

京都の実業家・村井吉兵衛の別荘として建てられ、その後国内外の賓客をもてなす迎賓館に。現在はホテルとなり、当時の面影を残す本館にはレストランやカフェなどがある。応接室だった迎賓の間ではアフタヌーンティーを楽しめる。

Map P.169-A3 祇園・清水寺

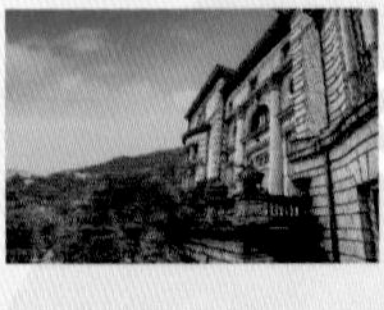

京都市東山区八坂鳥居前東入円山町604　☎075-561-0001
カフェ11:00～18:30（L.O.18:00）
※アフタヌーンティーは12:00～18:00(2部制・2名～予約制)、ブティック11:00～18:00、レストラン11:30～最終入店14:00、17:30～最終入店19:30
[休]不定休　[交]市バス祇園から徒歩3分

「長楽館」の華やかな迎賓の間でのひとときは貴族になったような気分でした！（岐阜県・ホワイト）

パフェ

各店がアイデアを詰め込んだ渾身のパフェ。キュートな見た目にイチコロです。

季節限定10〜11月

細部にまでていねいに作られたにゃんこパフェ1375円

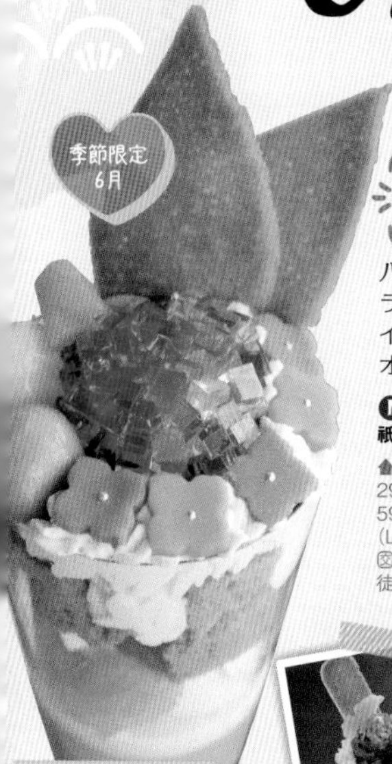

季節限定6月

金の百合亭
キンノユリテイ

八坂神社の目の前にあるカフェで、クラシック音楽を聴きながら自家製スイーツをいただける。趣向を凝らしたオリジナルパフェが人気。

Map P.168-A2
祇園・清水寺

🏠京都市東山区祇園町北側292-2 2F ☎075-531-5922 🕙11:00〜18:00(L.O.17:30) 🚫水・木 🚃市バス祇園から徒歩1分

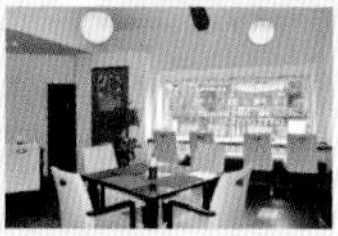

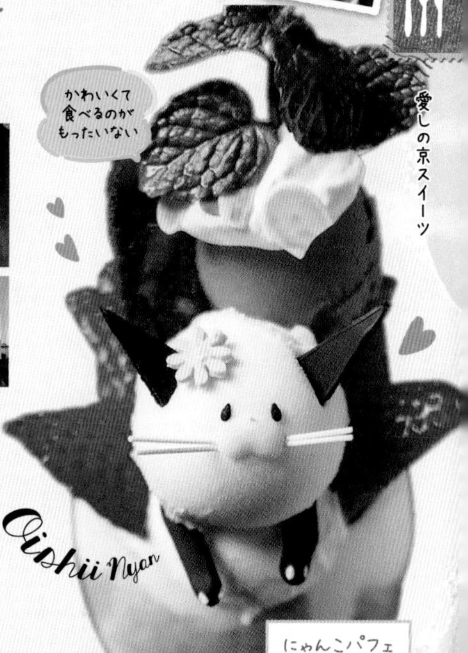

かわいくて食べるのがもったいない

愛しの京スイーツ

季節限定11月

カウンター席からは八坂神社の西楼門を望む

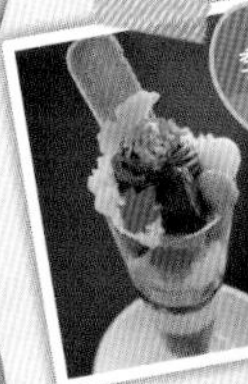

東山の紅葉を表現した「彩秋」1380円

季節の抹茶パフェ 1380円

梅雨の時期のアジサイを美しくあしらった、6月の「紫陽花」

Oishii Nyan

季節限定1〜5月

901タワー 1400円

マカロンや自家製チョコレートアイス、4種のベリーソースなどが入る

定番

イチゴを約1パック贅沢に使った、いちごやま2300円

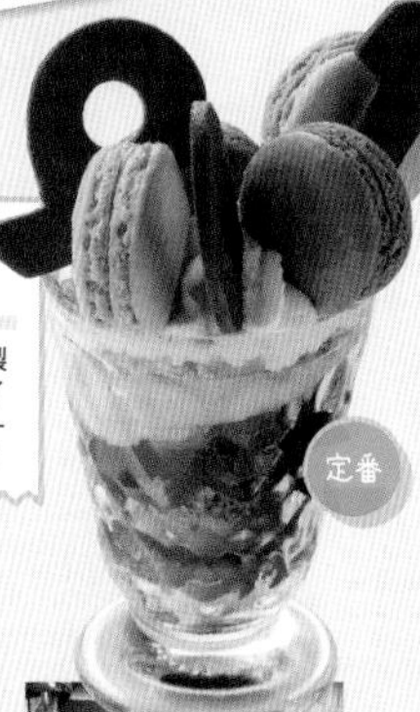

にゃんこパフェ 1375円

イチゴの中からひょっこり猫が顔を出す。内容は季節によって変動

FUKUNAGA901
フクナガキュウマルイチ

旬のフルーツを盛りつけた"やま"シリーズなど、思わず写真に撮りたくなるようなスイーツを提供する。迷ったらまずは定番の901タワーを注文して。

Map P.180-B2 京都駅

🏠京都市下京区烏丸通塩小路下ル東塩小路町901 京都駅ビル8F ☎075-342-0082 🕙10:00〜20:00(L.O.19:30) 🚫京都駅ビルに準ずる 🚃JR京都駅直結

京都駅ビルにあるので、帰る直前の利用にも便利

古書と茶房ことばのはおと
コショトサボウコトバノハオト

細い路地にたたずむ古民家ブックカフェ。読書のお供にはなんともかわいらしいにゃんこパフェを。会話は最小限に、静かな時間を過ごそう。

Map P.166-A2 二条城・西陣

🏠京都市上京区天神北町12-1 ☎075-414-2050 🕙11:30〜18:00(L.O.17:00) 🚫月・火(祝日の場合は営業)、不定休 🚃地下鉄鞍馬口駅から徒歩15分

夫婦の趣味である鉄道と猫の本がところ狭しと並ぶ

💡「FUKUNAGA901」には盆栽をイメージした、本物の苔を敷き詰めた清水焼のプレートで出てくるユニークな抹茶メニューも。

洋菓子

洋菓子のレベルも高い京都のスイーツ事情。
ていねいな仕事が光る、麗しの逸品をいただこう。

苺のミルフィーユ
990円

カスタード、イチゴ、苦味のあるチョコ、甘酸っぱいフランボワーズをサンド

`定番`

京美人のような立ち姿♡

`定番`

花綴
990円

京都らしい花飾りをあしらった、軽い食感のイチゴのショートケーキ

So cute Cake!

これぞ最高峰の美しさ！

`定番`

苺のプレミアムショートケーキ
1430円

4層にイチゴをサンドし、生地にはイチゴ果汁をたっぷりとしみ込ませている

`定番`

和栗の贅沢モンブラン
1320円

和栗のモンブランクリームの中に生クリームとカスタード、和栗入り

いちごスイーツといったらここ

メゾン・ド・フルージュ 苺のお店
メゾン ド フルージュ イチゴノオミセ

全国の産地からその時期ベストな品種のイチゴを取り寄せ、品種の特徴を生かしたお菓子を提供するイチゴスイーツ専門店。マニアがその時期にしか食べられないイチゴを求めて訪れる。苺のミルフィーユがスペシャリテ。

`Map P.171-B3` 河原町・烏丸

🏠 京都市中京区東洞院通三条下ル三文字町201 ☎075-211-4115 🕚11:00～17:00 (L.O.16:00) 🈺月 (祝日の場合は火曜) 🚇地下鉄烏丸御池駅5番出口から徒歩3分

「粋」がテーマの洋菓子

洋菓子ぎをんさかい
ヨウガシギヲンサカイ

祇園の中心・花見小路に店を構える。洋菓子を通して祇園の文化を知ってもらいたいという思いから、祇園や京都の文化を表現した季節限定のスイーツを提供する。大正時代のお茶屋をリノベーションした空間で舌鼓を。

`Map P.168-A2` 祇園・清水寺

🏠 京都市東山区祇園町南側570-122 ☎075-531-8878 🕛12:00～17:00 (L.O.16:30)、ショップは～18:00 🈺不定休 🚇京阪本線祇園四条駅6番出口から徒歩5分

✉ 「メゾン・ド・フルージュ 苺のお店」の苺のミルフィーユはリボンをカットするのも楽しい♪（滋賀県・とびた）

Kyoto Sweets 04 和菓子

京スイーツといえばやっぱり和菓子。
どんどん進化を遂げる最新和菓子もチェック！

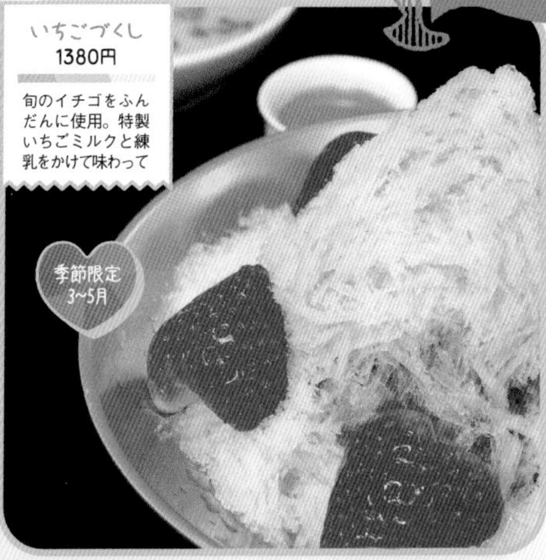

いちごづくし
1380円

旬のイチゴをふんだんに使用。特製いちごミルクと練乳をかけて味わって

季節限定 3~5月

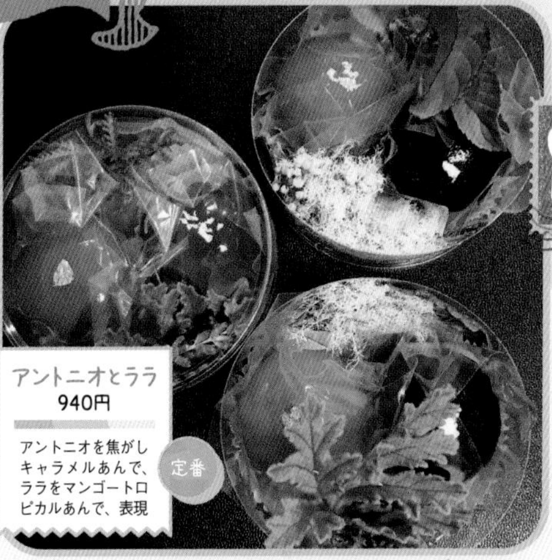

アントニオとララ
940円

アントニオを焦がしキャラメルあんで、ララをマンゴートロピカルあんで、表現

定番

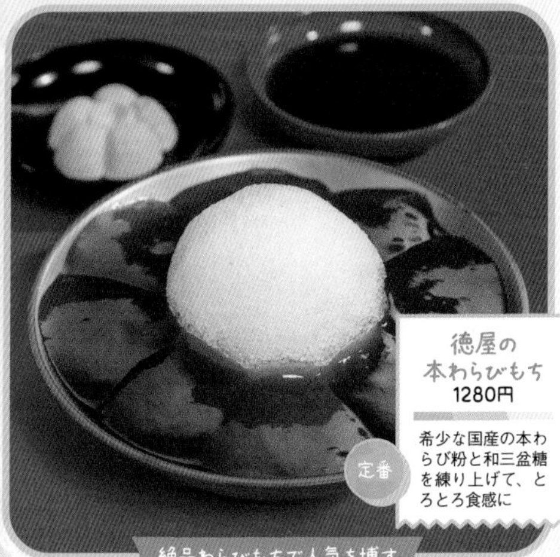

徳屋の本わらびもち
1280円

希少な国産の本わらび粉と和三盆糖を練り上げて、とろとろ食感に

定番

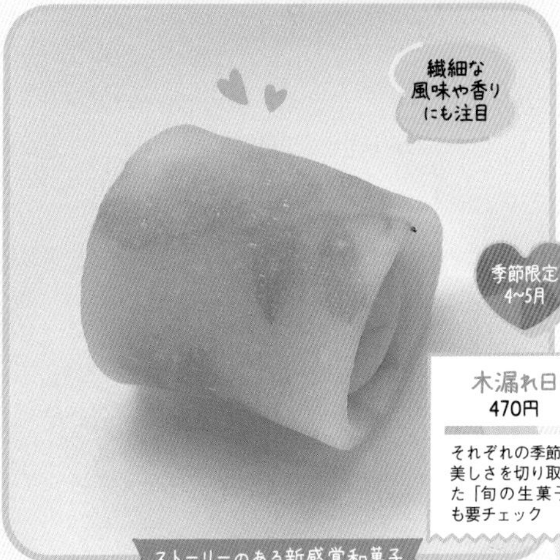

繊細な風味や香りにも注目

季節限定 4~5月

木漏れ日
470円

それぞれの季節の美しさを切り取った「旬の生菓子」も要チェック

絶品わらびもちで人気を博す

ぎおん徳屋

ギオントクヤ

連日行列をなす祇園の甘味処。行列客のお目当ては本わらび粉と和三盆のもち味を最大限引き出したできたてのわらびもち。最後までおいしく食べられるようにと添えられた氷は、黒蜜をかけてかき氷風に食べてみて。季節限定メニューもお見逃しなく。

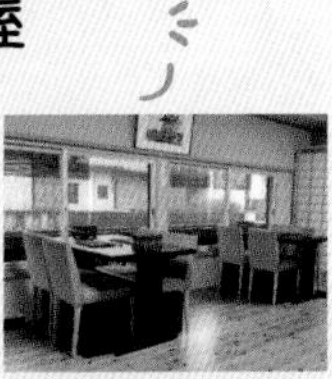

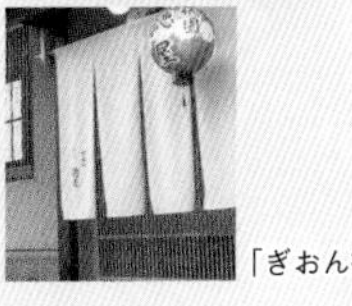

Map P.168-B2 祇園・清水寺

🏠京都市東山区祇園町南側570-127
☎075-561-5554 🕘12:00~18:00 [休]不定休
[交]京阪本線祇園四条駅6番出口から徒歩8分

ストーリーのある新感覚和菓子

菓子屋のな

カシヤノナ

伝統的な技法を受け継ぎながら、季節の果物やハーブ、洋酒を使って作る物語性のある和菓子が話題。看板菓子の「アントニオとララ」は、森鴎外が翻訳したアンデルセンの小説『即興詩人』に着想を得たあんこ玉。物語に思いをはせながら味わいたい。

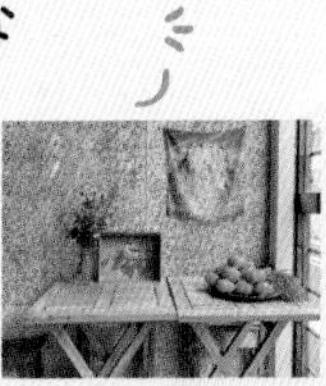

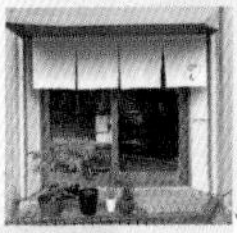

Map P.165-B2 河原町・烏丸

🏠京都市下京区篠屋町75 ☎なし 🕘12:00~18:00（完売次第終了） [休]日・月
[交]市バス堀川松原から徒歩4分

「ぎおん徳屋」の本わらびもちは、前日までに予約すれば持ち帰りも可能。

天気のよい日は外ランチで決まり！
テイクアウト×ピクニックに癒やされる

人気店の味を気軽に楽しもう♪

気になるお店の料理をテイクアウトして、鴨川沿いや公園へ行こう！
さわやかな風を感じながら食べる料理のおいしさは格別です。

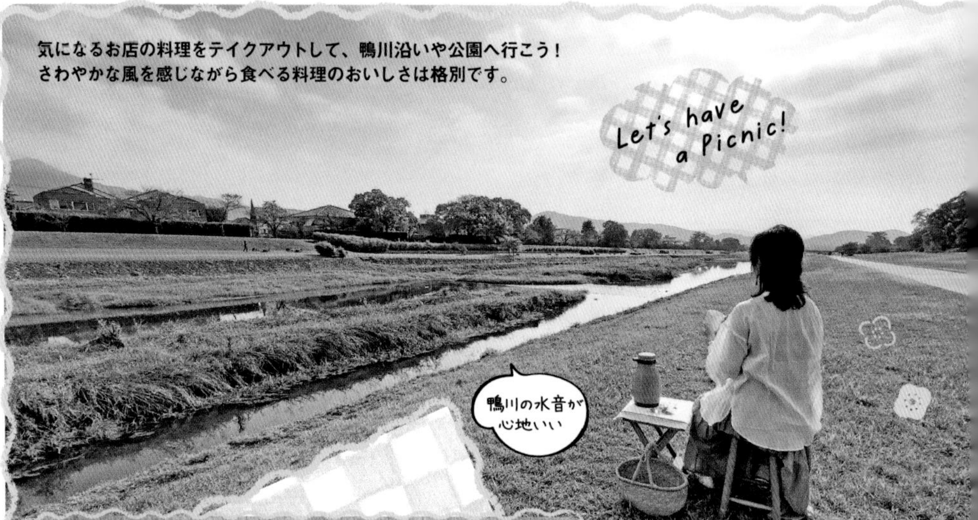
Let's have a Picnic!
鴨川の水音が心地いい
のんびりするなら5月の連休明けがおすすめ

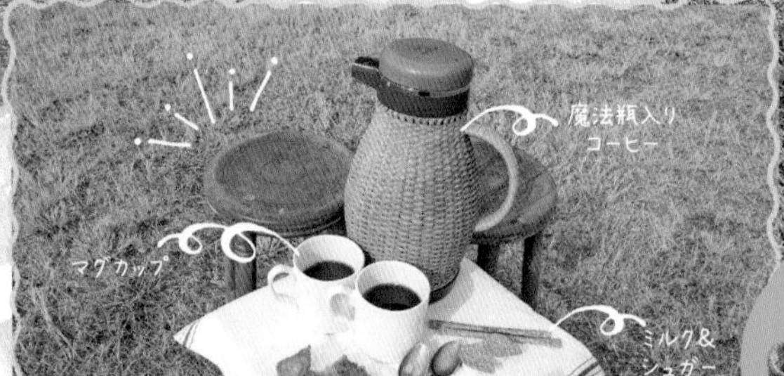
魔法瓶入りコーヒー
マグカップ
ミルク&シュガー
お菓子
カトラリー
テーブルクロス

PICNIC BASKET
1400円／1時間30分

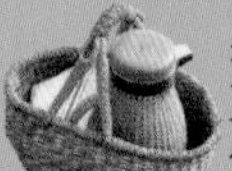

コーヒーなどピクニックの基本セットがバスケットの中に入っている

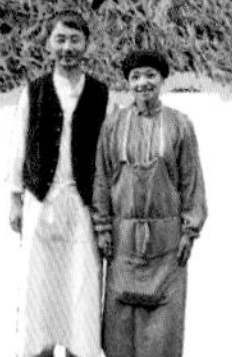

1. 丸椅子1脚300円や折畳テーブル（小）300円など野外で使える簡易家具の貸出も行っている ※貸出時間1時間30分　2. 注文を受けてからコーヒーを入れてくれる　3,4. 店内に飾られたアンティーク調度がすてき

入れたてコーヒーでホッとひと息

WIFE&HUSBAND

ワイフアンドハズバンド

「コーヒーで人を喜ばせたい」と2015年にオープン。店名どおり吉田さん夫妻が営む小さなお店には自家焙煎コーヒーの香りが漂う。ピクニックセットを予約して店から徒歩圏内の鴨川沿いで過ごそう。

[Map] P.167-A3 上賀茂

⌂京都市北区小山下内河原町106-6　☎075-201-7324　🕘10:00～17:00（ピクニックL.O.15:00、カフェL.O.16:30）※予約優先　[休]不定休　[交]地下鉄北大路駅5番出口から徒歩4分

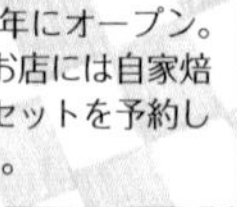

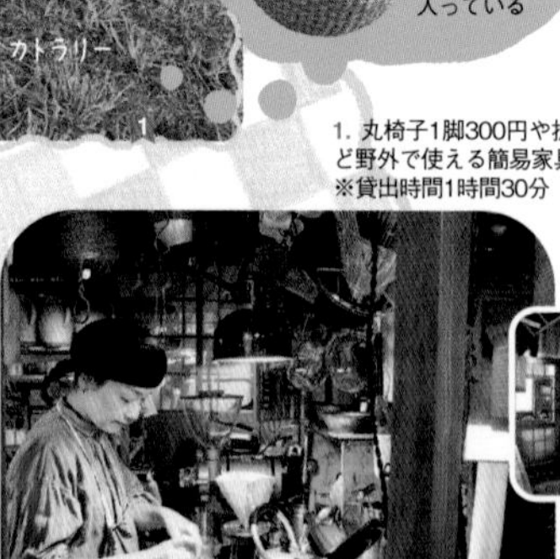

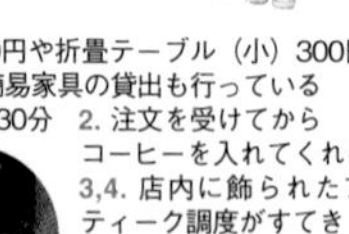

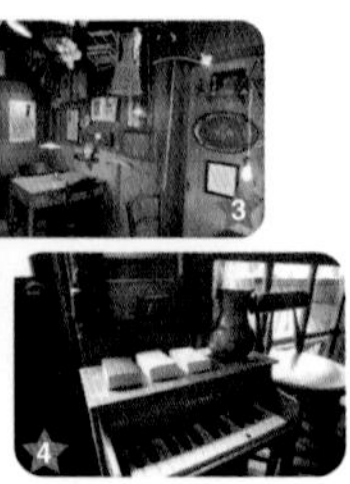

✉ 大人気の「WIFE&HUSBAND」を利用するなら予約すべし！（神奈川県・かこ）

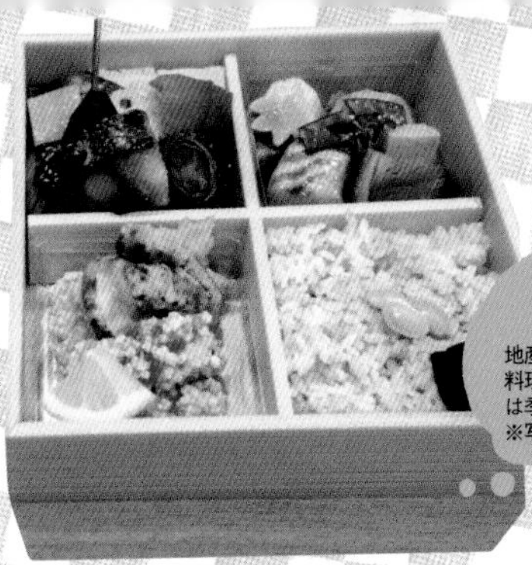

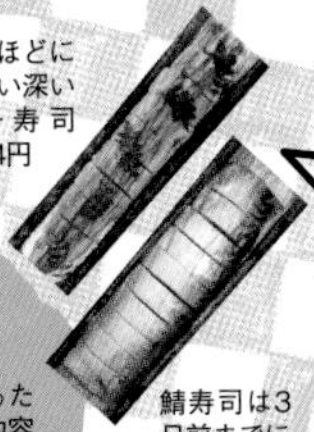

噛むほどに味わい深い穴子寿司
3564円

鯖寿司は3日前までに予約を。
4320円

折詰弁当
3240円～

地産野菜などを使った料理がぎっしり。内容は季節により異なる
※写真は一例

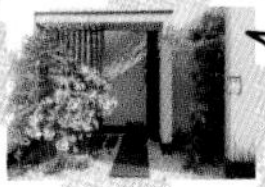

閑静な住宅地にたたずむ

懐石料理とお弁当の店

乃し

ノシ

カウンターや座席でお弁当（昼のみ）や懐石料理が楽しめるほか、折詰弁当や松花堂弁当、だし巻きなどのお持ち帰り品が充実。

Map P.165-B2 上賀茂

🏠京都市北区上賀茂岩ケ垣内町32 ☎075-702-7733 🕘12:00～L.O.13:30、17:00～22:00（L.O.20:00）※テイクアウトは前日までに予約 [休]月・火 [交]地下鉄北山駅4番出口から徒歩3分

おすすめピクニックスポット

約1万2000種類の植物を展示

京都府立植物園 キョウトフリツショクブツエン

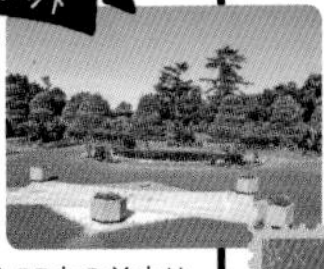

1924年開園の日本最古の公立総合植物園。約100年前に植えられたクスノキ55本の並木は、川端康成の小説『古都』（→P.50）にも登場。

Map P.165-B2 上賀茂

🏠京都市左京区下鴨半木町 ☎075-701-0141 🕘9:00～17:00（最終入園16:00）、温室観覧10:00～16:00（最終入室15:30） [休]無休 [料]200円 [交]地下鉄北山駅3番出口から徒歩1分

明治期から変わらぬ都の味

いづ重

イヅジュウ

2023年2月に全面改装。創業当時から変わらない製法で作られる寿司のお米は、すべて井戸水を使いかまどで炊く。旬の食材や行事にちなんだ季節限定メニューもある。

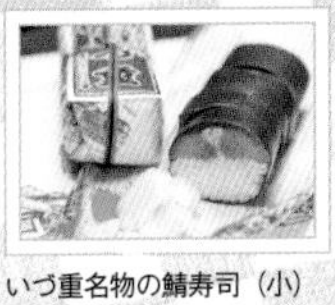

いづ重名物の鯖寿司（小）
1本3046円

Map P.168-A2 祇園・清水寺

🏠京都市東山区祇園町北側292-1 ☎075-561-0019 🕘10:30～19:00 [休]水・木（祝日の場合は営業） [交]京阪本線祇園四条駅7番出口から徒歩8分

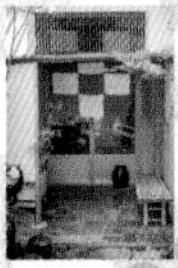

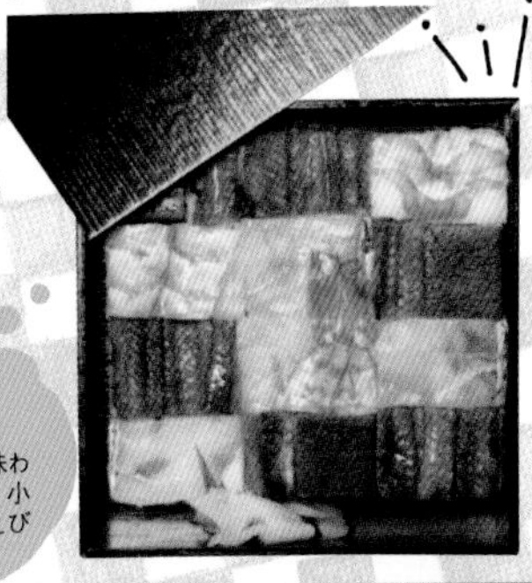

上箱寿司
2333円

華やかな見た目と味わいで人気の逸品。小鯛・厚焼き玉子・えびなどを使用

おすすめピクニックスポット

敷地は約65万平方メートル

京都御苑 キョウトギョエン

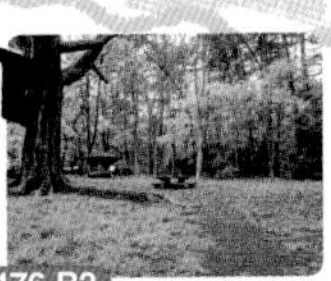

写真提供：環境省京都御苑管理事務所

京都御所を囲む豊かな自然に囲まれた都会のオアシス。ショップ併設の中立売休憩所や「母と子の森」など休憩スポット多数。

Map P.176-B2 京都御所周辺

🏠京都市上京区京都御苑3 ☎075-211-6348 🕘散策自由 [交]地下鉄今出川駅3番出口または丸太町駅1番出口から徒歩5分

桝形商店街に店を構える

満寿形屋

マスガタヤ

鯖街道の終着地にあり、その歴史を今に伝えるうどん店。大正の頃から作り続けているという鯖寿司は午後には売り切れてしまうことも。

Map P.176-A2 京都御所周辺

🏠京都市上京区桝形通出町西入ル二神町179 ☎075-231-4209 🕘12:00～15:00（持ち帰りの受取りは18:00まで可） [休]水 [交]京阪鴨東線出町柳駅5番出口から徒歩4分

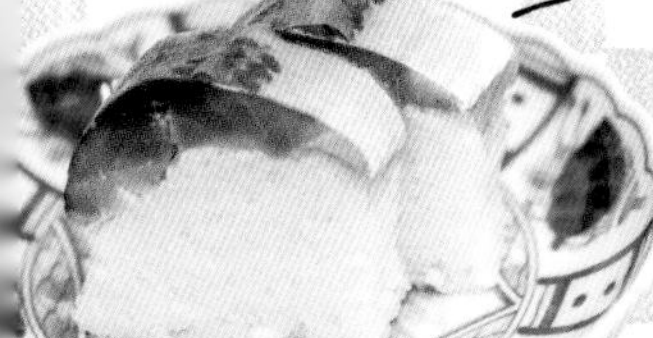

鯖寿司
5切れ2500円～

さっぱりしながら滋味深い味で人気。現在は豊後水道産のサバを使用

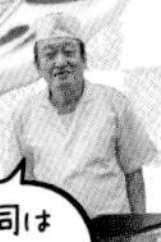

鯖寿司は早めに注文を

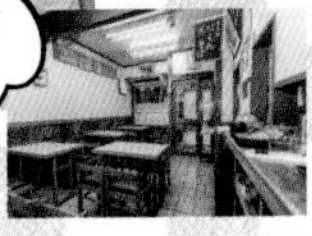

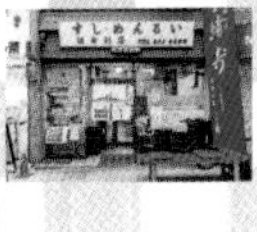

おすすめピクニックスポット

京都市内で最も古い公園

円山公園 マルヤマコウエン

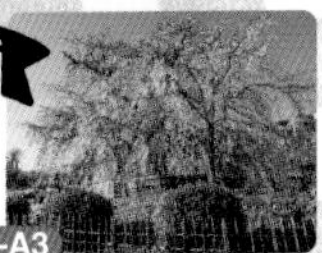

国の名勝にも指定されている1886年開園の風光明媚な公園。3月下旬～4月上旬に見頃を迎える樹高12mの「祇園しだれ桜」が有名。

Map P.169-A3 祇園・清水寺

🏠京都市東山区円山町 ☎075-561-1778（円山公園管理事務所） 🕘見学自由 [交]京阪本線祇園四条駅から徒歩10分

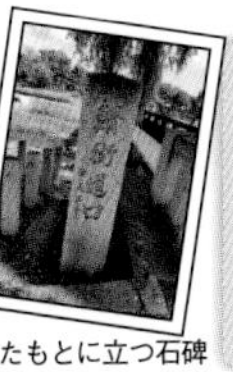

出町橋のたもとに立つ石碑

鯖街道と京都名物・鯖寿司

「鯖街道」とは日本海側と京の都を結ぶ街道の総称で、名前の由来は若狭湾で取れたサバが多く運ばれたこと。江戸時代に京都で誕生した鯖寿司は庶民に支持され、名店が多数生まれた。

「京都府立植物園」の「なからぎの森」は開園以前からあり、貴重な自然林を観察できる。

まだまだあるよ！
**おすすめ
ピクニックグルメ**

オレンジゼリー900円とレモンゼリー800円。フルーツの皮が器に！

白を基調とした清潔感のある店内

フルーツサンド

色とりどりの新鮮なフルーツとクリームが心と食欲を刺激する

美しすぎる萌え断♡

ボリュームたっぷり

フルーツサンド
1400円
7種のフルーツを、甘さを抑えたホイップクリームとパンが優しく包む

旬のフルーツを心ゆくまで
フルーツパーラー クリケット

京都中央卸市場を営んでいた初代が始めたパーラー。世界中から集めた旬の果物を提供し、「果物のある生活」の豊かさを伝えている。看板商品は柑橘をまるごと使ったゼリー。フタの果肉部分を搾って召し上がれ。

Map P.175-B3 紫野・北野天満宮

🏠 京都市北区平野八丁柳町68-1 サニーハイム金閣寺1F
☎ 075-461-3000　🕙 10:00～18:00
📅 火曜不定休　🚌 市バス衣笠校前から徒歩2分

スペシャルフルーツサンド
1080円（テイクアウトの場合）
ヤオイソの代表作であるフルーツサンドよりも具が大きいスペシャル仕様

名物フルーツサンドは必食
フルーツパーラーヤオイソ
◆◆◆

DATA → P.119

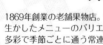

1869年創業の老舗果物店。旬の果物を生かしたメニューのバリエーションが多彩で季節ごとに通う常連さんも。テイクアウトは4軒隣の本店で注文を。

静岡マスクメロンサンド1296円や季節限定のいちごサンド1404円など（価格はテイクアウトの場合）

バナナの甘味とパイナップルの酸味がアクセント

1948年創業の果物専門店
フルーツ&カフェ ホソカワ
◆◆◆

店内に足を踏み入れるとふわりと果物の甘い香りが漂う。カフェスペースでは果物店ならではの確かな目利きで厳選した果物や定番人気のフルーツサンドイッチ、旬のフルーツを惜しげもなく使ったパフェなどを提供。

フルーツがたっぷりのったケーキもチェック

固定ファン多数！

フルーツサンド
1296円
5種の果物のおいしさを引き立たせるためクリームは甘さ控えめ

Map P.167-A3 下鴨

🏠 京都市左京区下鴨東本町8
☎ 075-781-1733　🕙 10:00～18:00
（L.O.17:00）　📅 水、火曜不定休
🚌 市バス洛北高校前から徒歩5分

約20年前にカフェスペースが併設された

✉ 「フルーツ&カフェ ホソカワ」のパフェは芸術的な美しさです。（東京都・なっちゃん）

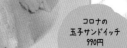

たまごサンド

お店自慢の卵焼きが主役。
そのボリュームに
驚くことなかれ

伝説の味が復活

コロナの
玉子サンドイッチ
990円

老舗洋食店「コロナ」の看板メニューを再現。ふわふわ卵が絶品

ぶ厚すぎ！？

名店の思いを受け継ぐ
喫茶マドラグ
◆◆◆
キッサマドラグ

約50年愛された名店「喫茶セブン」を現オーナーが引き継いでオープン。開放的な店内は昭和レトロな雰囲気と洗練された空気が絶妙に混ざり合う。コロナサンドのみテイクアウト可（2日前までに要電話予約）。

Map P.170-A2 河原町・烏丸

🏠京都市中京区上松屋町706-5 📞075-744-0067 ⏰8:00～11:00、12:00～18:00（食材がなくなり次第終了）🈺日 🚇地下鉄烏丸御池駅2番出口から徒歩5分

出汁巻きサンド
テイクアウト356円
（店内363円）

昆布だしのだし巻き卵をバンズでサンド。ソースは2種類から選べる

スタイリッシュなカフェ
knot café
◆◆◆
ノット カフェ

さまざまなヒト・モノ・コトを結ぶ（＝knot）。日本初上陸となるNY・ブルックリンのロースターから仕入れた豆を使ったコーヒーや、チョコレートの名店と京都の老舗菓子店とのコラボメニューなどを堪能できる。

Map P.175-B4 紫野・北野天満宮

🏠京都市上京区東今小路町758-1 📞075-496-5123 ⏰10:00～18:00 🈺火（25日の場合は営業、翌日休み）🚇嵐電北野線北野白梅町駅から徒歩15分

弁当

あれもこれも食べたい、ひとつだけれ選べないという人はお弁当一択！

宝石箱みたい！

ピクニックのおともに
おいしいコーヒーを

京都にはコーヒー専門店やカフェが多くあり、それぞれ根強いファンがいる。小川珈琲もそのひとつ。利用者にサステナブルな活動を体験してもらうためエシカルコーヒーのみを提供している。

小川珈琲 堺町錦店
オガワコーヒー サカイマチニシキテン

Map P.171-B3 河原町・烏丸

🏠京都市中京区堺町通錦小路上ル菊屋町519-1 📞075-748-1699 ⏰7:00～20:00（L.O.19:30）🈺無休 🚇地下鉄烏丸駅13番出口から徒歩6分

1. 京都和束抹茶ラテ670円（TO GOの場合）はホットかアイスが選べる　2. ネルドリップでブレンドを中心にサーブ　3. コーヒー570円～など持ち帰りメニューも豊富

一店舗主義を貫く京料理店
京料理 六盛
◆◆◆
キョウリョウリ ロクセイ

1899年に仕出し屋として創業して以来、京料理ひと筋。人間国宝による白木の手桶を使った手をけ弁当などを求めて遠方からも客が訪れる。

Map P.172-B2 岡崎

🏠京都市左京区岡崎西天王町71 📞075-751-6171 ⏰11:30～14:00、17:00～L.O.20:00（最終入店18:00）🈺月、不定休 🚇地下鉄東山駅1番出口から徒歩10分

松花堂弁当
5400円

四季折々の食材を多彩な味付けで供している。5日前までに要予約

「京料理 六盛」の手をけ弁当3410円には季節のご飯と赤だしが付く。手をけ弁当にプラス6品が付くコース（7700円）もある。

テイクアウト×ピクニック

舞妓いなり

本日の
口取り五種

出し巻き玉子と
季節の焼魚

自家製豆腐

京都牛のたたき
（タマネギと
リンゴのソース）

季節の炊き合わせ

大地のパワーがいっぱい

美味&ヘルシーな"京野菜"の世界へ！

恵まれた風土に育まれた京野菜は味わい豊かで栄養満点。
見た目にも美しい京野菜をたっぷり使った料理を楽しもう。

すてきな絵皿に盛られています♡

2階からは
八坂の塔
が見える

1階はカフェや
ランチ、ディナー
に。2階は予約
のランチやディ
ナーで使用

手練りわらび餅 抹茶わらび餅1050円（抹茶セット＋450円）

めちゃくちゃ
キュート♡

カヌレ2100円や、
カヌレをモチーフに
したひと口サイズの
おはぎ、おはぎカヌ
レ10個入り1900円
はおみやげにも◎

見目麗しい絵皿弁当

つぶら乃
▼▼▼▼▼
ツブラノ

五重塔の麓にたたずむ町家で提
供するのは京野菜を使ったお弁
当やコース料理。京都の景色を
モチーフにした絵皿に少しずつ
おばんざいを盛った「京の絵皿
弁当」がお昼の定番。

Map P.169-C3　紙園・清水寺

京都市東山区八坂上町368-1-8
075-741-8248　11:30～22:00
(L.O.21:00)　不定休　市バス
清水道から徒歩7分

「つぶら乃」のランチでは少しずついろんな料理をいただけるのでお得感がありました！（岐阜県・うーふ）

おばんざいを好きなだけ！
都野菜 賀茂
京都駅前店

ミヤコヤサイ カモ
キョウトエキマエテン

宇治もやしと菜の菜のナムル風

おばんざい

九条ネギの玉子焼き

京都の農家さんたちが手塩にかけて育てた有機・無農薬・減農薬の野菜を使ったおばんざいをビュッフェ形式でいただける。朝取れの京野菜を楽しめる畑バーも人気。

日替わりのおばんざい約15種類が食べ放題

堀川ごぼうと九条ネギの筑前煮風
※おばんざいのメニューはすべて一例

Map P.180-B1 京都駅
🏠京都市下京区大宮通木津屋橋上ル上之町439-1-2F
☎075-361-2732 ⏰11:00〜15:30（L.O.15:00）、17:00〜22:00（L.O.21:30）🈺無休 🚃JR梅小路京都西駅から徒歩5分

木を基調にしたあたたかみのある店内

べにくるり　コールラビ　堀川ごぼう

フレッシュ&カラフル！

ボリュームアップも！
オプションメニューのこぼれすき焼き900円

− Menu −
ランチビュッフェ
1150円〜
おばんざいビュッフェと畑バーを好きなだけ利用できる

畑バー

美味&ヘルシーな"京野菜"の世界へ！

伝統と歴史を誇る
京野菜のいろは

長い歴史と伝統に培われてきた京の食文化を支えてきた京野菜には、ほかの野菜とは異なる味や香り、形、色どりの特徴がある。明治以前から栽培される伝統野菜だけでなく、京都らしさに特化したブランド的位置づけの京野菜も。

えびいも
肉質が緻密で煮込んでも形が崩れないのが特徴。炊き合わせが定番。
旬…10月下旬〜2月下旬

九条ねぎ
約1300年前から京都で栽培されていた。軟らかく甘いのが特徴。
旬…1年中

鹿ヶ谷かぼちゃ
菊かぼちゃの突然変異でひょうたん形に。肉質は緻密・粘質。
旬…7月中旬〜8月上旬

万願寺とうがらし
大形のとうがらし。肉厚でボリュームがあり、甘く軟らかい。
旬…5月下旬〜10月下旬

伏見とうがらし
江戸期の書物にも記述のある歴史ある野菜。辛味はない。
旬…5月上旬〜10月下旬

京たけのこ
えぐ味がなく、肉厚で軟らか、甘味がある。天ぷらや刺身に。
旬…3月上旬〜5月上旬

賀茂なす
1個250〜300gほどの大形の丸なす。京料理では田楽がおなじみ。
旬…5月上旬〜10月下旬

聖護院だいこん
文政年間、聖護院の農家が尾張の長大根をもとに栽培しただいこん。
旬…11月中旬〜2月下旬

「京の台所」と呼ばれる錦市場には、京野菜を販売する八百屋がたくさん。足を運べば季節の野菜に出合えるはず。

DATA → P.115

— Menu —
コースより
花冠
~自然からの恵み~
京都の野菜や野草
をふんだんに使
用。コース料理に
＋1100円で提供

大原の野菜を存分に味わう

ラ・パールデュー

オーナーシェフ自らが摘んだ野草
や、京都大原の野菜を堪能できる
季節感あふれる軽やかなフランス
料理を提供する。見た目にも華や
かな「花冠」が店のスペシャリテ。

Map P.177-C1 一乗寺・修学院

🏠京都市左京区田中里ノ前町59 ☎075-
711-7643 ⏰12:00～15:00（L.O.13:30）、
18:00～22:00
（L.O.20:30）
🈺月
🚃叡電叡山本
線元田中駅か
ら徒歩3分

ランチは
3080円~
用意して
おります

こちらも
check!

豚肉のローストに
青梅のジャムと春
野菜の苦味を合わ
せた「三元豚 春
野菜 青梅」

コースより「賀茂な
すのローストアン
チョビソース 花椒の
香り」。アンチョビ
の塩気とスパイスで
味わう夏の定番

クラシカルな内装の店内。
夜の雰囲気もすてき

京野菜のおばんざい

旬菜いまり

シュンサイイマリ

町家をリノベーションした店内
にずらりと並ぶのは旬の京野菜
や食材を使った10～15種のお
ばんざい。コース料理のほか、
アラカルトでおばんざいと地酒
を味わうこともできる。

カウンター
のほか、半
個室のテー
ブル席も

— Menu —
おばんざい
京鴨ロース1280
円や茄子の阿蘭陀
煮500円など。好
きなおばんざいを
少しずつ選ぼう

白木のカウンター
に並ぶ10～15種
のおばんざい

炊きたての
土鍋ご飯も
大人気

土鍋ご飯に
季節のおばん
ざいやだし巻
きなどがつい
た京の朝ご飯
1900円

✉「旬菜いまり」の朝食では来店時間に合わせて土鍋ご飯を炊いてくれました。（滋賀県・竜王）

こちらも
check!

— Menu —
前菜
料理はコースで提供。彩り豊かな京野菜の前菜からスタートする

シェフ特製の白湯醤油で煮込んだコラーゲンたっぷりのフカヒレの姿煮込み

医食同源が
コンセプト

京都市内に数店舗を展開する魏禧之シェフ

京町家で京風創作中華
創作中華
一之船入
ソウサクチュウカ イチノフナイリ

史蹟・高瀬川「一之船入」に面した伝統的な京町家で提供するのは無農薬の京野菜を取り入れた京風創作中華。医食同源の思想に基づく、おいしくて体によい料理に定評がある。

Map P.171-A4 河原町・烏丸
- 京都市中京区一之船入町537-50
- ☎075-256-1271 ⏰11:30～14:00(L.O.13:30)、17:30～22:00(L.O.21:00)
- 休日、不定休 交地下鉄京都市役所前駅3番出口から徒歩3分

美味＆ヘルシーな "京野菜" の世界へ！

おみやげにも京野菜を

フィナンシェ×京野菜が新しい！
Crème de la Crème
京都本店
クレーム デラ クレーム キョウトホンテン

シュークリーム専門店が作る京野菜のフィナンシェ、ガトードゥ京野菜5個入り1404円～。京にんじんや堀川ごぼう、万願寺とうがらしなどの味が選べる。

Map P.171-A3 河原町・烏丸
- 京都市中京区東洞院通三条上ル曇華院前町449 CASA LOTUS 1F
- ☎075-241-4547 ⏰11:00～19:00
- 休火（祝日の場合は営業）交地下鉄烏丸御池駅3番出口から徒歩4分

京都の伝統的な食材がしっとり食感のフィナンシェに変身

ゆっくり会話を楽しめる個室スタイル

パッケージもすてき！

鉄板焼も人気。黒毛和牛ステーキ100g2000円～

こちらも
check!

スタイリッシュな雰囲気の店内。グループでの来店にぴったりな個室も用意

— Menu —
おばんざい盛り
（イメージ）
常時6～8種類ほど揃うおばんざい。単品480円～で盛り合わせも注文できる

京野菜を詰め込んだ贅沢玉手箱
おばんざいと
グリル SALA
オバンザイグリル サラ

アクセス抜群の繁華街にあるおばんざいダイニングで、京都・大原から仕入れる季節の京野菜を使った料理を心ゆくまで楽しめる。ランチメニューも豊富に用意している。

Map P.171-C4 河原町・烏丸
- 京都市下京区足袋屋町329 あやごっこビル2F
- ☎075-708-3077 ⏰11:00～14:30(L.O.14:00)、18:00（土・日・祝17:00）～22:00(L.O.21:30)
- 休月 交阪急京都線京都河原町駅10番口から徒歩4分

メインが選べるおばんざいBOXランチ、ヘルシーＡプレート1800円

京都の寺院では「かぼちゃ供養」や「大根焚き」といった野菜を食べる行事も開催されている。

心満たされるおもてなしと美しい品々
一見さんでも安心です！ ランチで楽しむ京懐石

おしながき

**お昼の懐石
福膳1万4300円**
（サービス料別）
季節のお椀、八寸
など全9品

進化し続ける美しい京料理
下鴨茶寮 本店
シモガモサリョウ ホンテン

Map P.167-A3 京都御所周辺

🏠 京都市左京区下鴨宮河町62
☎️075-701-5185 ⏰11:30〜15:00
(L.O.13:30)、17:00〜
21:00 (L.O.20:00)
休 火 交市バス新葵橋から徒歩5分

創業160年の老舗料亭ならではの風格あるたたずまい。「伝統と革新」を掲げ、変わるものと変わらないものを見極めながら、京料理の技と旬の料理を堪能できる。

1. 四季折々の風情が広がる庭園。茶室もあり茶事が行われている　2. 京野菜を世に広め料理として提供する　3. 1階の個室では料理とともに庭園の眺めも楽しめる

素材のもつ味を最大限に引き出す料理
京料理 はり清
キョウリョウリ ハリセ

江戸中期に播磨屋清七と称した当主の名より「播清（はり清）」の屋号を掲げ、以来365余年、料理一筋に歩んできた京都屈指の老舗料理店。奇をてらわぬ正味の料理として定評がある。

1. 老舗の風格が漂う落ち着いた座敷　2. 格子戸の先に見える庭園。食事とともに堪能できる

DATA → P.108

伝統の味を楽しんでください

おしながき

平日昼限定。ミニ懐石の昼餐膳（ひるさんぜん）

**松花堂弁当
6050円**

6050円、7260円も人気メニュー

 「京料理 六盛」の人間国宝が手がけた白木の美しい手桶を使った手をけ弁当もおすすめ！（東京都・かず）

京都に来たなら一度は味わってみたい京懐石。ハードルの高い名店もランチなら手が届きそう。彩り豊かな料理と、最高のおもてなしに大感動間違いなし！

室町時代創業の老舗料亭

中村楼

ナカムラロウ

八坂神社の鳥居内にあり、500年の歴史を誇る京懐石の老舗。名物の田楽豆腐を愛した坂本龍馬をはじめ多くの著名人が来店。歴史ある貴重な調度品や料理を彩る器もすばらしい。

Map P.169-A3
祇園・清水寺
🏠京都市東山区祇園町509 ☎075-561-0016 ⏰11:30〜14:00、17:00〜最終入店18:30 休水（祝日の場合は営業）🚃京阪本線祇園四条駅6番出口から徒歩10分

おしながき
昼の京懐石コース（全7品）7700円〜
夏は鱧や鮎など、月替わりで季節の料理を楽しめる

1. ひとりでも訪れやすいカウンター席もある　2. 四季折々の花が庭園を彩る　3.『東海道中膝栗毛』にも登場する田楽豆腐。木の芽が香る特製味噌を付け香ばしく焼き上げる　4. 多くの文人墨客に愛された料亭。祇園祭でもひと役を担う　5. 上品なだしの風味が生かされた味に定評あり

独創的な京懐石に粋を感じる

修伯

シュウハク

随所にモダンなエッセンスを加えた新感覚のフレンチ風懐石を堪能できる。京都の食材をメインに、前菜には20種類以上の野菜を使用するこだわりも。彩りを加えた豪華な盛りつけに気分も上がる。

Map P.169-B3　祇園・清水寺
🏠京都市東山区下河原通高台寺塔の前上ル金園町392 ☎075-551-2711 ⏰12:00〜14:00、18:00〜21:00 休月（祝日の場合は営業）🚃市バス清水道から徒歩5分

おしながき
お昼のコース
5750円
前菜、椀物、お造り、酢物、焼物、ご飯、デザートの全7品

1. テリーヌからヒントを得た名物の「フォアグラ鮑」
2. 開放的な店内にカウンター席と小上がりの椅子席を用意

京都駅のジェイアール京都伊勢丹で「はり清」（3日前までに予約）や「修伯」（水・土・日のみ）のお弁当を購入できる。

73

豆腐

TOFU

なぜおいしい？ 京都の豆腐

成分の80%以上を水が占める豆腐。盆地の京都はミネラルの少ない地下水脈が流れ豆腐づくりに適しており、古くから豆腐づくりが発達。今でも門前町には豆腐料理店が多い。

そば×抹茶、市松模様の豆腐

豆腐料理 松ヶ枝

トウフリョウリ マツガエ

嵐山に本店を構える手打ちそば「よしむら」と同じ敷地内にある豆腐料理店。日本画家の庵を活用した趣のある空間で自家製のそば豆腐と抹茶豆腐を。

Map P.178-C2 嵐山・嵯峨野

🏠京都市右京区嵯峨天龍寺芒ノ馬場町3
☎075-872-0102
🕘11:00（観光シーズン10:30～）～16:00
[休]無休 [交]JR京都嵯峨嵐山駅から徒歩12分

日本画家・川村曼舟の美意識が息づく空間で料理をいただこう

京の湯葉づくし
3460円
自家製の湯葉を贅沢に使用した、湯葉づくしのコース

手桶豆腐も選べる

ふわふわ 豆腐 & 湯葉

京グルメといえば、おいしい大豆と水
シンプルだけど深い味わいに

客室の大きな窓からは美しい庭園を望む

風流なアプローチに期待が高まる

まずは何もつけずに食べて

テイクアウトできる、とうふまんじゅう250円も人気

昔どうふ一通り
4400円
木の芽田楽、胡麻豆腐、天ぷらなどがつく精進料理のコース

大豆の味が濃い!!

380年以上の伝統を受け継ぐ

総本家 ゆどうふ 奥丹清水

ソウホンケ ユドウフ オクタンキヨミズ

1635年創業。地下の工房で粗塩から天然のにがりを抽出し、職人たちの手作業で豆腐を仕上げる。濃厚な大豆のうま味を味わって。

Map P.169-C3 祇園・清水寺

🏠京都市東山区清水3-340 ☎075-525-2051 🕘11:00～16:30（L.O.16:00）、土・日・祝～17:30（L.O.17:00） [休]木 [交]市バス清水道から徒歩8分

✉「総本家 ゆどうふ 奥丹清水」は自家製の田楽や胡麻豆腐も味が濃くておいしい！（東京都・ツル）

やみつきになる食感

濃厚な生ゆば丼が名物

とようけ茶屋
トヨウケチャヤ

明治創業の豆腐店「とようけ屋山本」が営む。濃厚な味わいの生湯葉を贅沢に楽しめる「生ゆば丼」など豆腐や湯葉を使った料理が人気。

DATA → P.127

豆腐＆湯葉の幸せごはん

食べ応えもバッチリです

おみやげにぴったりなとようけ饅頭1188円(6個入)

生ゆば丼
IIII円

とろりとした食感がやみつきになる湯葉たっぷりの看板メニュー

1. ヘルシーでおいしい豆乳ヨーグルト162円　2. 店頭では木綿豆腐や油揚げ、生湯葉などを販売　3. 北野天満宮への参拝の際に立ち寄りたい

とろ〜り
の幸せごはん

仕上げた豆腐と湯葉を使ったご飯。
感動すること間違いなし。

東寺ゆば 1800円

おみやげいろいろ

ゆばちりめん
1266円

汲上ゆば
827円

多彩な湯葉を食べ比べ

京ゆば三田久 清水店
キョウユバミタキュウ キヨミズテン

創業100年を超える湯葉店が手がける湯葉食べ比べ専門店。6種の湯葉を味わえるランチや、豆乳を使用したスイーツなどを提供する。

Map P.169-C3 祇園・清水寺

京ゆば
食べくらべ御膳
2980円

生湯葉や汲み上げ湯葉など6種類の湯葉の食べ比べができる

どの湯葉がお好み？

🏠 京都市東山区清水
4-150-3　☎075-533-7676　🕐10:30〜18:00 (L.O.17:15)、ランチ11:30〜15:00
🗓不定休 🚏市バス清水道から徒歩2分

大きな窓から光が差し込む明るい店内

京都で湯葉が愛されるワケ

中国から禅とともに伝わったとされる湯葉は、1200年末頃から禅宗のお寺で精進料理の材料として使われるように。寺院の多い京都では特に重宝され、現在まで愛され続けてきた。

湯葉
YUBA

だしinfo
離宮のおだし
京ざわら あご 本枯節

4種類のだしからチョイス

飲み比べて好き
なだしを選んで
食べる、だしま
き御膳と釜たき
ご飯2200円

おだしのテーマパーク
京都離宮
〜おだしとだしまき〜
キョウトリキュウ
オダシトダシマキ

さまざまな角度からだしの魅力に触れられる
店。イートインスペースでは、利きだしをして
選んだおだしのだしまき御膳が食べられる。

Map P.165-C2 伏見

🏠京都市伏見区中島鳥羽離宮町45
☎075-623-7707 🕙10:00〜
17:00 ㊡不定休 🚃近鉄京都線
竹田駅6番出口から徒歩15分

1. 大きなショー
ケースが配され
た物販スペース
も 2. おみやげ
に最適なだし
パックもある
3. だしまきが主
役の弁当も種類
豊富に用意

だしが重要な京料理

京料理、特にうどんや椀物では、だしの違いが料理の味そのも
のを左右する。関東と比べて京都の汁物の色が淡いといわれる
のは、硬水系の水の関東はカツオを多く使って醤油でしっかり
味付けをする一方、京都の軟水系の水は昆布のだしが出やすく、
味付けは塩や薄口醤油で調える程度だから。

老舗から
NEWフェイスまで
和食の原点を極めよう!
風味豊かなだし料理

京都といえば滋味深いおだし。
京料理は少しハードルが高いという人は、
カジュアルに味わえるだし料理から
挑戦してみて!

大人気
鴨ひつまぶし専門店
Gion
Duck Rice
ギオン ダック ライス

だしinfo
カツオ
昆布
しいたけ

お茶漬けのだしは自分でドリップ

(特製 鴨ひつまぶし
御膳) 2850円

養鶏場直送の鴨を低温調理し、ひつまぶしで
提供。自家製の黒七味など3種類のスパイス
で味わったあとはだしをかけていただく。

Map P.168-A2
祇園・清水寺

🏠京都市東山区祇園町北側281-1
祇園ファーストビル地下CB01号
☎070-4353-6010 🕙11:00〜
L.O.21:00 ㊡無休 🚃京阪本線
祇園四条駅7番出口から徒歩5分

1. ご飯の上に鴨肉がぎっしり! 2. 店内はカウンター席が8席
3. ドリッパーを使って自分でだしを取る

✉️ 「Gion Duck Rice」はメニューが絵文字など、随所に遊び心を感じられる楽しいお店でした!(大阪府・ぴり)

すするごとにうま味と香りがふわりと広がる、権太呂なべ5000円

うどん×だしの神髄を堪能

厳選された鍋の具材。写真は2人前

1946年創業

だしinfo
羅臼昆布 サバ メジカ イワシ ウルメ

うま味凝縮のうどんすき

権太呂
本店
ゴンタロ ホンテン

「権太呂なべ」が名物の老舗。鶏肉、シイタケ、練り物などを味わったあと、具のうま味が溶け込んだだしで味わううどんは極上のおいしさ。

画家・木村英輝による襖絵が見事

Map P.171-B3 河原町・烏丸

🏠京都市中京区麩屋町通四条上ル ☎075-221-5810
🕐11:00～21:30（L.O.21:00） 休水 🚇地下鉄四条駅1番出口から徒歩6分

1930年創業

ふわとろ卵の親子丼が絶品

ひさご

創業90年以上の老舗そば処の名物は、半熟の卵とだしに魅了される「親子丼」。卵のなめらかな食感とともにうま味が広がる逸品だ。

Map P.169-B3 祇園・清水寺

🏠京都市東山区下河原通八坂鳥居前下ル下河原町484 ☎075-561-2109 🕐11:30～16:00（L.O.15:45） 休月・金（月が休日の場合は翌日、金が休日の場合は前平日） 🚇京阪本線祇園四条駅6番出口から徒歩13分

テーブル席でゆったり味わえる店内

風味豊かなだし料理

だしinfo
昆布 サバ 削り節

不動の1番人気メニュー

親子丼1100円

きんし丼（並）2800円

うなぎ丼の上に京風だし巻き

だしinfo
昆布

1912年頃創業

引き継がれる秘伝のたれ

京極
かねよ
キョウゴクカネヨ

職人の熟練の技で焼き上げた鰻のうま味を引き立てるのは創業からつぎ足してきた味わい深い秘伝のたれ。レトロな店内にも注目！

Map P.171-B4 河原町・烏丸

🏠京都市中京区六角通新京極東入松ヶ枝町456 ☎075-221-0669 🕐11:30～16:00（L.O.15:30）、17:00～20:30（L.O.20:00） 休水、火の夜、不定休 🚇地下鉄京都市役所前駅1番出口から徒歩7分

2階の座敷では毎月落語の寄席を開催

体が温まります

とろとろ京風たぬきうどん

殿田食堂
トノダショクドウ

地元の人や旅行客に広く愛されている大衆食堂。看板のたぬきうどんは、京都らしいとろりとした薄味のあんかけだしが絶品。

Map P.181-C3 京都駅

🏠京都市南区東九条上殿田町15 ☎075-681-1032 🕐10:30～17:00頃 休水、不定休 🚇JR京都駅から徒歩5分

1970年創業

食べれば体がぽかぽかに

だしinfo
サバ節 イワシ節 昆布

甘辛い揚げの中に酢飯が入る、いなり寿司450円

刻んだ油揚げや九条ネギが入った、たぬきうどん700円

だしにとろみをつけ、おろしショウガを添えた「あんかけうどん」は京都の冬の定番料理。
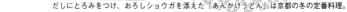

「京中華」の名店で食べたい逸品はコレ！

京都グルメの隠れた主役・京中華。
京都の町には地元の人たちが足しげく通う中華の
名店があちこちに。これを食べればあなたも京都通！？

どれもおいしそう！

唯一無二の
見た目と味で
ファン多数！

コレ食べたい！

卵白あんかけチャーハン 950円

チャーハンの上に油であげた卵白をのせた、店の定番メニュー

1. 1階はカウンター席、2階はテーブル席になっている
2. 両面を軽く焼いた麺にあんをかけた、あんかけ焼きそば900円 3. 麻婆丼850円

真っ白なあんかけチャーハン
中華料理 華祥 チュウカリョウリカショウ

味よし、量よし、コスパよしで、ランチ時には常に行列ができる人気店。名物はチャーハンの上に真っ白な卵白がのった卵白あんかけチャーハン。コク深い味わいを堪能して。

Map P.177-C1 　一乗寺・修学院

🏠 京都市左京区田中里ノ内町41-1　☎075-723-5185
🕐 11:00～14:00（L.O.13:50）、17:30～21:00（L.O.20:45）
🈺水・木　🚉叡電叡山本線元田中駅から徒歩2分

路地裏に立つ上海料理店
七福家 シチフクヤ

上海出身の姉弟が営み、多くの常連客をひきつける。家庭的な雰囲気でありながら、100種類近くにのぼる料理は繊細な味に仕上げた本格派揃い。お得なサービスランチもおすすめ。

Map P.172-B2 　岡崎

🏠 京都市左京区聖護院山王町25-11　☎075-771-3833
🕐 11:30～14:30（L.O.14:00）、17:00～22:00（L.O.21:00）
🈺水　🚉京阪鴨東線神宮丸太町駅4番出口から徒歩9分

お気軽にどうぞ！

1. カウンター席のほか小上がり席もある
2. ナッツの食感がたまらない、海老のマヨネーズ和え1380円 3. 天津飯800円はふわふわ卵と塩味の相性が抜群

絶妙な酸味とコクが心地よい逸品。ビールにもご飯にも合う

コレ食べたい！

黒酢の酢豚 950円

独自調合の黒酢を使用した至極のひと皿

💌 「七福家」で食べた平日限定のサービスランチは種類が豊富でありがたかったです。（兵庫県・るん）

香ばしい皮とジューシーなあんが絶妙

コレ食べたい!

餃子 326円（1人前6個）

さっぱりした味わいの特製きゅうりの丸漬204円もおすすめ

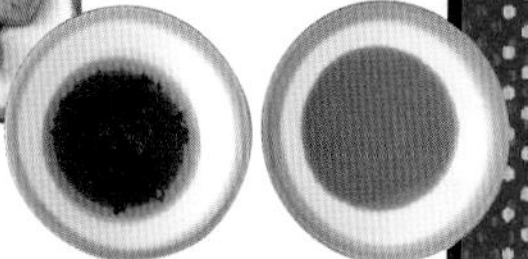

秘伝の特製たれは酢醤油と味噌の2種類。2人前もペロリといける

テイクアウトもできますよ

1. 昼時は満席も覚悟しよう
2. 創業以来の味を守る2代目店主

京都屈指の餃子専門店

ミスター・ギョーザ

1971年に創業し、「京都の餃子といえばここ」といわれる、地元の人が足しげく通う名店。特製の薄皮はパリッと焼かれて歯切れがよく、国産野菜を練りこんだあんのうま味がじゅわりと口いっぱいに広がる。

[Map P.180-C1] 京都駅

⌂京都市南区唐橋高田町42 ☎075-691-1991 ⏰11:30～20:30（餃子が売り切れ次第終了） [休]木 [交]JR西大路駅から徒歩10分

名店の味を受け継ぐ絶品中華

龍鳳 リュウホウ

京都町中華の名店「鳳舞」で修業した店主が営む。客の多くが注文する龍鳳撈麺（カラシ入そば）は、麺と絡む特製あんが食欲をそそる逸品だ。一品料理が600～750円と手頃な価格で味わえるのもうれしい。

[Map P.171-B4] 河原町・烏丸

⌂京都市中京区新京極町通六角東入ル北側桜乃町450 ☎075-255-3966 ⏰11:30～18:00（材料がなくなり次第終了） [休]第3火曜 [交]地下鉄京都市役所前駅1番出口から徒歩7分

1. 大ベテランの店主・寺田さんが腕をふるう
2. 「THE町中華」といった風情の庶民的な店内

クセになる京中華名物「カラシ入そば」って何？

かつて京都にあった広東料理店「鳳舞」に縁のある店で出されるメニュー。ゆでた中華麺をカラシ醤油であえ、野菜やエビ、鶏肉などのうま味が溶け込んだあんをかけたもの。

洋カラシの香りとほどよい辛味が食欲を刺激する、あんかけそば

コレ食べたい!

龍鳳撈麺（カラシ入そば） 700円

からしの量は注文時にリクエスト可能

ココが最高!
3代目が店を切り盛りする今も創業時の味を受け継いでいる。自慢のタルタルソースやマヨネーズなどはすべて手作り。

約60年の経験をもつコックが調理

シンプルで落ち着いた雰囲気

カニクリームコロッケ
2400円
カニ肉たっぷりのクリームコロッケにナポリタンが付く

オムライスやハヤシライスも人気

変わらぬ味♪

サクッ! トロッ! コロッケ
グリル小宝 グリルコダカラ
洋食の名店で修業した先代が1961年に創業。人気のカニクリームコロッケは、濃厚なベシャメルソースが食欲をそそる。

DATA → P.121

居心地もコスパ
レトロ洋食

昔から通っているような居心地の
メニューの数々。地元で愛される

明治〜大正に花開いた洋食文化
京都といえば懐石や割烹など和食のイメージが強いが、実は長く愛される洋食の名店が多い。明治・大正期には花街周辺に数々の洋食店が誕生し、芸舞妓や旦那衆が舌鼓を打ったという。

創業時と同じ店構え

カウンター席のみのこぢんまりとした店内

ランチB
850円
エビフライやハンバーグ、ポークピカタなどを盛った大満足の内容

12:30頃がおすすめ

ココが最高!
絶品の洋食を抜群のコスパで食べられるとあって、1973年の創業以来、地元で愛される。店内はわずか7席。行列覚悟でGO!

昭和レトロな町の洋食店
ますや マスヤ
創業以来、変わらぬ味と雰囲気で愛される名店。オムライスやカレーライスなど定番のメニューを600円〜という驚きの安さで提供する。

現役の食品サンプル

Map P.171-C3 河原町・烏丸

🏠京都市下京区杉屋町265 ☎075-351-3045
🕐11:00〜18:30(L.o.18:00)、土〜17:00
🚫日・月・祝 🚉地下鉄四条駅5番出口から徒歩6分

「グリル小宝」は、デミグラスソースたっぷりのオムライスもおすすめ。(京都府・ムー)

ココが最高！ 店内も料理もまさに「昭和レトロ」という風情で、写真映えポイントが多数！ 本家から承諾を得ているだけあって味も間違いない

1. タイムスリップしたような昭和の雰囲気漂う店内
2. SNS映え必至のカラーフロート650円

レトロ洋食のトリコ♡

銀座オムライス
1300円

ケチャップライスの上にぷるぷるふわふわのオムレツがオン

ぷるふわオムライスが話題

喫茶me キッサミー

著名人のファンも多い東京・銀座の「喫茶you」での修業を経て2022年にオープン。芸術的なオムライスは崩すのがもったいないほど。

デザートにプリン500円も注文してみて

Map P.172-C2 岡崎

🏠 京都市左京区岡崎成勝寺町1-8 ☎075-708-7218 🕐11:00～17:00（L.O.16:00）、土16:00～19:00（L.O.18:00）、日・祝11:00～19:00（L.O.18:00）🈺火、不定休 🚃地下鉄東山駅から徒歩8分

も最高です！
のトリコ♡

さと、手頃ながら大ボリュームの
食の名店へと足を運ぼう。

ココが最高！ クラシックスタイルの店内で味わえるのは正統派洋食メニュー。ゆとりのある空間でついつい長居してしまいそう。

どこか懐かしい雰囲気

ハンバーグ＆エビフライ
1500円

ソースもすべて手作りにこだわる。メインにサラダとライス付き

シャンソンの流れる店内。皿やランプなど調度品もレトロ

長年愛される正統派洋食店

グリル生研会館
グリルセイケンカイカン

70年以上にわたり生産開発科学研究所ビルで営業を続ける。ハンバーグやポークケチャップなど、王道の洋食に定評がある。

Map P.167-A3 京都御所周辺

🏠 京都市左京区下鴨森本町15 ☎075-721-2933 🕐12:00～14:00（L.O.13:30）、17:30～19:30（L.O.18:30）、売り切れ次第終了 ※夜は完全予約制 🈺水の夜木 🚃京阪鴨東線出町柳駅5番出口から徒歩10分、または市バス糺の森からすぐ

テーマで選ぶ 絶対行くべ

旅でハズせないカフェめぐり。行きた
そんなあなたのために、aruco編集部

銭湯×喫茶

Recommend
1998年まで
藤ノ森温泉として
営業していた
もと銭湯が
カフェに変身
（編集N）

もと浴室でカフェタイム!?
さらさ西陣 サラサニシジン

築90年を超える銭湯が喫茶店に。和製マジョリ
カタイル全面張りの浴室や立派な格天井の脱天
場で日替わりランチやスイーツが味わえる。

1. もと銭湯だけに天井が
高く開放的　2. ケーキセッ
ト1300円　3. 定番クリー
ムソーダ各700円

Map P.175-A4 紫野・北野天満宮
🏠京都市北区紫野東藤ノ森町11-1　☎075-432-5075
🕚11:30（金・土10:00）～21:00（L.O. 20:30）　休水
🚌市バス堀川鞍馬口または
千本鞍馬口から
徒歩10分

クリームや
ジャムと一緒に

Recommend
オーディオファン
垂涎の名器から
流れるBGMが
耳に心地よい
（編集T）

音楽×喫茶

クラシカルな
洋館で
音楽を

GOSPEL ゴスペル

ヴォーリズ建築事務所設
計の洋館。名スピーカー
から流れる心地よい音楽
を聴きながらケーキやラ
ンチ（月～土曜のみ）を
味わおう。

DATA → P.121

1. スコーンセット1550
円。飲み物は単品で注文す
るより少し大きめのカッ
プで供されるのがうれし
い　2. かつてのリビング
がカフェになっている

フランソアの制服は
京都女子の
憧れなんですよ

Recommend

文化財×喫茶

喫茶店としては
初めて国の登録
有形文化財に
登録された建物
（編集S）

時代を超えて愛される名店
フランソア喫茶室 フランソアキッサシツ

1934年創業の老舗喫茶室。当時
からほぼ変わらない、イタリア
の豪華客船のホールの面影をう
つしたクラシカルな店内が魅力。

Map P.171-C4 河原町・烏丸
🏠下京区西木屋町通四条下ル船頭町
184　☎075-351-4042　🕙10:00～
22:00（フードL.O.20:00、ドリンク&ケー
キL.O.21:30）　休無休　🚇阪急京都
本線京都河原町駅1B出口から徒歩1分

1. レトロな制服は30年以上デザインが変
わっていない　2. 赤いビロードの椅子が
上品　3. レアチーズケーキセット1350円

✉「Pohjonen」がある上七軒は街並みがすてきなので撮影も楽しんで！（大阪府・ななこ）

喫茶店セレクション

が多過ぎて決められない〜！
ーマ別におすすめ店をチョイス！

異国ムード満載！

絶対行くべき喫茶店セレクション

北欧×喫茶

店主の
えみぞうさんに
フィンランドについて
いろいろと聞ける
（編集W）

☆

フィンランド料理を楽しもう

pohjonen ポーヨネン

花街・上七軒の築100年の町家
を生かしたフィンランドカフェ。
フィンランドのポップな雑貨や
菓子なども販売している。

Map P.175-B4
紫野・北野天満宮

🏠上京区真道町726-35
☎090-1147-0572
🕐11:00〜18:00、
金・土12:00〜20:00
🈺水・木　不定期あり
🚃嵐電北野線北野白
梅町駅から徒歩10分

1. 店内はフィンランドにあるカフェ
をイメージ　2. コケモモジャムと一
緒に食べる北欧のミートボール料理Liha
pulla（リハ プッラ）900円　3. 不定期でイベント
を開催　4. 雑貨が並ぶコーナーもチェック

私のお気に入り
雑貨も販売して
います！

庭園×喫茶

絶対食べたい
抹茶スイーツ

丸久小山園
西洞院店　茶房「元庵」

マルキュウコヤマエン ニシノトウノウインテン サボウ モトアン

宇治茶の老舗・丸久小山園に併設された茶房。
苔が美しい庭を眺めながら濃茶や薄茶などと
一緒に極上の抹茶スイーツが味わえる。

Map P.170-A2
河原町・烏丸

🏠中京区西洞院通御池下ル
西側　☎075-223-0909
🕐10:30〜17:30(L.O.17:00)
🈺水（祝日の場合は営業）
🚃地下鉄烏丸御池駅4-1番
出口または二条城前駅2番出
口から徒歩6分

美しい庭を
眺めながらおいしい
スイーツを食べて
ゆっくりできる
（編集H）

1. 抹茶のロールケーキセット1485円。
飲み物は煎茶などから選べる
2. 京町家をリフォームした趣ある店内

文豪ゆかりのカフェ

riverside café
GREEN TERRACE

リバーサイドカフェグリーンテラス

文豪・谷崎潤一郎の遠縁、千萬子が営んだカフェ
の跡地に立つオープンテラスカフェ。ソファ席が
多く、ゆったりくつろげる。

DATA → P.123

文学×喫茶

文人や哲学者が
好んで散策した
哲学の道を
眺められる
（編集W）

春は道沿いに
桜が咲く哲学の道

1. バスク風チーズケーキ（ドリンク付き）1150円
2. 月替わりの、おばんざいらんち1650円〜
3. 居心地抜群の店内席のほか、テラス席もある

京の夏の風物詩
一度は行きたい！ 憧れの 納涼床 と 川床

鴨川　貴船

毎年5～9月に登場する鴨川沿いの納涼床と貴船川沿いの川床。さわやかな風を感じながら、
涼やかに食事やカフェを楽しもう。

> 納涼床が並ぶ
> 鴨川の川面に映る、
> 提灯の明かりが
> 美しい

二条大橋から五条大橋までの鴨川沿いに夏季限定で設けられる野外席。和食や洋食、中華、カフェなどさまざまなジャンルの店が床を構える。夜はロマンティックな雰囲気に。

リーズナブルなお店もあるので、初心者でも挑戦しやすい

納涼床
（のうりょうゆか）

Noryo-yuka

History
安土桃山から江戸時代初期、見世物や物売りでにぎわっていた四条河原に富裕な商人が見物席や茶店を設けたのが始まり。江戸時代中期には「河原の涼み」と呼ばれていたとか。

東山を眺めながら過ごす優雅な時間
サロンドロワイヤル京都
サロンドロワイヤルキョウト

創業約90年のショコラトリーの「カフェ床」では、東山や鴨川を眺めながら美しいチョコレートやデザートを堪能できる。

Map P.171-A4 河原町・烏丸

🏠京都市中京区木屋町通御池上ル上椹木町502　☎075-211-4121　⏰11:00～19:00
（L.O.18:00）　休不定休　🚇地下鉄京都市役所前駅2番出口から徒歩1分

> スペシャル
> セット2030円

1. 開放感抜群の床席。ドリンクを注文するとチョコレートがついてくる
2. 人気のショコラパフェとショコラがひと皿に

夜

昼

1. 明治時代に創業し、大正時代に現在の場所に移転した建物　2. 夏食材をふんだんに使った京フレンチを提供する。ランチタイムの営業もあり。納涼床の季節は予約がベター

圧倒的な存在感を放つ旅館建築
LE UN　鮒鶴京都鴨川リゾート
ル アン フナツルキョウトカモガワリゾート

築100年を超える料理旅館の建物を利用したレストラン。国の登録有形文化財にも指定されている五層楼閣の建物でディナーを味わいたい。

DATA → P.116

✉「サロンドロワイヤル京都」のカフェ床で宝石のように美しいチョコレートを堪能しました。（鳥取県・めだか）

How to enjoy?

❉ いつ行ったらいい？
7・8月はハイシーズンなので、混雑を避けるなら5・6・9月がおすすめ。5・9月はランチ営業のみなので要注意。詳しい実施日時は各店舗の公式情報を確認しよう。

❉ 利用方法は？
川床は人気なので、事前に予約しておいたほうが安心。雨天の場合は室内に席が確保されているので、キャンセルせずに訪問を。店によっては席料がかかることもある。

❉ 服装はどうする？
ドレスコードはない店が多いが、川床へは靴を脱いで上がるため、サンダルの場合は靴下を持参したい。貴船は肌寒いことも多いので羽織の準備を。

涼を感じる風流な川床

鴨川沿いの納涼床

川床 (かわどこ)

涼をたっぷり！京の奥座敷

憧れの納涼床と川床

古くから避暑地として愛されてきた貴船の川床。貴船川沿いの料理旅館などに登場する川床席は川の真上に設けられることが多く、真夏でも驚くほど涼しい。

貴船の川床は体感温度が市街地より数度低く、夏でも涼しい

本格的な会席料理を提供する店が多い。夏の名物・鱧が登場することも

History
大正時代、川に足を浸して涼む行商人に食事を振る舞ったのが起源とされ、しだいに床几を並べ、本格的な料理を提供するようになったといわれる。今では約20軒の店が立ち並ぶ。

Kawadoko

川床カフェでひと休み
兵衛Café ヒョウエカフェ

老舗料理旅館が手がける川床カフェで「川床利用のハードルを下げたい」とオープンした。自家製酒粕を使ったスイーツが人気。

Map P.186-A1 貴船・鞍馬
🏠 京都市左京区鞍馬貴船町101
☎ 075-741-3077
🕐 11:00〜L.O.16:00 休 不定休
🚌 京都バス貴船から徒歩15分

1. 清らかな川の流れに癒やされる贅沢なティータイム　2. 酒粕もなか600円と自家製クロモジレモネード900円　3. 2013年にリニューアルした土壁と木材をあしらった店内

1. 川床席のほかテラス席も用意。青々とした新緑を間近に感じられる　2. ペット連れの人専用の席も用意。公式サイトから事前予約もできる　3. 山水御膳4500円。夏は冷やしそうめんや鮎の塩焼きが入る

テラス席も人気です

カジュアルに味わう川床料理
古今藤や ココンフジヤ

コース料理が主流の川床料理を単品で注文できるほか、カフェ利用ができたり、ペット同伴可能だったりと、川床を気軽に楽しめる。

Map P.186-B1 貴船・鞍馬
🏠 京都市左京区鞍馬貴船町16 ☎ 075-741-1300 🕐 11:00〜21:00（L.O.18:30）休 冬季休業あり 🚌 京都バス三本杉から徒歩1分

野外席なので虫除けや、紫外線対策を忘れずに。大雨や増水の場合は訪問前に確認しておくと安心。

酒蔵の町で飲み歩き♪

天下の酒処 伏見の酒はなぜうまい？

良質な伏流水に恵まれ
日本を代表する酒処で知られる。
伏見の酒は「女酒」と呼ばれ、
口当たりがなめらかで、京料理に
寄り添うソフトな風味が特徴。

1 月桂冠大倉記念館

酒の歴史と文化に触れる

ゲッケイカン オオクラキネンカシ

酒造用具約200点を展示するほかWi-Fiを使用した館内ガイドもある

伏見最古の酒蔵で、酒造りの工程や発酵のメカニズムを学べる。利き酒コーナーでは、約10種類から好みの酒を試せる。

Map P.182-C2 伏見

⌂京都市伏見区南浜町247 ☎075-623-2056 🕘9:30～16:30（最終受付16:00） [休]無休 [料]600円（試飲用コインときき猪口付き） [交]京阪本線中書島駅北出口から徒歩5分

※販売商
は変更に
る場合あ

1. 昔ながらの酒造用具を展示する北展示室 2. 月桂冠レトロボトル吟醸酒720mℓ瓶詰め2750円は限定販売 3. 米・水ともにすべてを京都にこだわった、京しぼり祝米大吟醸720mℓ瓶詰め1730円

2 吟醸酒房油長

お酒好きなら見逃せない！

ギンジョウシュボウ アブラチョウ

伏見酒造組合18蔵元の日本酒を有料で試飲することができる酒店。酒は全種類販売されているのでおみやげにもおすすめ。

Map P.182-B2 伏見

⌂京都市伏見区東大手町780 ☎075-601-0147 🕘10:00～20:00 [休]火、第1・3水曜 [交]京阪本線伏見桃山駅西出口から徒歩3分

1. 吟醸酒や大吟醸酒を中心に販売。お気に入りを見つけたら即購入！ 2. 利き酒はお猪口1杯160～970円

3 伏見夢百衆

伏見のおみやげといえばココ

フシミユメ ヒャクシュウ

3種類の利き酒セットは800円～試せる

月桂冠旧本社の建物を改装したカフェとおみやげ処。さまざまな銘柄の日本酒や酒まんじゅうなど伏見らしいおみやげを販売。

Map P.182-C2 伏見

⌂京都市伏見区南浜町247 ☎075-623-1360 🕘10:30～17:00（L.O.16:30） [休]月（祝日の場合は営業） [交]京阪本線伏見桃山駅西出口から徒歩7分

1. バニラアイスに日本酒をかけた清酒アイスクリーム770円 2. 伏見の名水を使った水出しコーヒーが味わえるカフェ

4 黄桜記念館 Kappa Gallery

日本酒とカッパのすべてを知る

キザクラキネンカン カッパギャラリー

酒造りに使われていた道具やカッパにまつわる資料を展示するユニークな資料館。併設の黄桜酒場では地ビールも楽しめる。

Map P.182-B2 伏見

⌂京都市伏見区塩屋町228 ☎075-611-9919 🕘10:00～16:00 [休]火（祝日の場合は営業） [交]京阪本線伏見桃山駅西出口から徒歩7分

1. 黄桜キャラクターのカッパの資料や写真を展示する 2. ビデオやジオラマで酒造りを知ることができる展示室

酒の魅力とカッパの歴史を発信する

「かわいい」も「使える」も
両方かなっちゃう
おみやげセレクション

かわいい＆おいしい、スタイリッシュ＆便利な
欲張りさんも大満足のグッズをセレクト。大好きなあの人のための
おみやげにも、普段がんばっている自分へのプレゼントにもなる
特別な一品を探すお買い物クルーズへ、いざ出発！

SHOPPING

MADE IN KYOTO!

ひとめぼれ必至♡

京都らしさがありながらもトレン
普段の生活に取り入れれ

名前の箔押しも入れられるので、贈り物としても喜ばれます♪

BOX&NEEDLEのオーダーノート

サイズや表紙、リフィルの種類、リングの色などオリジナルのノートを作れる。表紙の種類も豊富！ PLAYFUL NOTES 1500円〜 A

一点物

墨流しうちわと小紋うちわ。うちわ面の素材となる紙や布はさまざま

蜂屋うちわ職店の
京うちわ

300年前から変わらない技法で作られる手作りのうちわは夏のおしゃれはもちろん、インテリアにも。1枚からの仕立ても可能。3520円〜 H

お香

山形のお香なので、時間とともに香りが引き立つ。燃焼時間は約10分

林龍昇堂のお香

すみれやふじ、梅など12種類の香りのお香が2個ずつ入っている、京の花1210円。かわいいイラストが描かれた木箱入り C

できるだけ国産の布を使用した、シンプルなデザインのがまぐち

カクカメのがまぐち

職人の手作りだからこそ手になじむ「ぺったんこ」各6000円はコンパクトでありながら見た目以上の収納力。長財布やポーチ、通帳入れに B

心を込めて作っています

A 紙の可能性を追求したアイテム

BOX&NEEDLE ボックスアンドニードル

京都発のペーパープロダクトブランドの直営店。暮らしに彩りをプラスする紙製のボックスやノートなどを取り扱う。週末には実際に貼り箱作りを体験できるワークショップを開催。

Map P.181-A3 京都駅

京都市下京区堺町21 Jimukino-ueda bldg. 1F ☎075-354-0351 11:00〜18:00 休火・水 交地下鉄五条駅3番出口から徒歩3分

B 使い勝手のよいがまぐち

カクカメ

がまぐち職人・小西美樹さんがデザインから製作・販売までを手がける。シンプルなデザインと抜群の収納力で使い勝手のよい、種類豊富ながまぐちアイテムが揃う。

Map P.174-B1 紫野・北野天満宮

京都市右京区宇多野北ノ院町14 ☎075-462-7008 12:00〜17:00 休月〜木 交嵐電北野線御室仁和寺駅から徒歩8分

C 創業190年のお香専門店

林龍昇堂 ハヤシリュウショウドウ

1834年に薫香の小売、卸売商として創業。線香や香木に加え、日常で気軽に使えるかわいらしいお座敷香まで幅広い種類のお香が並ぶ。

Map P.170-B2 河原町・烏丸

京都市中京区三条通堀川東入橋東詰町15 ☎075-221-2874 9:00〜19:00（土・祝〜18:00） 休日 交地下鉄二条城前駅1番出口から徒歩5分

「BOX&NEEDLE」は見ているだけでワクワクするようなペーパーアイテムがめじろ押しでした。（奈良県・ラテ）

京小物沼にハマろう

おさえたおしゃれな京小物。
ンションが上がること間違いなし。

ワッペン

ベルクロ仕様なので ワッペンベースが あればどこでも 付けられる

三三屋のワッペン

松尾芭蕉や与謝蕪村、種田山頭火のイラストを刺繍したユニークなワッペン各1650円。バッグやアウターなどのアクセントに [D]

ペーパーアイテム

鯛のぽち袋は 四つ折りのお札が 入るほか、お箸袋 としても使える

嵩山堂はし本のぽち袋

くすっと笑えるユニークなぽち袋はかばんに忍ばせておくと便利。通年使えるものから季節感のあるものまで多数ラインアップ。550円～ [E]

手漉りならではの 素朴な風合い。 送り状にぴったり

鳩居堂のはがき

かわいらしいイラストが描かれた手摺りのはがき各275円。厚みのある和紙に、職人が伝統の技法で1色ずつていねいに染めている [I]

京都烏丸六七堂のノート

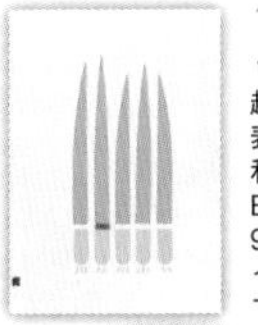

越前和紙がベースの表紙に、カラフルな和紙で貼り絵をしたB5サイズの学習帳各990円。碁盤の目をイメージして5mmのマス目が入っている [G]

京野菜の 貼り絵がキュート! 鹿ヶ谷かぼちゃや 聖護院かぶらなど もある

名喫茶の コーヒーカップや 名物メニューが プリントされている

forme.の喫茶巡りシリーズ

京都の老舗喫茶店をモチーフにした「夢ミル京都喫茶巡り」シリーズが人気。スクエア付箋495円、ブロックメモ495円、レターセット605円 [J]

和小物

井澤屋のポーチ

淡い色合いのちりめん生地に、井澤屋オリジナルの文様・雲錦鈴を刺繍した、ちりめん刺繍マチ付きポーチ「雲錦鈴」2860円 [F]

ぬれたハンカチは ハンカチケース りんりん1980円に 入れてバッグの中へ

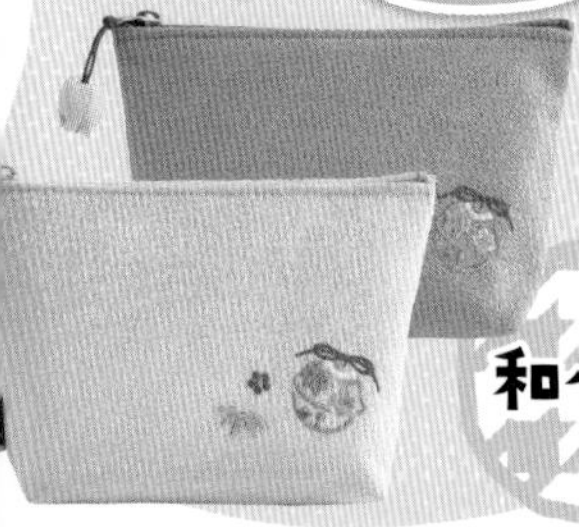

[D] センスのよい雑貨に定評あり

三三屋 ミミヤ

デザインスタジオ・グルーヴィジョンズによるセレクトショップ。オリジナルデザインのアイテムも人気がある。

Map P.171-B3 河原町・烏丸

京都市中京区東洞院蛸薬師下ル元竹田町639-11 ☎075-211-7370 12:00～19:00 休月～金（祝日の場合は営業） 交地下鉄四条駅2番出口から徒歩4分

[E] オリジナル紙製品を製造・販売

嵩山堂はし本 スウザンドウハシモト

日本の四季や節句、行事および草花をモチーフにしたあたたかみのある図柄のはがきや便箋、封筒、カードなどを揃える。

Map P.171-B4 河原町・烏丸

京都市中京区六角通麩屋町東入ル八百屋町110 ☎075-223-0347 10:00～18:00 休無休 交阪急京都線京都河原町駅9番出口から徒歩10分

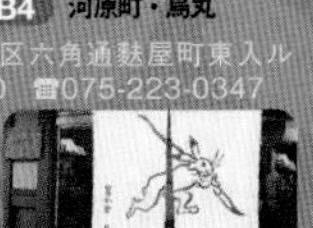

[F] 花街で愛され続ける和小物店

井澤屋 イザワヤ

祇園に暖簾を構えて以来、160年にわたって和小物を提供。ちりめんポーチのほか、本格的な和装小物も取り扱う。

Map P.168-A2 祇園・清水寺

京都市東山区四条通大和大路西入中之町211-2 ☎075-525-0130 10:30～19:00 休無休 交京阪本線祇園四条駅7番出口から徒歩1分

[G] 京都烏丸六七堂 京都・八坂通店 →P.109

[H] 蜂屋うちわ職店 →P.123

[I] 鳩居堂 →P.125

[J] forme. →P.125

「鳩居堂」のルーツは漢方薬や薬の原材料などを扱う「薬種商」。そのため一子相伝の調香法を生かしたお香も販売している。

nikinikiの
カレ・ド・カネール

※季節により、あん・コンフィ・生八ッ橋の種類が異なる

聖護院八ッ橋総本店による新ブランド。季節によって異なる色の生八ッ橋のなかから好きなものを選び、あんやコンフィなどを自由に組み合わせて味わう。1箱（10個分）1188円～

花みたいな八ッ橋

nikiniki ニキニキ
Map P.171-C4
河原町・烏丸

🏠京都市下京区四条西木屋町北西角
☎075-254-8284
🕚11:00～18:00
休不定休
🚇阪急京都本線京都河原町1A出口からすぐ

季節の生菓子
1個324円

心やすまれる日

転じて福となす日

京の初春を祝う日

蝶にたわむれる日

再会の日

加加阿365祇園店限定！

マールブランシュ加加阿365祇園店マールブランシュカカオサンロクゴギオンテン
Map P.168-A2
祇園・清水寺

🏠京都市東山区祇園町南側570-150 ☎075-551-6060
🕙10:00～17:00
休無休 🚇京阪本線祇園四条駅6番出口から徒歩4分

とろけるような口どけ

マールブランシュ
加加阿365祇園店の
加加阿365

365日、京都の風物詩にちなんだ「紋」が施された、その日だけの特別なチョコレートを販売。優しい口どけとカカオとミルクの香りが最高！2個入り1188円

メッセージが書かれたかけ紙

話題のスイーツ

味もビジュアルもよきです
絶対喜ばれる京菓子みやげ

aruco編集部イチオシ！

日向夏

ベルアメール
京都別邸の
スティックショコラ

さまざまなチョコレートにお茶やフルーツなど多彩な素材を組み合わせ、口どけよく軽い食感に。キュートな見た目はおみやげにもぴったり！1本594円

ベルアメール 京都別邸 三条店
ベルアメール キョウトベッテイ サンジョウテン
Map P.171-B3
河原町・烏丸

🏠京都市中京区三条通堺町東入ル桝屋町66 ☎075-221-7025
🕙10:00～20:00 休不定休 🚇地下鉄烏丸駅13番出口から徒歩8分

知覧茶

紅玉りんご

スティック型チョコレート

瑞穂のしずく
国産果実と蜂蜜 5個1728円

和三盆糖でできたカラフルで口どけのよい落雁を組み合わせ、自分で和菓子をデザインできるキット。絵を描くように楽しむことができる。834円

UCHU wagashi 寺町本店
ウチュウワガシ テラマチホンテン

DATA → P.125

自分だけの形を作れる……♪

UCHU
wagashiのdrawing

花や魚などいろいろな形を作ってみよう

「ベルアメール 京都別邸」併設のカフェ「ショコラバー」のアフタヌーンティーがおすすめ。(東京都・ちー)

箱入りはおみやげにも人気

1856年創業
阿闍梨餅本舗
満月の阿闍梨餅

比叡山で修行する高僧・阿闍梨様の網代笠をかたどった、京都の定番おやつ。しっとり＆もっちりとした餅生地と中のつぶあんとのバランスが絶妙。1個141円

京都みやげの
大定番

阿闍梨餅本舗 満月
アジャリモチホンポ マンゲツ
▷ DATA → P.120

友達にプレゼントするだけでなく
自分みやげにもしたくなる、
おいしくて形もカワイイ、
キュン♡な京菓子みやげをご紹介。

老舗の銘菓

宇治茶が
金平糖に

2月のひいな糖
1825円など歳時
限定の金平糖も

1847年創業
緑寿庵清水の
エストレーラ 濃茶の金平糖

1種類の金平糖に約2週間もかけ、一子相伝で丹精込めて作る金平糖専門店。宇治の上質な濃茶を使い、その濃厚な味わいと深い香りを金平糖で楽しむ。1479円

緑寿庵清水
リョクジュアンシミズ
Map P.172-A2
岡崎
♠京都市左京区吉田泉殿町38-2
☎075-771-0755
◐10:00～17:00
休水（祝日の場合は営業）
♁京阪鴨東線出町柳駅2番出口から徒歩10分

絶対喜ばれる京菓子みやげ

毎月20～22
日の3日間の
み販売

1716年創業
京菓匠 笹屋伊織の
どら焼

東寺のお坊さんに依頼されて鉄板の代わりに寺の銅鑼（どら）の上で焼いたのが始まり。もちもちの皮の中に、こしあんがたっぷり入っている。1728円

「行器（ほかい）」に入った最上級の詰め合わせは大切な人への贈り物に

竹の皮を
剥きながら
食べよう

京菓匠 笹屋伊織 本店
キョウカショウ ササヤイオリ ホンテン
Map P.180-B1
♠京都市下京区七条通大宮西入花畑町86 ☎075-371-3333
◐9：00～17：00 休火（20～22日が火曜にあたる場合は営業、平日に振替休日あり）♁JR京都駅中央口から徒歩20分、または市バス七条大宮・京都市水族館前から徒歩1分

季節を告げる **京菓子カレンダー** 1～12月

伝統行事や二十四節気とともに発展してきた京都の和菓子は、季節を少し先取りするのが基本。味覚でも視覚でも季節の移ろいを感じてみては。

1月 花びら餅
平安時代の宮中行事が由来。丸い餅の上に紅色の菱餅、甘く炊いたゴボウと味噌あんをのせふたつに折った菓子で、おもに正月に食べる。

2月 椿餅
『源氏物語』にも登場するほど歴史がある。あんを包んだ道明寺餅の上下を椿の葉で挟んだ菓子。椿が咲く冬から春にかけて作られる。

3月 引千切・ひちぎり
平安時代の宮中行事が由来で雛祭りのときに食べる。名の由来は下の部分を作る際、「引き千切った」ことから付けられたとも。

4月 桜餅
京都の桜餅は、桜色に染めた道明寺を塩漬けの桜の葉で包んだもの。桜の開花に合わせて道明寺の色を変化させていく店もある。

5月 粽
端午の節句に食べる。京都の粽は円錐形の、ほか は羊羹製のほか、葛で作る水仙製や米粉を蒸して団子にした、しんこ餅などがある。

6月 水無月
外郎生地の上に小豆をのせ、三角形に切った菓子。6月30日に上半期のケガレを祓う「夏越（なごし）」の祓にちなんで食べる。

7月 若鮎
アユ漁が解禁される6月頃から販売される。カステラ生地にもちもちした求肥やあんを挟み、川を泳ぐアユの姿を表現している。

8月 葛焼き
吉野葛に小豆あんを練り込んで蒸し、片栗粉をつけて表面を焼いた、夏の定番菓子。涼し気な見た目、なめらかな食感と口どけが魅力。

9月 月見団子
京都の月見団子は、仲秋の名月に里芋を供えることに由来した形。餅を楕円形の里芋の形にし、雲に見立てたあんを巻いている。

10月 栗羊羹
丹波栗を加えたこしあんを竹皮で包み、蒸し上げた羊羹。ムッチリとした食感が特徴で、竹皮の香りも一緒に楽しむ、秋ならでは の菓子。

11月 亥の子餅
『源氏物語』にも登場するイノシシの子を模った菓子。製法などは店によって異なり、ゴマや黄粉を混ぜ込んだ餅生地であんを包むことが多い。

12月 雪餅
おもに茶席などで使われる、大和芋を使った純白のきんとん。大和芋が旬となる冬に作られ、口の中で雪のようにトロリと溶ける。

パン好き京都人が愛する
絶品ベーカリーの名物パン

パンの激戦区といわれる京都には、
長年地元で愛され続ける老舗から、
素材を追求する実力派まで絶品パンがいっぱい！

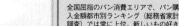

名物パンはコレ！

サラダロール250円
レタス、トマト、キュウリにポテトサラダがたっぷり

名物はコッペパンサンド

まるき製パン所
マルキセイパンショ

あんは十勝産小豆！

コッペパンサンドや総菜パンがメインで、通勤通学の途中で立ち寄る地元ファンが多い。揚げたてのカツや自家製のあんはすべて手作り。並べるそばから売れていくが、店頭にないパンは、声をかければ作ってくれる。

Map P.170-C2 河原町・烏丸

🏠 京都市下京区松原通猪熊西入北門前町740
☎075-821-9683 ⏰6:30～20:00、日・祝 7:00～14:00 📅月（祝日の場合は営業）
🚃阪急京都本線大宮駅2B出口から徒歩8分

総菜系から甘いもんまでどうぞ

1. 1947年創業の名店。店頭にはできたてが並ぶ　2. ハムカツとシャキシャキの千切りキャベツを挟んだカツロール250円　3. 自家製あんがこれでもか！と入った食べ応え満点のあんぱん180円　4. カレー味の生地に厚切りハムを挟んで揚げたニューバード200円

名物パンはコレ！

レトロバゲット "1924"
410円（店内飲食417円）
創業者がフランスに渡った1924年がパンのネーミングに

香ばしいバゲットの有名店

進々堂 寺町店
シンシンドウ テラマチテン

日本人として初めてパリへパン留学した創業者の思いが詰まったフランスパンが評判。市内に12店舗を構え、寺町店ではイートインやカフェレストランも併設する。

Map P.176-C2 京都御所周辺

🏠 京都市中京区寺町通竹屋町下ル久遠院前町674
☎075-221-0215 ⏰7:30～19:00 📅無休（年末年始要問い合わせ）
🚃京阪鴨東線神宮丸太町駅1番出口から徒歩9分

1. クリームパン260円（店内264円）　2. フランス産ラム酒の香りもおいしさの秘密。北山メロン220円（店内224円）　3. イートイン席も用意　4. 常時70種類ほどのパンが並ぶ

「進々堂 寺町店」モーニングのトーストセットは、パン・ド・ミのほか全5種類のなかから好きなパンを選ぶことができます。（東京都・an）

絶品ベーカリーの名物パン

名物パンはコレ！
ホワイトホーン220円
冬季限定パン。
オリジナルホイップクリーム
とラムレーズンが絶妙

焼きたてを
どうぞ！

名物パンはコレ！
プリンデニッシュ324円
プリンがまるごと
1個入った斬新な
アイデアがgood

パンはすべて国産小麦を使用

Walder ワルダー

ハード系から、レンコンなどを使った和テイストの総菜パンやデニッシュまで、種類豊富な焼きたてパンが70種類以上揃う。

Map P.171-B4 河原町・烏丸

🏠京都市中京区麩屋町六角下ル坂井町452 ☎075-256-2850 ⏰9:00～19:00（売り切れ次第終了）休木 🚃阪急京都本線京都河原町駅11番出口から徒歩8分

1. クルミやアーモンドがたっぷりの木の実のデニッシュ324円
2. 宇治の森半製茶のほうじ茶を使ったクリームパン270円

名物パンはコレ！
花のいろは299円
スミレの花が映え、紫芋の
こしあんとしっとり生地が
絶妙のハーモニー

和菓子風のはんなリパン

Boulangerie MASH Kyoto ブーランジェリー マッシュ キョウト

こぢんまりとした店内に、パリ仕込みのバゲットをはじめ、和の素材を生かした見た目もキュートな色とりどりのパンが並ぶ。

Map P.171-C3 河原町・烏丸

🏠京都市下京区東洞院通高辻下ル燈籠町568 ☎075-352-0478 ⏰8:00～19:30 休火・水 📷@mashkyoto 🚃地下鉄四条駅5番出口から徒歩5分

1. 一保堂の抹茶と玉露粉を生地に練り込んだパンの中は粒あんと白玉。お茶の香りと白玉のモチモチ感を味わって。抹茶あんぱん藤壺297円 2. バゲットの上に香ばしく焼き上げたベーコンと九条ネギをトッピング。西京味噌のソースが絶妙にマッチ。九条ネギとベーコンの焼いたパン275円

おかげさまで 101年
創業 天狗堂
海野製パン所

1. サクサクの生地の真ん中に厚切りのリンゴがのったりんご220円 2. もちもちパンにバターがたっぷりのバターリッチ185円は焼きたてを 3. 道路沿いで対面販売。通りがかりにサクッと買えるのがうれしい 4. 1922年創業！

創業100年超の老舗ベーカリー

天狗堂海野製パン所 テングドウウミノセイパンショ

シンプルで飽きのこない食パンや、自家製のこしあんを使ったあんぱんなど、シンプルながら小麦本来の味を楽しめる魅力的なパンが自慢。

Map P.166-C2 二条城・西陣

🏠京都市中京区壬生中川町9 ☎075-841-9883 ⏰7:00～20:00 休日・月 🚃JR嵯峨野線二条駅から徒歩12分

パン SINCE 1922
天狗堂
海野製パン所
TENGU-DO UMINO BAKERY
841-9883

一味唐辛子
珈琲
胡麻みんと
抹茶
ちょこれーと

京さんぽりっぷくりーむ
オーガニック原料を中心に、天然由来成分100%。保湿力抜群のリップクリームは素材ならではの香りに癒される。
5g各1650円　B

買いPoint
ハッ橋や煎茶など京素材とのコラボ商品も多数

ちりめんの巾着袋付き！

買いPoint
天然素材で口に入っても安全。かさついた指先にも塗布OK

Lip
リップ

ちどりやオーガニック ユズリップバーム
国産のユズから抽出したユズ精油とつばき油、オーガニックのローズヒップシードオイルとミツロウをミックス。ふっくらツヤツヤの口元に。2860円　E

yuzu lip balm
chidoriya

買いPoint
バスルームいっぱいに香りが広がりリラックス

マーブルアロマバスソルト
傾けると中身と香りが混ざり合い、使うたびに異なる香りが楽しめるオーガニックバスソルト。Flower, Woods, Citrus の3種類 30g
各2860円　B

Bath Salt
バスソルト

買いPoint
東山をイメージしたパッケージでおみやげにもgood

Organic Bath Salt
Higashiyama

東山

東山バスソルト
ヒマラヤンピンクソルトに甘橙、ピンクグレープフルーツ、ユズの精油を配合。オーガニックアロマオイルでリラックスできる。500円　E

明日から
御指名買い

肌や髪に優しく、見た
デイリーに使えるも
気になるコス

買いPoint
美容成分を多く配合できる枠練り製法

ナチュラルソープ
27種類の和漢植物エキス、サクラエキスと、はちみつ、みついし昆布エキスを加えた、柔らかな泡立ちが特徴。80g2970円　D

まいこソープ
天然やぶつばき油がベースのボディソープ。天然アロマオイルがリラックス効果を促し気分を和らげてくれる。57g1980円　E

買いPoint
包み紙は舞妓さんプリントの手摺りの和紙

Soap
ソープ

清ら肌
炭酸
石けん

**清ら肌
炭酸椿石けん**
コラーゲン、ヒアルロン酸、セラミド配合で、洗顔後は潤いをキープ。和草木果エキス6種入りつやつや肌へと導く。95g
2200円　C

買いPoint
京都伏見の山本本家の純米吟醸酒の酒粕エキス入り

洗顔石鹸京の心シリーズ
オリーブオイルやココナッツ油など上質の植物油を使用。天然成分を壊さないように、余分な熱を加えず約2ヵ月かけて熟成させるコールドプロセス製法を導入。90g各1540円　B

豆乳石鹸
Made in Kyoto

しっとりからさっぱりまで

豆乳

舞妓
石鹸

買いPoint
適度の油脂が残る過脂肪石鹸ー泡立ち汚れ落ちもバッチリ！

舞妓

京美人！
の京コスメ

…かわいらしい京コスメ。
…からおみやげまで、
…要チェック！

Body Care
ボディケア

清ら肌 美容液マスク

つばき油と純米吟醸酒、和草木果エキスなどを配合した保湿効果の高い美容液マスク5枚入り3960円。週に1度、贅沢なスキンケアタイムを。[C]

買いPoint
約10分のケアでみずみずしいふっくら肌が持続

買いPoint
ローズオットーなど香りも楽しめる6種の原料を配合

しゃぼんや美人おいる

オーガニックのホホバオイルをベースにしたオイル美容液。スキンケアにはもちろん、デコルテ周りのマッサージにもおすすめ。伸びがよく香りも華やか。30mℓ4180円 [B]

もう手離せません！

クレンジングオイル

素肌の潤いを残し、メイクはしっかり落とすクレンジングオイル150mℓ 3740円。洗いあがりもすっきり。[D]

買いPoint
美容液グレードの植物オイル8種を厳選

リカバリィジェルクリーム

オールインワンのジェルクリーム60g 6380円。オクラエキス、みついし昆布エキスを配合し、しっとり＆ハリ感を実感。[D]

買いPoint
潤いが感じられるとリピート率ナンバーワン！

買いPoint
香り高いつばき油は肌・髪・ボディに使える美容オイル

特製つばき油 香る椿

無農薬つばき油に5種類のオーガニック精油を配合。アロマの香りに全身、そして心までもリラックスに導く美容オイル。[C]

Fragrance
お香

買いPoint
保温・抗酸化作用があるホホバ油などを使用

練り香水

体を清め、邪気を祓うというインドを起源とする塗香の考え方に基づき誕生した「練り香水 禅」1210円。少量を肌に塗って香りを楽しむ。[A]

リラックス効果大！

冷水香

モクレンをイメージした香りの「モクレンと薄荷の香り」。風に揺れる青柳をイメージした清涼感あふれる「青柳と薄薄荷の香り」。各935円 [A]

買いPoint
シャツなどのリネン類に香りをつけ清涼感を楽しむ

買いPoint
他社にはないオリジナルの香り

お香

さわやかなベルガモットにジャスミンを加えたさっぱりとした香りの「百楽香 ベルガモット」1430円。ベルガモットとムスクなどを調合した華やかな香りの「桜うさぎ スティック」20g 990円 [A]

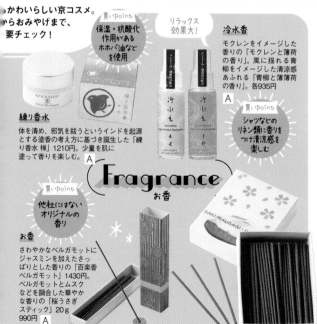

京の香を嗜みリラックス
[A] 香彩堂 コウサイドウ

お香をはじめ、フレグランスやコスメなども取り揃え、店頭ではすべての香りを試せる。白檀をベースに天然香料を調合した作り方に定評あり。

Map P.171-C3 河原町・烏丸

⌂京都市下京区烏丸通仏光寺東入ル上柳町335 1F
☎075-344-6905（平日9:30〜18:00のみ対応）
🕘9:00〜18:30 [休]無休 [交]地下鉄四条駅5番出口から徒歩1分

地球に優しい自然派コスメ
[B] 京都しゃぼんや 奥の工房 キョウトシャボンヤ オクノコウボウ

メイドイン京都にこだわったナチュラル＆オーガニックコスメの専門店。京都産の精油の香りを使用した商品も多数扱う。

Map P.176-C2 京都御所周辺

⌂京都市中京区松本町567-2 ☎075-257-7774
🕘11:30〜16:00（土・日・祝〜17:00） [休]木
[交]地下鉄京都市役所前駅9番出口から徒歩6分

[C] かづら清老舗 カヅラセイロウホ →P.109
[D] 京都二条 京乃雪 キョウトニジョウ キョウノユキ →P.119
[E] 京都ちどりや キョウトチドリヤ →P.123

「京都しゃぼんや 奥の工房」の洗顔石鹸京の心シリーズの10g350円は小箱がおしゃれでおみやげにおすすめ。

100軒以上の
お店が軒を連ねる
京の台所「錦市場」
でしたい**7**つのこと

一流の食材や最新グルメが揃うグルメストリート。
プロの料理人も訪れるという伝統ある商店街を
とことん楽しむツボを教えます。

錦
奈藤
料魚

うまいもんの
宝庫です

歴史ある商店街をそぞろ歩き
錦市場商店街
ニシキイチバショウテンガイ

約400年の歴史をもつ京の台所で「に
しき」の愛称で親しまれる。全長
400mのアーケード内には漬物や鮮
魚、乾物などを扱う店が立ち並ぶ。

Map P.171-B3 河原町・烏丸

🏠京都市中京区西大文字町609　📞075-
211-3882（京都錦市場商店街復興組合）
⏰店舗により異なる　🚃阪急京都本線京都
河原町駅1番出口から徒歩4分

錦市場は食べ歩きNG
食べながら歩くとほかの通
行人への迷惑になるので、
お店のイートインスペース
を利用しよう。

1 約400年続く
商店街の歴史
を知る

江戸時代に魚市場として正式に公
認されたとされる。江戸時代中期
に活躍した天才絵師・伊藤若冲は
錦市場の青物問屋に生まれた。

どこから
行こうか

高倉通　A　B　C
堺町通　D　　E
富小路通　麩屋町通　F　御幸町通
錦小路通　柳馬場通

★History★

782年頃	魚市場「魚の立売り」発祥
（延暦年間）	
1054年	「錦小路」となる
1311年	魚店の始まり
1615年	江戸幕府公認魚問屋となる
1770年	青物立売市の認可
1771年	若冲が錦市場存続のために活躍
1774年	錦市場が公認される
1883年	三店魚問屋特権廃止に
	より大店が激減
1911年	「錦栄会」結成で活気を取り戻す
1928年	青果業や精肉店なども
	加わり「錦栄会」設立
1993年	現在のアーケード完成

錦市場のいた
るところで若
冲の絵が描か
れたタペスト
リーを見つけ
られる

2 京都×NY!?
限定グルメ
を味わう

1. チャバタ生地に丹波の黒豆と宇治抹
茶を練り込んだ抹茶黒豆チャバタ313
円　2. NYで定番のパン・バブカを京
都風にアレンジした抹茶バブカ432円
3. ホットチョコレートレギュラーサイ
ズ734円、自家製マシュマロ140円

NY発の人気ベーカリー
A THE CITY BAKERY 京都錦小路
ザ シティ ベーカリー キョウトニシキコウジ

2022年7月にオープン。老舗和菓子屋を改装した建
物には、大きな梁や蔵がそのまま残っている。京都
限定メニューを楽しもう。

Map P.171-B3

🏠京都市中京区錦小路通高倉東入
ル中魚屋町502　📞075-211-7055
⏰8:00〜18:00　📅無休　🚃阪急
都線烏丸駅15番出口から徒歩3分

📧年末の錦市場は、金時人参や餅など正月の食材を求めてたくさんの人でにぎわっていました。（新潟県・雷ん子）

3 創業140年以上！ 老舗の七味を買う

山椒がたっぷり入った七味中辛（瓶入り700円、袋入り450円）

B 辛味と風味が絶妙な七味
ぢんとら

1878年創業の七味専門店。一子相伝の技と配合によって作られる七味は香り高く風味豊か。七味ソフトクリーム430円も試してみて。

Map P.171-B3
京都市中京区錦小路通堺町西入ル中魚屋町494　075-221-0038
10:00～18:00　休無休　交阪急京都線烏丸駅16番出口から徒歩3分

C 優しい甘さの豆腐ドーナツ
こんなもんじゃ錦市場
コンナモンジャニシキイチバ

北野天満宮そばに店を構える「京とうふ藤野」の直営店。新鮮な豆乳や豆腐、湯葉のほか、店頭で揚げてくれる豆乳ドーナツが大人気。

ふわふわ食感の豆乳ドーナツ（黒みつきなこがけ）400円

Map P.171-B3
京都市中京区錦小路高倉東入ル中魚屋町494　075-255-3231　10:00～18:00　休不定休　交阪急京都線烏丸駅16番出口から徒歩3分

4 京豆腐直営店の 揚げたてドーナツをほおばる

5 行列に並んでも食べたい！ アツアツの名物うどん

D だしにこだわった極上の1杯
冨美家 錦店
フミヤ ニシキテン

錦市場で長年愛されるうどん店。北海道産の天然利尻昆布などで取っただしはほんのり甘く、芳醇な味わい。定番は冨美家鍋。

冨美家鍋880円は、餅や天ぷらなどたくさんの具材が入った鍋焼きうどん

Map P.171-B3
京都市中京区錦小路通堺町西入ル中魚屋町493　075-221-0354　11:00～17:00　休火・水　交阪急京都線烏丸駅16番出口から徒歩3分

錦市場の名物グルメ

6 熟練の職人による 京漬物をゲット！

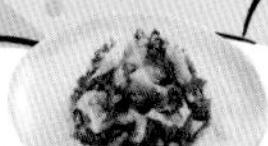

1. 京の3大漬物のひとつ・すぐきを刻んで漬け込んだ、刻みすぐき496円
2. 聖護院かぶらを昆布と漬けた千枚漬756円は京都の冬の定番漬物

E 店頭にずらりと並ぶ漬物樽
打田漬物 錦小路店
ウチダツケモノ ニシキコウジテン

1940年創業。職人たちによって季節ごとに漬け込まれた漬物を常時50種類以上取り揃える。漬物樽が並ぶ様子は圧巻の迫力！

Map P.171-B3
京都市中京区錦小路通柳馬場西入
075-221-5609
9:30～18:00
休無休　交阪急京都線烏丸駅14番出口から徒歩3分

F 宇治茶の茶寮×たい焼き屋
錦一葉&まめものとたい焼き
ニシキイチハアンドマメモノトタイヤキ

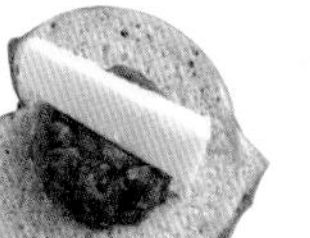

バターとあんが絶妙！

茶寮「錦一葉」と嵐山の人気店「まめものとたい焼き」がコラボ。たい焼きは、見た目のかわいさもさることながら、おいしさも抜群！

Map P.171-B4
京都市中京区錦小路通御幸町西入鍛冶屋町210
075-253-1118　10:00～18:00　休不定休　交阪急京都線烏丸駅11番出口から徒歩3分

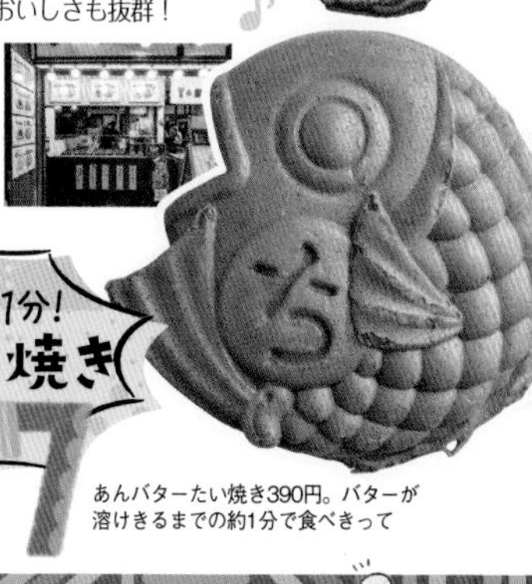

7 賞味期限わずか1分！ まる～いたい焼きをパクリ

あんバターたい焼き390円。バターが溶けきるまでの約1分で食べきって

京都みやげの定番・京漬物。「千枚漬」「すぐき」「しば漬け」は3大漬物と呼ばれ地元でも親しまれている。

毎日をワンランクUPする手仕事アイテムに出合う

職人たちが手作業で作った京の逸品は見ているだけで美しく、使い込むほどに味わいが増す。自分へのご褒美にゲットしよう。

LEVEL UP!

辻和金網
ツジワカナアミ

料亭のプロも愛用の台所用品

ワンランクUP POINT

手編みにこだわり、針金で美しくも実用的な製品を作り出す。手作りなだけに補修や修理ができ、長く使い続けることが可能。

亀甲編みが楽しい！

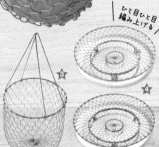

PICK UP!
網目の美しさと目の細かさが特徴。中網は張り替えも可能（別料金）

ひと目ひと目編み上げる

創業90年を超える金網細工の店。料亭のプロも愛用しているという台所用品のなかでも特に人気なのは手付焼網。職人の手仕事を見ながら買い物できるのもうれしい。

Map P.176-C2 京都御所周辺

🏠京都市中京区堺町通夷川下ル亀屋町175 ☎075-231-7368 ⏰9:00〜18:00 🗓日・祝 🚃地下鉄烏丸御池駅1番出口から徒歩8分

1. 手編みならではの深い風合いと丈夫さが人気の茶こし。3960円〜
2. 家庭のガスコンロで手軽に網焼きができる人気の足付焼網（セット）5500円〜
3. 根菜類の保存にもぴったりの銅つりかご6050円〜
4. 手編みの大皿とアルミ皿がセットになった、手編み水切り皿セット（銅・ステンレス）各2万2000円

PICK UP!
セラミックの遠赤効果で中まで火が入りやすい。使用後は丸洗いも可能

1〜2分でパンが焼ける

ワンランクUP POINT

どの商品も丈夫で繰り返し使えるのが特徴。銅製の手編みコーヒードリッパーは使い込むほどに色が変わる経年変化を楽しめる。

まるで菊の花みたい

LEVEL UP!

高台寺一念坂金網つじ
コウダイジイチネンザカカナアミツジ

現代のライフスタイルに合う品々

金網で作る料理道具に定評がある。コーヒードリッパーやランプシェードなど、普段使いしやすく長く使える商品を用意。店舗2階では「とうふすくい制作体験」（要予約）を実施。

DATA → P.108

1. 食パンや餅、ソーセージ、魚の干物を焼くのに最適な手編み手付きセラミック付き焼き網1万2100円〜
2. 食材を盛るだけでなく、天ぷらなどの揚げ物にも使える、手編み菊丸盛り網 銅1万6500円〜
3. 珈琲焙煎人と共同製作したという、手編みコーヒードリッパー銅3万3000円〜
4. "菊出し"という伝統的な技法で菊の花の模様に編んだ、とうふすくい八角（ステンレス・銅）各9350円

📧焼き網で焼いたパンは、外はサクッ、中はフワッで絶品でした！（大阪府・ルアン）

PRESENT

aruco 京都

たくさんのご応募
お待ちしてまーす!!

「aruco 京都」の
スタッフが取材で
見つけたすてきなグッズを
18名様にプレゼント
します！

▶**01**
「CAVA BOOKS
（P.52 掲載）」の
エコバッグ
3名様

◀**02**
「Lisn Kyoto
（P.29 掲載）」のサシェ

※香りはオリエンタルと
ラベンダーの2種
2名様

◀**03**
「カランコロン京都
（P.103 掲載）」の
ちぎれる和綴じメモ
2名様

04「カランコロン京都（P.103 掲載）」
のあぶらとり紙
2名様

▶**05**
「京都烏丸六七堂
（P.109 掲載）」の
貼り絵はがき
2名様

▶**07**「カランコロン京都
（P.103 掲載）」の
まいこ散歩ハンカチ
1名様

▶**06**
「京都烏丸六七堂
（P.109 掲載）」の
貼り絵ぽち袋
1名様

5名様

▲**08**
aruco特製
QUO カード 500円分

※柄・種類の指定はできません。※返品、交換等はご容赦ください。

応募方法

アンケートウェブサイトにアクセスして
ご希望のプレゼントとあわせて
ご応募ください！

URL https://arukikata.jp/kkstsd

締め切り：2025年4月30日

当選者の発表は賞品の発送をもって代えさせて
いただきます。（2025年5月予定）

Gakken

LEVEL UP!

日常を彩る
日本の道具店

日東堂
ニットウドウ

ワンランクUP POINT

日本の高い技術力と品質を感じることができる製品がずらり。それぞれの特徴やこだわりは知識豊富な店舗スタッフに聞いてみよう。

手仕事アイテムに出会う

京都産の牛乳を使用

伝統工芸品から最新技術にいたるまで、新旧問わずジャパンテクノロジーの魅力を結集した日用品や生活道具を取り扱う。伝統的な町家風建築を生かした店構えもすてき。

PICK UP!

普段使いに最適な300mlサイズ。コーヒースタンドのオリジナルコーヒーと合わせておみやげに

DATA → P.110

1. 手仕事の品がセンスよくレイアウトされた店内 2. 旅の思い出を持って帰ってほしいとの思いで作られた美濃焼のKYOTO COFFEEマグ2200円 3. 長年愛用できる美濃焼のKYOTO COFFEEキャニスター2970円 4. コーヒーミルク（アイス）650円

＋ 料理に京の味をプラス！

老舗専門店による調味料はおみやげにぴったり。おうちに京都の「おいしい」を持ち帰ろう。

PICK UP!

カツオや昆布、野菜など、風味のさまざまなだしをラインアップ

自宅での料理に使いやすいだしパック。おだしのパックじん（黄・赤・緑・金）各1588円〜 **A**

とのだしを使う？

ご飯との相性は抜群

PICK UP!

本店ではお得用の袋入おじゃこ80g1080円も購入できる

毎朝一つひとつ小さな鍋で炊き上げる、ちりめん山椒おじゃこ紙箱入1080円 **B**

容器がかわいい！

PICK UP!

和食はもちろん、パンに塗って食べてもおいしい柚味噌

ふろふき大根や茄子の田楽に。数量限定の柚味噌 柚形陶器入り2900円〜 **C**

A 安心安全な無添加だし

うね乃本店 ウネノホンテン

1903年創業のだし専門店。ケミカルなよけいなものは加えず、選び抜いた素材だけを使って手間暇かけて作っただしが人気を集める。

Map P.165-B2 京都駅

🏠 京都市南区唐橋門脇町4-3 ☎075-671-2121 ⏰10:00〜18:00（土〜16:00）休日・祝、第2土曜 🚃JR西大路駅から徒歩5分

B ふっくら炊き上げた京の味

やよい本店 ヤヨイホンテン

祇園で長年愛されるじゃこの店。ちりめんじゃこと実山椒のもち味を生かし、職人が炊き上げるじゃこは上品で優しい味わい。

Map P.169-B3 祇園・清水寺

🏠 京都市東山区祇園下河原清井町481 ☎075-561-8413 ⏰9:30〜17:00 休不定休 🚃市バス祇園から徒歩5分

C 300年受け継ぐ秘伝の味

八百三 ヤオサン

1727年創業の歴史ある柚味噌専門店。京都の水尾の柚子を使用した、一子相伝の製法によって作られる柚味噌は濃厚で優しい甘味が特徴。

Map P.171-A3 河原町・烏丸

🏠 京都市中京区姉小路通東洞院西入ル車屋町270 ☎075-221-0318 ⏰10:00〜17:00 休日・木 🚃地下鉄烏丸御池駅3番出口から徒歩2分

出発直前まで楽しみたい！
京都駅ラストミニッツ

定番グルメや人気のおみやげが一挙に集まった京都駅。出発前の駆け込みショッピングや、サクッとご飯にぴったりのお店がてんこ盛り！

京都駅ショッピング攻略ガイド

- ✓ 荷物はコインロッカーへ
- ✓ 「中央口」「烏丸口」は北、「八条口」は南
- ✓ 南北の移動は「自由通路」で
- ✓ 困ったら観光案内所へ

新幹線乗り場に最も近いのは「八条口」、空港行きの特急に乗るなら「中央口」「烏丸口」が近い。すべて見て回ろうと思うとかなりの時間を要するので、事前にプランニングしておこう。

KYOTO STATIO

[A]

最旬から定番まで大集合

京都タワーサンド キョウトタワーサンド

京都タワー下にある商業施設。定番の和洋菓子や漬物など、京都らしい逸品が揃うみやげ店のほか、京都の人気店が入るフードホールも。

Map P.181-B3

🏠京都市下京区烏丸通七条下ル東塩小路町721-1 ☎075-746-5830 🕘2F10:00〜19:00（1F〜21:00）、B1F 11:00〜23:00 [休]無休 [交]JR京都駅中央口から徒歩4分

[B]

新幹線改札エリアの複合商業施設

アスティ京都 アスティキョウト

老舗の京銘菓や京みやげ、雑貨などが手に入るだけでなく、京都を代表するグルメの店も勢揃い。新幹線に乗る直前まで楽しめる。

Map P.181-C3

🏠京都市下京区東塩小路高倉町8-3 ☎075-662-0741（ジェイアール東海関西開発） 🕘店舗により異なる [休]無休 [交]JR京都駅直結

[C]

約225店舗が集まる巨大商業施設

京都ポルタ キョウトポルタ

京都駅の地下から駅ビル11階まで点在。ファッションからグルメ、おみやげまでバラエティ豊かな店舗が揃う。

Map P.181-B3

🏠京都市下京区烏丸通塩小路下ル東塩小路町902 ☎075-365-7528 🕘レストラン・カフェ11:00〜22:00（ほか〜20:30、一部店舗・フロアにより異なる） [休]不定休 [交]JR京都駅直結

[D]

京都を代表する実力店がずらり

みやこみち

京都みやげを代表する名店が並ぶ八条口側の施設。スイーツや漬物などあらゆるおみやげが購入できる。京グルメが味わえる飲食店も多数。

Map P.180-C2

🏠京都市下京区東塩小路釜殿町31-1 ☎075-691-8384 🕘ショップ・サービス、軽食・喫茶9:00〜20:00、レストラン11:00〜22:00 [休]無休 [交]各線京都駅直結

ガラスと金属で覆われた大胆でユニークなデザインの京都駅は見どころがいっぱい

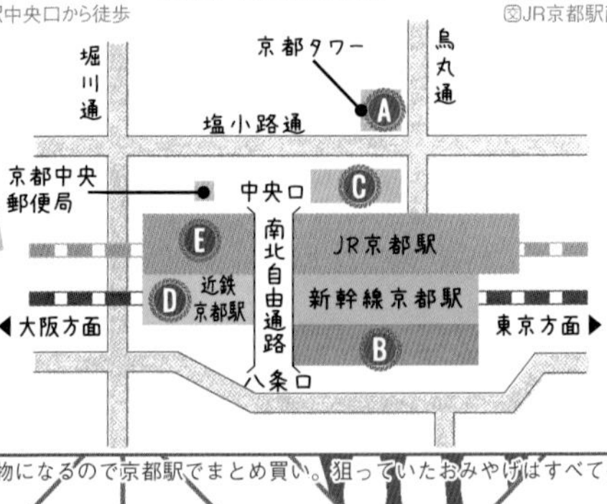

[E]

品揃えは随一の百貨店

ジェイアール京都伊勢丹 ジェイアールキョウトイセタン

京都駅ビルの地下2階から11階までを占める。定番みやげはもちろん、老舗料亭の弁当なども充実。多彩なジャンルのレストランも入る。

Map P.180-B2

🏠京都市下京区烏丸通塩小路下ル東塩小路町 ☎075-352-1111 🕘10:00〜20:00、レストラン7〜10F 11:00〜23:00（11F〜22:00） [休]不定休 [交]各線京都駅直結

 ✉ 旅行中は荷物になるので京都駅でまとめ買い。狙っていたおみやげはすべてゲットできました！（神奈川県・つらら）

京都の名料亭・紫野和久傳が手がける丼と麺の店。季節の食材を使った料亭仕込みの料理を気軽に味わえる。オリジナルの手みやげも人気。

●●● 食べられる場所
Ｅ JR西口改札前
イートパラダイス（別館）
🕙11:00～22:00

はしたての
**はしたて
セット**

熱々の鉄板で供されるアルミホイル包みハンバーグステーキ。1520円

鯛の胡麻味噌丼にれんこん菓子西湖が付く。2112円

グリル
キャピタル
東洋亭の
**百年洋食
ハンバーグ
ステーキ**

創業1897年、京都で初めて誕生した洋食店。長時間煮込んだオリジナルビーフシチューソースをかけたハンバーグが名物。

●●● 食べられる場所
Ｃ B1F西エリア
🕙11:00～22:00

**駆け込みで
食べたい
京グルメ**

帰る直前まで京都らしいグルメを楽しみたい！京都駅でしか食べられない限定メニューを制覇しよう。

ルビー色に輝く名物の八条ビール。中ジョッキ650円

京ダイニング
八条の
**八条ビールと
八条フライド
ポテト**

洋食に和の食材を取り入れた創作料理を中心にラインアップ。芳醇な香りが特徴の八条ビールは限定メニュー。お酒も充実している。

●●● 食べられる場所
Ｂ アスティロード
🕙10:00～21:00

八条フライドポテトは2種類のフレーバーから選べる。レギュラーサイズ620円

京都で人気の洋菓子店。銘菓の「生茶の菓」をそのままアイスにしたお濃茶アイスバーはこの店舗限定。イートインスペースもあり。

京都北山
マール
ブランシュの
**生茶の菓
アイスバー**

エスプーマのお濃茶ソースをたっぷりつけて召し上がれ。250円

ソフトクリームは抹茶、豆乳、ミックスから選べる。670円

今や京みやげの定番といえる抹茶と豆乳のバームクーヘン「京ばあむ」にソフトクリームをのせた京ばあむソフトは必ず食べたい逸品。

●●● 食べられる場所
Ａ 1F 🕙10:00～21:00

おたべ・
京ばあむの
**京ばあむ
ソフト**

●●● 食べられる場所
Ａ 1F 🕙10:00～21:00

🍴大人気!!
「老舗・名店弁当コーナー」も
check!

ジェイアール京都伊勢丹地下2階にあり、料亭の「紫野和久傳」や「はり清」、和牛専門店「はつだ」など人気店のお弁当が並ぶ。旅の締めに購入して新幹線で食べてみては？

京都駅を歩き回る際は、コインロッカーへ荷物を預けるのが無難。スマホでも空きロッカーは検索できる。

マスト&ベスト BUY 京みやげ

友達に、職場に、家族に。これさえ買えば間違いない！見つけたら買っておきたい京みやげをピックアップ。

バラマキ系みやげ

辻利の 京らんぐ

160年以上の歴史をもつ辻利。濃厚な抹茶を使用したサクッと軽いラングドシャで口どけのよい抹茶チョコをサンドしたクッキーサンド。10枚1501円

●●● 購入場所
Ⓐ 1F ⏰10:00〜21:00

新しいスタイルのぼうろ菓子専門店。京都タワーサンド限定のこつぶは、ひと口サイズのそばぼうろ。京都タワーの絵柄のパッケージもかわいい。250円

●●● 購入場所
Ⓐ 1F ⏰10:00〜21:00

Tsurokuの こつぶ

二條若狭屋の 不老泉

1917年の創業以来受け継がれる代表銘菓。マッチ箱のような小箱に入った葛湯は「抹茶」「しるこ」「葛湯」と、絵柄によって味が異なる。各314円

●●● 購入場所
Ⓔ B1F ⏰10:00〜20:00
Ⓑ 新幹線改札内 ⏰7:00〜21:00
※Ⓒは3個入りでの販売

KYOTO SOUZENの 串わらび

SNSでも話題の日持ちがするかわいいわらび餅。きな粉、和束抹茶、和束ほうじ茶、京都水尾柚子、黒ごま、さくらのフレーバーを楽しめる。1本297円

●●● 購入場所
Ⓒ おみやげ小路／きょうこのみ ⏰8:30〜20:00／11:00〜20:30
Ⓓ ⏰9:00〜20:00

京都駅店限定！

グランマーブルの 黒糖みるくきなこ

食事系みやげ

京都生まれのデニッシュ専門店。マーブル模様が美しい、さまざまなフレーバーのデニッシュは贈り物にもぴったり。1本1188円〜

●●● 購入場所
Ⓒ おみやげ小路 京小町／京名菓・名菜処 京 ⏰8:30〜20:00／8:30〜21:00

ミルク生地と黒糖生地に香ばしいきなこチョコを練り込んでいる。1728円

京つけもののもりの 京都おりーぶ

京漬物の名店の人気商品。漬物の技術を使って、オリーブを和風に味つけ。和と洋の絶妙なマリアージュを堪能したい。各648円

●●● 購入場所
Ⓒ おみやげ小路 京小町／京名菓・名菜処 京 ⏰8:30〜20:00／8:30〜21:00
Ⓑ 古都みやび店 ⏰7:00〜21:15

1番人気のだしおりーぶ。ほかに白味噌や梅、柚子などがある

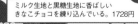

旬の素材を練り込んだ「グランマーブル」の季節限定デニッシュはついつい買ってしまいます。（埼玉県・ひよこ）

ベルアメール京都別邸の スティックショコラ

長年培ってきたあんこ作りの技術を生かした、和洋折衷スイーツが人気。「あんぽーね」はあんことマスカルポーネチーズクリームをサンドして食べる手作り最中。5個入1836円

映え系みやげ

京都祇園あのんの あんぽーね

購入場所
E B1F 10:00〜20:00

日本の風土や季節を取り込んだ、京都発のショコラブランドのスティックショコラ。味わいの異なる15種類をラインアップ。1本594円

購入場所
E B1F 10:00〜20:00

SUGiTORAの バターサンド缶

京都タワーサンド限定!

購入場所
A 1F 10:00〜21:00

人気パティスリーによる焼き菓子。連日完売のバターサンド缶には2〜3種類のバターサンドが入る。フレーバーは季節によってさまざま。4050円

N700系とドクターイエロー2860円、舞妓さんの四季2640円

雑貨系みやげ

はんなりかわいい京雑貨を展開するカランコロンのがま口。国内で織り上げたオリジナルジャガードと口金の千鳥がポイント。大小3型展開する

カランコロン京都の がま口

購入場所
B アスティロード 9:00〜21:00

ちどりジャガード化粧ポーチ2750円(左)、ちどりジャガード角がま口1760円(中)、ちどりジャガードマチ付角がま口2420円(右)

永楽屋 細辻伊兵衛商店の 手ぬぐい

江戸初期に創業した老舗手ぬぐい専門店。伝統的な柄から、モダンな柄まで幅広く取り揃える。京都駅店限定柄も要チェック!

購入場所
B アスティロード 10:00〜21:00

叡山電車コラボもみじTシャツ5390円〜

kitekiteの Tシャツ&バッグ

京都の職人の手によって丹精込めて作られる和雑貨はすべてオリジナルデザイン。伝統色にこだわったモダンな雑貨は贈り物にもぴったり。

購入場所
D 9:00〜20:00

バッグプリペラおもち柄1万3200円

京都駅でしか購入できないおみやげは競争率が高いので、午前中に到着する場合は先に買っておくのもひとつの手。

細い道こそ魅力がいっぱい

京情緒豊かな路地・辻子をおさんぽ

京都の町並みには、生活のために誕生した路地や辻子と呼ばれる細い道が残る。近年は若手作家などが店を構え注目を集めるようになった。

路地・辻子って?

細く入り組んだ道

平安京で都市計画・条坊制が採用され、碁盤の目状に張りめぐらされた「大路」「小路」の町並みが誕生。この通りに囲まれた中央部分に入るために作られた細い道が路地、辻子。

マナーを守って散策を

基本的に家主や住人がいる私的な生活の場。関係者以外立ち入り禁止や通り抜けNGの場所もあるので、一般常識をもって散策しよう。

路地

読み方は「ろーじ」。大路、小路から続く細い道のこと。先が行き止まりで通り抜けできず、コの字型に家屋が並ぶ。

辻子

読み方は「ずし」。先が行き止まりではなく、通りと通りをつなぐ道。道の形は直線、L字形など、場所によって異なる。

通り
路地
辻子

そぞろ歩きが楽しい おすすめの路地・辻子

京都が舞台の作品のロケ地にも
三上家路地
ミカミケロジ

西陣織で栄えた紋屋・三上家の路地。かつては西陣織の職人も生活していたが、現在は昔ながらの建物を活用したショップがある。

Map P.166-A2　二条城・西陣

🏠京都市上京区紋屋町323
🚌市バス堀川上立売または今出川大宮から徒歩5分

西陣
エリア

西陣エリアは路地・辻子パラダイス

西陣という行政区域はないが、応仁の乱で西軍が陣を敷いたことから名がついた町。平安京の内裏にあったエリアのため、路地、辻子が多く誕生したといわれ、現在も職人長屋のある路地が残る。

表札が掲げられた石柱の奥に長屋が連なる

清水・五条
エリア

築110年以上の町家が連なる
あじき路地
アジキロジ

若手職人の活動や生活の拠点にと、空き状態の続いていた町家を再生。路地内には14軒の住居兼工房があり、個性豊かな作家が創作活動をしている。

Map P.168-C1　清水・五条

🏠京都市東山区大黒町通松原下ル2丁目山城町284　🕐店舗により異なる　⚫🕐各店舗の営業日・時間は公式サイトで要確認
🚃京阪本線清水五条駅6番出口から徒歩5分

1. 大家の安食(あじき)弘子さんが若手をバックアップ　2. 通りにはあじき路地式目が立つ　3. 各店舗の情報は事前にチェックしてから訪れよう

ひと休み♪

コーヒーの焙煎店「fuku coffee roastery」では、世界各国から厳選した豆を仕入れ提供している。あじき路地グッズも販売。

豆は約15種類
各1200円～

顔ぶれ多彩なショップが集まる
膏薬辻子
コウヤクノズシ

四条通から綾小路通までをつなぐ細い道。かつて空也上人が平将門の霊を弔った道場があり、「空也供養の道場」がなまったともいわれる。

Map P.170-C2　河原町・烏丸

🏠京都市下京区新釜座町　🚇地下鉄四条駅4番出口から徒歩3分

烏丸
エリア

雑貨店や洋菓子店などおしゃれショップが並ぶ

104

人気エリアで
町歩き！

新たな魅力を発見！
心ときめく出合いを求めて
京さんぽへ出かけよう

「THE京都」という風情が楽しめる祇園、話題のスポットが集まる
注目エリア・岡崎、世界遺産と抹茶の都市・宇治など、京都にある
個性豊かなエリアから町歩きが楽しい12エリアをピックアップ！
じっくり歩けば今まで知らなかった京都が見つけられるかも！？

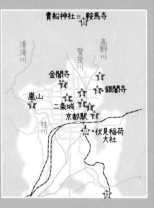

貴船神社 鞍馬寺
清滝川
高野川
賀茂川
金閣寺
銀閣寺
嵐山
二条城
京都駅
伏見稲荷
大社
桂川

祇園
Gion

ACCESS
京都駅前 ▷▷▷ 祇園
市バスで
約27分

歩き方のコツ

定番の撮影スポット・巽橋をさんぽしながら建仁寺へ。周辺には縁切りで知られる安井金比羅宮や空也上人像で有名な六波羅蜜寺が立つ。夕暮れには再び祇園を訪れ、日中とは違う花街らしい表情を堪能しよう。

芸事上達に御利益のある辰巳大明神。芸舞妓が手を合わせる姿も見られる

絵になるフォトスポットがいっぱい♡
フォトジェニックな祇園へ

八坂さんを中心に、着物スタイルが絵になる祇園は、京情緒たっぷり。好みの着物をレンタルして撮影さんぽを楽しもう。

京都ならではの風情に出合う

祇園白川
ギオンシラカワ

犬矢来に紅殻格子の家々が立ち並ぶ景観が、京情緒あふれる表情を見せてくれる。夏の夜には白川に架かる巽橋のあたりにホタルが飛ぶことも。

Map P.168-A2

着物レンタルはこちらで

京都きものレンタル 京越 河原町店 → P.30

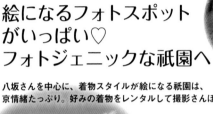

石畳の道の両側に、老舗の料亭やお茶屋などが軒を連ねる花見小路（→P.55）

photo spot

重要伝統的建造物群保存地区の祇園新橋。祇園独特の町家茶屋様式の建物が並ぶ

photo spot

新橋通と白川南通が交差する場所に架かる巽橋。テレビや映画でもおなじみのスポット

着物を着て記念の1枚を！

「茶寮都路里 祇園本店」の抹茶スイーツはどれもおいしい。おすすめはやはりパフェ！（東京都・MOJO）

建仁寺
ケンニンジ
見応え十分！3つの名庭園

臨済宗の開祖・栄西を開山として建てられた京都最古の禅寺。俵屋宗達筆の『風神雷神図屏風』（展示は複製）を所蔵することで名高い。中国の百丈山の眺めを模した枯山水庭園・大雄苑など3つの庭が見どころ。

染織画家の鳥羽美花氏による襖絵『舟出』
※現在非公開

Map P.168-B2
🏠 京都市東山区大和大路通四条下ル小松町
☎ 075-561-6363
🕐 10:00～17:00
📅 4/19・20、6/4・5、法要日
💴 800円　🚃 京阪本線祇園四条駅1番出口から徒歩7分

小泉淳作氏の筆による法堂の天井画『双龍図』は迫力満点

中央に三尊石組み、東に座禅石を配した四角四面の禅庭・潮音庭

八坂神社
ヤサカジンジャ
美のパワースポット！

全国2000以上ある素戔嗚尊を祀る八坂神社の総本社。7月の1ヵ月間行われる祇園祭は、八坂神社の祭礼行事としてさまざまな神事が斎行される。

Map P.169-A3
🏠 京都市東山区祇園町北側625
☎ 075-561-6155　⏰ 参拝自由
🚃 京阪本線祇園四条駅7・8番出口から徒歩5分

紅葉の時期もステキです

1. 東山を象徴する朱色の西楼門は重要文化財　2. 灯籠が並ぶ北参道は秋の紅葉がすばらしい　3. 国宝指定の本殿。本殿下の池に青龍がすみ、京を守っているという伝説がある

祇園甲部歌舞練場
ギオンコウブカブレンジョウ
日本最大の花街で京舞を観賞

毎年4月に、1872年から始まった芸舞妓による舞踊公演「都をどり」、10月には芸舞妓の技量試験を前身とする舞踊公演「温習会」が行われている。

Map P.168-B2
🏠 京都府京都市東山区祇園町南側570-2
☎ 075-541-3391　⏰ 公演により異なる　📅 公演により不定休　💴 公演により異なる　🚃 京阪本線祇園四条駅1番出口から徒歩8分

2023年に耐震改修工事を終えた本館劇場の客席

1. 気軽に芸舞妓の舞を鑑賞できる都をどり　2. 荘厳な唐破風の車寄せをもつ玄関棟

南座
ミナミザ
エンターテインメントの発信基地

京の師走の風物詩「まねき看板」

2023年吉例顔見世興行より

歌舞伎発祥の地に誕生した日本最古の歴史をもつ劇場。年の瀬を迎えると劇場正面に「まねき看板」が飾られ、南座がいっそう華やかになる。喫茶や限定グッズが買える売店（公演時のみ営業）もある。

©松竹

Map P.168-A2
🏠 京都市東山区四条大橋東詰
☎ 075-561-1155（代表）
📅 💴 公演により異なる　🚃 京阪本線祇園四条駅6番出口からすぐ

「祇園甲部歌舞練場」は定員834名の本館劇場と同165名の小劇場、お茶席に使用される八坂倶楽部など複数の建物がある。

祇園

107

はんなり小物で女子力UP
グルメ&ショッピングタイム

ずっと使い続けたい逸品やオーナーのセンスが光る雑貨、
和菓子など、祇園にはほしいモノがあふれている。
京懐石でしっぽりタイムも楽しんで♪

祇園

京金網の起源は平安時代まで遡るといわれている A

焼き網のほかコーヒードリッパーやランプシェードなど現代のライフスタイルにも合う製品も用意 A

キッチン以外でも使える「HACHIKAKU」1万1000円 A

とても澄んだお茶を入れることができる茶こし（大）ステンレス、銅各9350円 A

色とりどりの6種の京飴をまとめた「祇園小石」432円はおみやげに C

夏は鮎、秋は松茸など旬のご馳走を楽しめる B

宇治抹茶やシソの葉など京都の名産品を使った飴が人気 C

A
手仕事にこだわる料理道具
高台寺一念坂金網つじ
コウダイジイチネンザカカナアミツジ

職人が一つひとつ手作りする金網製品は、上品さと使い勝手を兼ね備えるものばかり。お気に入りの一品を探してみて。

Map P.169-B3

⌂京都市東山区高台寺南門通下河原東入桝屋町362 ☎075-551-5500 ◉10:00〜18:00 ㊡水・木 ⊜市バス清水道または東山安井から徒歩5分

B
京都屈指の老舗料理店
京料理 はり清
キュウリョウリ ハリセ

季節の花や軸などが美しくしつらえられた座敷から四季を彩る庭を眺めながら、京料理を堪能。

Map P.168-C1

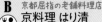

⌂京都市東山区大黒町通五条下ル袋町294 ☎075-561-1017 ◉11:30〜14:30（L.O.14:00）、16:30〜21:30（L.O.20:00）、土・日・祝は通し営業 ㊡不定休 ⊜京阪本線清水五条駅2番出口から徒歩3分

C
舞妓さんも御用達
家傳京飴 祇園小石
カデンキョウアメ ギオンコイシ

八坂神社の西楼門手前に店を構える京飴の専門店。色鮮やかで京都らしいネーミングが付けられた飴は、おみやげにもぴったり。

Map P.168-A2

⌂京都市東山区祇園町北側286-2 ☎075-531-0331 ◉10:30〜17:00 ㊡不定休 ⊜京阪本線祇園四条駅7番出口から徒歩2分

「高台寺一念坂金網つじ」2階では「とうふすくい製作体験」（要予約）を開催。自身で編んだ豆腐すくいを作る事ができます。（京都府・ミ

つるし飾りとして楽しめる紙風船440円～ D

日本の四季や風習をモチーフにしたはがき各825円 D

ぽち袋各330円 D

祇園

かづら清 特製純粋つばき油 100mℓ2145円 F

紙のもつ独特の風合いや色彩が織りなす商品が並ぶ D

魚介節と利尻昆布を使った京風のだしとスパイスが効いた、肉カレーにチーズ入りの「チーズ肉カレーうどん」1220円が名物 E

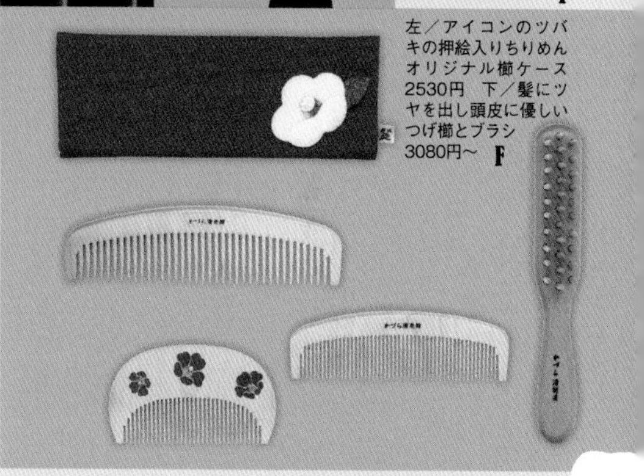

左／アイコンのツバキの押絵入りちりめんオリジナル櫛ケース2530円　下／髪にツヤを出し頭皮に優しいつげ櫛とブラシ3080円～ F

D 貼り絵の手法で表現する文具
京都烏丸六七堂 京都・八坂通店
キョウトカラスマロクシチドウ キョウトヤサカドオリテン

1912年創業の上村紙が新しい和文具ブランドを展開。和紙に現代的なエッセンスを加えた華やかな商品が揃う。

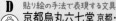

Map P.169-B3

住 京都市東山区星野町93-28
☎075-708-5926 営10:00～18:00
休不定休 交市バス清水道から徒歩2分

E 祇園を代表するうどん店
🍴 おかる

ミシュランのビブグルマンにも選ばれる人気店。店内には花街の老舗を象徴する芸舞妓のうちわが飾られている。

Map P.168-A2

住 京都市東山区八坂新地富永街132 ☎075-541-1001 営11:00～15:00、17:00～翌2:00（金・土～翌2:30）、日11:00～15:00 休日曜不定休 交京阪本線祇園四条駅7番出口から徒歩3分

F 特製つばき油で美しく
かづら清老舗
カヅラセイロウホ

1865年創業。自社搾油のつばき油を使った美容オイルのほか、髪飾りなど女性の髪まわりの小物を取り揃える。

Map P.168-A2

住 京都市東山区四条通祇園町北側285
☎075-561-0672 営10:00～18:00 休水
交京阪本線祇園四条駅7番出口から徒歩5分

100％純粋な「かづら清老舗」のつばき油はべたつかず、さらりとした感触。50年以上のロングセラー商品。

清水寺周辺

Kiyomizudera

ACCESS

五条坂または清水道 🚌市バスで約15分 京都駅前

歩き方のコツ

坂道が多いエリアなので、歩きやすい靴で訪れよう。撮影スポットもたくさん点在しているが、午後からはかなり混み合うので、できるだけ早い時間がおすすめ。

京情緒あふれる坂や小路に心躍る♡幕末好きも必訪！

大定番の清水寺はもちろん、産寧坂や二年坂など散策スポットも充実しているエリア。幕末ゆかりのスポットも合わせてめぐろう。

---

1 清水寺

「清水の舞台」で記念撮影　DATA → P.112

キヨミズデラ

境内に着くと鮮やかな朱塗りの仁王門が参拝者を迎えてくれる

京都随一の人気を誇る寺院で、世界文化遺産にも登録されている。「清水の舞台から飛び降りる」のことわざでも知られる高さ約13mの舞台からの眺めは見事。

---

2 日東堂

日本の道具の魅力を伝える

ニットウドウ

シンプルで機能的な道具が並ぶ

伝統工芸から最先端技術にいたるまで、新旧問わずジャパンテクノロジーの魅力を結集した日用品や生活道具を扱う。休憩にぴったりなコーヒースタンドも併設。

日東堂オリジナルTシャツ　3980円

1. 半世紀にわたってTシャツを作り続けている久米繊維製　2. 部屋にとけこむたたずまいと高い技術・品質を兼ね備えた粘着クリーナーがある

COLOCOLO5656 どっちも用本体S 3500円

Map P.169-C3

🏠京都市東山区八坂上町385-4
📞075-525-8115
🕙10:00～18:00（コーヒースタンドL.O.17:30）🈺不定休 🚌市バス清水道から徒歩5分

祇園へ↑

東山安井

維新の道

二年坂

産寧坂

清水道

清水坂

143

五条坂

五条通

清水新道

⑦ ⑤ ⑥ ④ ③ ② ①

八坂の塔や清水寺周辺は観光客で激混み！ 同行者とはぐれないように注意。（神奈川県・なつな）

3 八坂庚申堂
カラフルな「くくり猿」が大人気
ヤサカコウシンドウ

SNSでも人気を集める庚申信仰の霊場。欲望をすて、布で作られた「くくり」に願いを込めると、その願いがかなうといわれている。まずは本堂へお参りをしよう。

Map P.169-B3

🏠 京都市東山区金園町390
☎075-541-2565 ⏰9:00〜17:00 休無休 料無料
🚌市バス清水道から徒歩5分

1. 手先が器用になるというお守り、指猿300円
2. 欲望のままに行動する猿が手足をくくられた姿を表した「くくり猿」

人気の撮影スポット

観月台や臥龍廊などの回廊が設けられた、小堀遠州作の庭園

5 高台寺
庭園が美しい「ねねの寺」
コウダイジ

利生堂では南北朝時代の大涅槃壁画が拝観できる

豊臣秀吉の菩提を弔うために、正室・ねねが建立した。桜、新緑、紅葉、雪景色と四季折々の表情が楽しめる高台寺庭園や、秀吉を祀り、ねねの墓所である霊屋は必見。

Map P.169-B3

🏠 京都市東山区高台寺下河原町526
☎075-561-9966
⏰9:00〜17:30（最終受付17:00）休無休
料600円、中・高校生250円 🚌市バス東山安井から徒歩5分

今の店主は3代目。地元の常連客も足しげく通う人気店

清水寺周辺

4 洋食の店 みしな
石畳の路地にたたずむ老舗洋食店
ヨウショクノミセ ミシナ

カウンター10席のみの小さな洋食店。エビフライとカニクリームコロッケ2800円や約2週間かけて作られたデミグラスソースのビーフシチューなどが揃う。

ランチにはお茶漬けや佃煮が付く
エビフライ&カニクリームコロッケ

Map P.169-C3

🏠 京都市東山区桝屋町357
☎075-551-5561
⏰12:00〜、13:30〜
休水、第1・2木曜（祝日の場合は翌平日）🚌市バス清水道から徒歩8分

坂本龍馬などの墓がある京都霊山護國神社の向かい側にある

Map P.169-B3

🏠 京都市東山区清閑寺霊山町1 ☎075-531-3773
⏰10:00〜17:30（最終受付17:00）休月（祝日の場合は翌平日）料900円、高校・大学生500円、小・中学生300円 🚌市バス東山安井から徒歩7分

実物展示に加え、映像や再現模型などによる展示も

6 幕末維新ミュージアム 霊山歴史館
歴史ファン必見スポット
バクマツイシンミュージアム リョウゼンレキシカン

幕末・明治維新期を専門とする博物館。坂本龍馬、中岡慎太郎、西郷隆盛といった倒幕派志士の遺品に加え、新選組、徳川慶喜など幕府側の史料も展示する。

無碍山房濃い抹茶パフェ1760円

7 無碍山房 Salon de Muge
老舗料亭の味を気軽に満喫
ムゲサンボウ サロン ド ムゲ

東山に本店を構える老舗料亭・菊乃井が手がけた、カジュアルながら洗練された雰囲気の店。美しい庭園を眺めながら和食やスイーツを味わえる。

目の前に苔の庭が広がるカウンターは特等席

Map P.169-B3

🏠 京都市東山区下河原通高台寺北門前鷲尾町524 ☎075-561-0015 ⏰11:30〜18:00（L.O.17:00）休火 🚌京阪本線祇園四条駅6番出口から徒歩15分

「菊乃井本店」は1912年に創業した京懐石を提供する料亭。味はもちろん、サービスや雰囲気すべてに心を尽くしている。

清水寺

京都に来たなら清水さんへ 運気最強の秘密に迫る！

清水寺といえば舞台からの絶景が有名だが、実はほかにも見どころが。境内に点在する御利益スポットをめぐって運気をアップさせよう。

見逃せないスポットを押さえて境内を散策しよう

1 首振地蔵
クビフリジゾウ

清水寺の正門・仁王門の左側にある善光寺堂に鎮座するお地蔵様。好きな人がいる方向へ首を回して祈願すると思いが伝わるという。

> 優しく回そう

首が360度クルリと回る！金運や商売繁盛の御利益も

3 随求堂
ズイグドウ

大随求菩薩を本尊（秘仏）とするお堂で、縁結び、安産、子育ての神仏も祀る。お堂を大随求菩薩の胎内に見立てた「胎内めぐり」が人気。

> 1735年に建立

胎内のような真っ暗闇の空間を歩き、外に出てくると生まれ変われるとされる

石仏が山肌にずらりと並ぶ圧巻の光景が広がる

> 大きさも表情もいろいろ

4 千体石仏群
センタイセキブツグン

かつて京都の各町内に祀られていた大日如来や阿弥陀如来、観音菩薩が明治の廃仏毀釈の際に市民によって清水寺へと運び込まれたという。

本堂の西側に祀られている出世大黒天像

2 三重塔
サンジュウノトウ

高さ約30mと、国内最大級の高さを誇る清水寺のシンボル。創建は847年だが、現在の建物は江戸時代に再建されたもの。

天井や柱に極彩色で描かれた密教仏画や龍に注目したい

> 清水寺のシンボル的存在

5 本堂
ホンドウ

錦雲渓に向かって立つ本堂には懸造の舞台のほかにも「出世大黒天」や「弁慶の錫杖と高下駄」などの御利益スポットが。

> 「清水の夢」こちら

世界文化遺産の大人気寺院

清水寺
キヨミズデラ

所要時間 2時間

1200年以上前に僧・賢心が夢でお告げを受け、草庵を結んだことに始まり、その後十一面千手観世音菩薩を御本尊として清水寺を建立した。境内には舞台のある本堂をはじめ30の堂宇がある。

Map P.169-C4
🏠 京都市東山区清水1-294　📞075-551-1234
🕕6:00～18:00（季節により変動あり）
🈺無休　💴500円、小・中学生200円
🚌市バス五条坂から徒歩10分

攻略法を事前にチェック！

1 ベストタイムをねらう
人が少ない朝一が狙い目。お昼前後になると観光客で混雑するため、清水寺を最優先にプランニングを

2 特別拝観も見逃せない
春、夏、秋の年3回行われる特別拝観ではライトアップが行われ、寺院全体が幻想的な雰囲気に包まれる

3 期間限定のイベント
お盆に行われる千日詣りや秋に行われる青龍会など、期間限定のイベントも。詳しくは公式サイトでチェックして

✉ 桜の時期に訪れました。ライトアップされた桜と堂宇のコラボは見事でした！（京都府・ゆはさん）

心身を清めよう

蓮華水盤から柄杓で水を汲み
濡れ手観音の肩
にかけてみよう

6 濡れ手観音
ヌレテカンノン

奥の院の裏側に祀られたかわい
らしい石仏で、本人の代わりに水
垢離（みずごり）の行を行ってく
れる。所願成就の御利益あり。

7 音羽の滝
オトワノタキ

寺名のルーツとなった滝。こんこ
んと流れ出る清水は古くから「金
色水」「延命水」と呼ばれ、清めの
水として大切にされてきた。

柄杓に清水を汲んで
所願成就を祈願！

落ちる水を飲んで祈願すると、学業、恋愛、
延命長寿のうちひとつがかなうそう

清水寺境内図

⑥ 奥の院
⑦
⑤
④
③
②
仁王門
①

清水寺

霊験あらたかな授与品をcheck

御朱印300円。こ
のほかにも10種類
以上の御朱印をい
ただける

音羽霊水500円。
ミネラルを豊富に
含む音羽の滝の水
は購入も可

縁結守500円。
表には本堂、
裏には一寸法
師の刺繍が施
されている

表

釘を使わずすべて木造の
舞台。本堂全体を支える
柱は168本もあるそう

奥の院からは本堂・舞台や
京都市街地を一望できる

ことわざにもなっている「清水の舞台」の高さは約13m。これはビル4階ほどの高さに相当する。

河原町～烏丸
Kawaramachi~Karasuma

ACCESS
京都駅 ▷▷▷ 四条駅
同地下鉄烏丸線約3分

万華鏡作家によるアート作品を多数展示する

6つの通りで楽しむ京都の中心地

碁盤の目を見るような南北東西に走る通りには、昔ながらの町家造りの店やスポットが混在。変化に富んだ町の表情を眺めながらの散策がおもしろい。

新京極通のど真ん中に鎮座する錦天満宮

歩き方のコツ

御池通、河原町通、四条通、堀川通に囲まれたエリアを俗称で「田の字地区」と呼ぶ。商業施設やショップ、飲食店が集中し、地下鉄やバスも頻繁に発着する。まずは通りを意識して歩いてみよう。

町歩きMAPをチェック！ → P.117

姉小路通
アネコウジドオリ

平安京の姉小路にあたり、道路幅の広い御池通の1本裏手の静かな道。趣ある町家や老舗が多い

同じ模様は2度と見られない幻想的な投影式万華鏡

華やかな万華鏡の世界へ

京都万華鏡ミュージアム
キョウトマンゲキョウミュージアム

国内外の万華鏡約400点を所蔵する。テーマに合わせて50点ほどを展示しており、実際に手に取り、模様の変化を楽しむことができる。手作り体験教室も実施。

Map P.171-A3

手作りキットを購入すればスタッフがていねいに作り方をレクチャーしてくれる

🏠京都市中京区曇華院前町706-3 ☎075-254-7902 🕐10:00～18:00（最終入館17:30）休月（祝日の場合は翌平日）料500円、65歳以上・高校生300円、小・中学生200円、幼児無料 🚇地下鉄烏丸御池駅3-1・3-2出口から徒歩3分

寺町通
テラマチドオリ

豊臣秀吉の京都改造により栄えた通り。有名寺院が点在し、文化を発信する老舗が軒を連ねる

トッピングに合わせて生地の食感が異なるロシアケーキ1個227円。レーズン、チョコレートなど5種類

新商品の創作にもチャレンジしてます

1. 昭和初期に建てられたモダンな建物　2. 店奥のカフェスペースは当面の間休業　3. 11種類のクッキーが入ったクッキー缶は予約後約1年待ち。小缶600g6480円、大缶780g8424円

焼き菓子はすべて手作り

京都村上開新堂
キョウトムラカミカイシンドウ

1907年創業、京都の洋菓子店の先駆けとして開業した。クッキーやロシアケーキなど、小麦の風味が生きた伝統の味はおみやげにもおすすめ。

Map P.171-A4

🏠京都市中京区寺町通二条上ル東側 ☎075-231-1058 🕐10:00～18:00 休日・祝、第3月曜 🚇地下鉄京都市役所前駅11番出口から徒歩4分

寺町通商店街の「エクラン」は世界中のボタンを扱う専門店。多種多様な商品が店内を埋め尽くしています！（京都府・もえ）

日本のマンガ文化を発信

三 京都国際マンガミュージアム
キョウトコクサイマンガミュージアム

> マンガ家の作品を仕上げる様子を見学

烏丸通 カラスマドオリ

平安時代からのメインストリートで百貨店や飲食店が集中。四条烏丸周辺はビジネス街としても栄えている

マンガをはじめ、江戸時代の戯画浮世絵など、約30万点を所蔵。マンガ文化について学べる常設展や企画展を開催するほか、マンガ家の制作実演も見学できる。

Map P.171-A3
🏠京都市中京区烏丸御池上ル ☎075-254-7414
⏰10:30～最終入館17:00 🈺水（祝日の場合は翌平日）
💰900円 🚇地下鉄烏丸御池駅2番出口から徒歩2分

1. メインギャラリーの常設展示「マンガって何？」 2. 芝生広場では好きなマンガを片手に休憩もOK 3.「前田珈琲マンガミュージアム店」店内にはここでしか見られないマンガ家の直筆サインも！ 4. 紙芝居のパフォーマンスを楽しめる「えむえむ紙芝居」 画像提供：京都国際マンガミュージアム

だしが染みるおばんざい

四 旬菜いまり
シュンサイイマリ

白木のカウンターに常時10～15種類のおばんざいがずらりと並ぶ。お造りや京野菜をメインにしたおばんざいを地酒とともに味わいたい。

河原町～烏丸

Map P.170-B2
🏠京都市中京区西六角町108 ☎075-231-1354
⏰7:30～11:00（朝食完全予約制、予約受付終了9:30）、17:30～23:00（L.O.22:00）🈺火、不定休 🚇地下鉄烏丸御池駅6番出口から徒歩10分

1. お造り盛り合わせ1人前980円。旬の魚を刺身で提供 2. ご飯もすすむ、おばんざい茄子のオランダ煮550円

六角通 ロッカクドオリ

通りの名前は聖徳太子創建の寺・六角堂頂法寺で、華道発祥の地としても有名。現在も歴史的な意匠建造物が残る

> 毎月8日の大般若会には病気平癒を祈願する人たちが多数訪れる

がん封じの庶民信仰を集めた霊験あらたかな寺

伝統とモダンが融合

五 竹笹堂
タケザサドウ

膏薬辻子 コウヤクノズシ

四条通と綾小路通をつなぐ細い路地。石畳の辻子を進むと、大通りの喧騒を逃れた隠れ家的な店が点在する

伝統的な木版印刷の技法とモダンなデザインを掛け合わせた、木版画作品や紙文具を販売。職人が丹念に摺り上げた品々は手にもなじみやすいと評判。

Map P.170-C2
🏠京都市下京区綾小路通西洞院東入ル新釜座町737 ☎075-353-8585 ⏰11:00～18:00 🈺水
🚇地下鉄四条駅4番出口から徒歩8分

©たやまりこ

1. ミニカードケーキ495円はバースデイメッセージにおすすめ 2. 洋風レターセットねこ1595円 3. クラシカルなブックカバーつばめ1595円、菊唐草1045円 4. しおり ひょうたん825円

タコをなでて健康に！

六 蛸薬師堂（永福寺）
タコヤクシドウ（エイフクジ）

蛸薬師通 タコヤクシドオリ

通りの名前の由来になった蛸薬師堂がメインスポット。西の堀川通へ向かう間には老舗カフェもある

僧侶が病身の母のために買ったタコが薬師経に変わり、病気が快癒したことから病気平癒の御利益があるそう。タコをモチーフにした絵馬やお守りも多い。

Map P.171-B4
🏠京都市中京区新京極通蛸薬師東側町503 ☎075-255-3305
⏰8:00～17:00（冬期～16:30）🈺無休 🚇阪急京都本線京都河原町駅から徒歩5分

三条通に立つ「1928ビル」はビル全体がアート施設。星型の窓は毎日新聞社の旧社章がモチーフ。

推しの色を選べば
気分も上がる!

河原町~烏丸

大人な香り漂う♡ 粋な先斗町&木屋町の攻略法

鴨川と高瀬川の間の細い路地の両側に
お茶屋やバーなどが並ぶ。
ほろ酔い気分で非日常感を堪能しちゃおう♡

1 喫茶ソワレ

青の空間を彩るカクテル

キッサソワレ

青い照明が店内を照らし幻想的な雰囲気を醸す1948年創業の喫茶店。洋画家・東郷青児の作品や壁面に飾られた彫刻を鑑賞しながらグラスを傾けたい。

Map P.171-B4

⌂京都市下京区西木屋町四条上ル真町95
☎075-221-0351 ◷13:00~19:00(L.O.18:00)、土・日・祝~19:30(L.O.18:30) [休]月 [交]阪急京都本線京都河原町駅1A出口から徒歩1分

1. 神戸の地サイダーを使った彩り鮮やかなクリームソーダ各700円 2. コク深い風味のコーヒー600円 3. 約60年前に登場したゼリーワイン800円。アルコール入りの大人のスイーツ

ブドウやワインの神様バッカスの彫刻が見られる店内

2 LE UN 鮒鶴 京都鴨川リゾート

鴨川沿いで京フレンチ♪

ル アン フナツル キョウトカモガワリゾート

京かぶらや近江牛など厳選した食材を使ったランチコース4200円~

鴨川のランドマークとして100年以上の歴史を誇り、2012年に国の登録有形文化財に指定。京都の素材を繊細に調理したフレンチを堪能できる。

東山を借景としたロケーションは京都の特等席!

Map P.171-C4

⌂京都市下京区木屋町通松原上ル美濃屋町180
☎075-351-8541 ◷11:30~15:30(L.O.14:00)、5~9月の川床期間17:30~22:00(L.O.21:00)、金・土・日・祝・祝前日~23:00(L.O.21:00) [休]火(5~9月の川床期間は無休) [交]阪急京都本線京都河原町駅1B出口から徒歩5分

3 やすべえ

先斗町の花街でお好み焼き

リーズナブルな鉄板焼きメニューが豊富に揃う人気店。厨房で調理されたお好み焼きを各テーブルの鉄板に運んでくれるスタイルで、最後までアツアツを味わえる。

Map P.171-B4

⌂京都市中京区先斗町三条下ル梅ノ木町142
☎075-221-2613
◷16:00~22:00(L.O.21:00) [休]火(祝日の場合は翌平日)
[交]阪急京都本線京都河原町駅1A出口から徒歩5分

豚・イカ・エビ・タコが入った「やすべえ焼き」が1番人気。九条ネギもたっぷり!

✉先斗町にある「茶香房 長竹」では、茶器やお茶の味わいなど、さまざまなお茶の楽しみ方を教えてくれます。(京都府・まな)

京のおばんざいをどうぞ!

1. お茶屋が並ぶ先斗町ならではの風情が漂う　2,3. おから550円や鰊と茄子の炊き合わせ880円は日本酒のあてにおすすめ　4. 店内には司馬遼太郎の扁額や屏風が飾られており、老舗の風格を感じる

4代目店主の太田さん

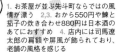

Map P.171-B4

🏠京都市中京区先斗町四条上ル下樵木町202　☎075-221-6816
🕐17:00〜22:00　休日　🚃京阪本線祇園四条駅4番出口から徒歩5分

河原町〜烏丸

4 先斗町ますだ

白木のカウンターでおばんざい

ポントチョウマスダ

司馬遼太郎も常連だった文化人に愛される店で、現在3代目と4代目が切り盛りする。盛りつけもきれいな一品料理を賀茂鶴の樽酒とともにじっくり味わいたい。

御池通
姉小路通
六角通
蛸薬師通
堀川通
四条通
綾小路通

烏丸通
烏丸御池駅

錦天満宮

青葉辻子
烏丸駅
四条駅

寺町通
京都市役所前駅

木屋町通
河原町通
先斗町通

鴨川

京都河原町駅

5 八文字屋

80年代京都カルチャーの発信基地

ヤポネシアン・カフェ・バー

ハチモンジヤ

世界各地で活動を続ける写真家、甲斐扶佐義さんが営む伝説のバー。写真集や書籍が散乱した店内は独特の雰囲気。焼酎を傾けながら甲斐さんとの会話を楽しみたい。

Map P.171-B4

🏠京都市中京区木屋町通四条上ル鍋屋町209-3 木屋町岡本ビル3F　☎非公開
🕐20:00〜翌2:00　休無休　🚃阪急京都本線京都河原町駅1A出口から徒歩2分　🌐kaifusayoshi.com

1. メニューは焼酎600円〜、日本酒800円〜など
2. さわやかな味わいのアルコールドリンク、ジュネーブ経由ガーナ風ジンジャージュース1000円

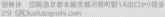

6 ATLANTIS

オリジナルカクテルも充実

アトランティス

鴨川の夕景や、星空を眺めながらゆったりとカクテルを味わえるショットバー。ウイスキーやカクテルなどのドリンクメニューは500種類以上。

Map P.171-B4

🏠京都市中京区四条先斗町上ル松本町161　☎075-241-1621
🕐18:00〜翌1:00(L.O.24:30)、川床〜23:00　休無休　🚃京阪本線祇園四条駅4番出口から徒歩5分

コアントローと抹茶のオリジナルカクテル、先斗町クーラー900円

川床シーズンは混み合うため早めに席の確保を

二条城
~西陣

Nijo-jo~Nishijin

格子戸の家々が連なる浄福寺通り

ACCESS

京都駅 ▷ 千本今出川
市バスで約12分

▷ 二条城前駅
地下鉄烏丸線・東西線で約12分

古都の歴史に誘われて
機織りの音響く石畳をてくてく♪

かしゃーん、かしゃーんと機織りの音に京都らしい風情を感じながら、
古きよき雰囲気を生かしたお店をのんびりめぐろう。

歩き方のコツ

二条城から西陣エリア観光の拠点に便利な千本今出川バス停まではバスが頻繁に通っている。そこで午前中は二条城周辺を散策し、午後は西陣の町歩きというコースを組むのがおすすめ。

写真提供：元離宮二条城事務所

華やかな桃山文化を感じて

1 元離宮二条城
モトリキュウニジョウジョウ

1603年に江戸幕府初代将軍の徳川家康が築城。15代将軍・慶喜が大政奉還の意思を表明した豪華な装飾の二の丸御殿は必見。唐破風の唐門や庭園など見どころがたくさんある。

Map P.170-A1

🏠京都市中京区二条通堀川西入二条城町541
☎075-841-0096 ⏰8:45～16:00（閉城17:00）
📅1・7・8・12月の火曜、12/26～12/28、1/1～1/3
💴1300円 🚇地下鉄二条城前駅1番出口からすぐ

1. 二の丸御殿は城郭に残る唯一の御殿群として国宝に指定 2. 神仙蓬莱の世界を表した二の丸庭園 3. 将軍の権威を示す工夫が随所にある二の丸御殿の大広間

全国の手織物が集結！

2 手織りミュージアム
織成館
テオリミュージアム
オリナスカン

江戸時代後期から昭和初期の時代衣装や着物などのコレクションをはじめ、全国の手織物を展示するミュージアム。手織り工場の見学や手織り体験（7000円、約3時間、要予約）もできる。

Map P.175-A4

🏠京都市上京区大黒町693 ☎075-431-0020
⏰10:00～16:00 💴月1000円
🚇市バス千本上立売から徒歩8分

1. 伝統工芸士による手織工場の見学も興味深い 2. 江戸時代の復原能装束を展示。鮮やかな装束を間近で鑑賞できる 3. 浄福寺通りにある織屋建ての趣のある建物

🔽 京都二条城前の「乍旨司」のウニの軍艦は締めに最高！ いくつでも食べられるおいしさでした。（東京都・RRR）

3 山中油店
食のプロも御用達
ヤマナカアブラテン

創業200年の老舗油専業店。ごま油や落花生油など料理を楽しめる食用油を中心に、手肌や髪に潤いを与える、お手入れ用油まで幅広いラインアップ。

1. 国産つばき油100%の化粧用オイルは肌への浸透性バツグン！ スキンケアオイル京椿30㎖ 4620円
2. そのままでもおいしいと評判の玉締めしぼり胡麻油180ｇ 918円 3. イタリア直輸入のエキストラバージンオイルやオリジナルのドレッシングも揃う

Map P.166-B2
🏠 京都市上京区下立売通智恵光院西入ル下丸屋町508 ☎075-841-8537 ⏰8:30〜17:00 休日・祝 🚌市バス千本丸太町から徒歩5分

店のロゴの入ったガラス窓から店内が見える

文政年間（1818〜1830年）創業の建物は国の登録有形文化財

京都で活躍するアーティスト・木村英輝さん作の絵が店内を彩る

大人気のミニパフェセット1650円。フルーツサンドにバナナなど果物3種類とアイス入りのパフェ、ミックスジュース付き

二条城〜西陣

4 フルーツパーラー ヤオイソ
フルーツLOVERも大満足

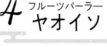

老舗果物店が営むフルーツパーラー。季節のフルーツをふんだんに使用したフルーツサンドやパフェは、甘さ控えめのクリームとの相性もバツグン。

Map P.170-C1
🏠 京都市下京区四条大宮東入ル立中町496 ☎075-841-0353 ⏰9:30〜17:00（L.O.16:45）休無休（年末年始を除く）🚃阪急京都線大宮駅2A出口から徒歩1分、または京福嵐山線四条大宮駅から徒歩2分

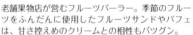

ピオーネ5400円〜、クイーンニーナなど贈答用の品も充実 ※フルーツのテイクアウトは4軒隣の本店で対応、フルーツは季節により異なる

5 京都二条 京乃雪
舞妓さんもお気に入り♪
キョウトニジョウ キョウノユキ

基礎化粧品はメイク落とし、洗顔、マッサージ、保湿の4ステップ。古い角質を取り除き、和漢植物エキスとはちみつで健やかな肌へと導くマッサージクリームが1番人気。

Map P.170-A2
🏠 京都市中京区二条通油小路東入西大黒町331-1 ☎075-256-7676 ⏰10:00〜18:00 休水・木 🚃地下鉄二条城前駅2番出口から徒歩5分

スキンケアの方法や使い方などスタッフがアドバイスしてくれる

お手軽に毛穴ケアができるマッサージクリーム120ｇ 7480円

基礎化粧品4点セットが入った巾着入り旅行セット1980円

6 神馬
京都の夜を心行くまで
シンメ

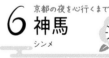

若き3代目店主が営む、予約が取れないほど人気の居酒屋。灘や京都、全国各地の地酒が揃い、ローストビーフや鯖ずしなど、京都らしいメニューとともに楽しめる。

Map P.175-B4
🏠 京都市上京区千本通中立売上ル西側玉屋町38 ☎075-461-3635 ⏰17:00〜21:30 休日 🚌市バス千本中立売からすぐ

鯖きずし1155円、にしん茄子990円は日本酒にぴったり

酒蔵を感じさせる土蔵風の建物

3代目店主の酒谷さん

おいでやす〜

京都西陣空襲など幾多の戦災に遭った「神馬」だが、2023年には開店90周年を迎えた。

岡崎
Okazaki

京文化＆美建築が入り交じる
京都ツウ注目のエリアをCheck

ACCESS
銀閣寺道
京都駅前 → → 市バスで約37分

美術館や博物館、図書館などが多く集まり、
一大カルチャーゾーンを形成している岡崎。
意匠を凝らした建物にも注目しながら歩きたい。

宮殿建築の大極殿は端から端まで30mと壮大なスケール

所要時間
1時間

春には美しい枝垂れ桜が見られる

平安時代を思わせる朱塗りの社殿

平安神宮
ヘイアンジングウ

平安遷都1100年を記念して、1895年に創建。平安宮を再現して造られた社殿の背後には約1万坪の神苑が広がり、優美な雰囲気を漂わせる。

Map P.172-B2
京都市左京区岡崎西天王町97 ☎075-761-0221 ◎6:00〜18:00（授与所7:30〜）神苑8:30〜18:00（最終入苑は閉苑の30分前。参拝・拝観時間は季節により異なる）◎無休 ◎料神苑600円、小人300円 ◎地下鉄東山駅1番出口から徒歩10分

池の中央にあるのは京都御所から移築された泰平閣（橋殿）

歩き方のコツ

岡崎を訪れるなら、アートスポットをひとつは予定に組み込みたい。午前中は開いている店が少ないので、哲学の道を散歩したり、神社仏閣をめぐったりしよう。

立ち寄りスポット

天然酵母のドイツパン専門店
Bäckerei PERKEO
ベッカライ ベルケオ

ドイツのパン職人最高資格をもつドイツ人と日本人の夫婦が営む。本場の味にこだわった手作りのドイツパンのほか、焼菓子も用意している。

Map P.172-B2
京都市左京区岡崎天王町54-1クリヨン岡崎1F ☎075-752-5577 ◎月〜金9:00（土・日7:30〜）〜18:00（L.O.17:00）◎火〜木 ◎市バス岡崎道から徒歩1分

1. パンが並ぶ店内。テラス席でドイツのコーヒーやビールが飲める 2. 日本ではあまり食べられないドイツのケーキも提供 3. ドイツでは定番の食事パン、ヴァイツェンミッシュブロート640円

職人の技を凝縮した京都名物
阿闍梨餅本舗 満月
アジャリモチホンポ・マンゲツ

京都を代表する銘菓・阿闍梨餅は、比叡山の高僧の網代笠をかたどった半生菓子。秘伝の丹波大納言小豆の粒あんをもっちり生地で包んでいる。

1種類のあんで1種の菓子しか作りません

しっとりと焼き上げた餅生地が特徴の阿闍梨餅 1個141円

Map P.177-C1
京都市左京区鞠小路通今出川上ル ☎075-791-4121、 ◎9:00〜18:00 ◎水曜不定休 ◎京阪電車出町柳駅7番出口から徒歩7分

できたてホカホカの阿闍梨餅が食べられるのは本店のみ

百貨店ではいつも大行列の阿闍梨餅ですが、本店では比較的並ばずに購入できました！（鳥取県・ぴらふ）

モダンな庭園を予約制で観賞

重森三玲庭園美術館

シゲモリミレイテイエンビジュツカン

茶席・好刻庵からは巨石で蓬莱島などを表現した枯山水庭園を望む

数々の社寺の庭園を手がけた重森三玲の旧邸宅を美術館として公開。三玲が設計したモダンな枯山水庭園や茶室、木造平屋建ての書院などを見学できる。

Map P.172-A2

京都市左京区吉田上大路町34 ☎075-761-8776
通常火〜日の11:00〜、14:00〜(事前予約制)
月 書院・庭園・茶室外観1000円 市バス京大正門前から徒歩5分

現代人の心をつかむモダンな襖が印象的な茶席・好刻庵内部

岡崎

生まれ変わった京都アートの発信地

京都市京セラ美術館

キョウトシキョウセラビジュツカン

1933年に創建された美術館が、当時の意匠を残しながら現代的なエッセンスを加えリニューアル。常設展に加え話題の企画展も実施されている。

DATA → P.143

上／2階西広間の天井にある美しいステンドグラスにも注目 右／中央ホールに設けられたらせん階段は人気の撮影スポット 1番右／帝冠様式建築の本館。1階にはショップやカフェも

🍴 レトロな洋館で過ごす優雅な午後

GOSPEL

ゴスペル

ヴォーリズ建築事務所が手がけた洋館で提供するのは、イギリス仕込みの手作りスイーツと香り高い紅茶。心地よい音楽が流れる空間で至福のひとときを。

手作りのスコーンセット1550円。ドリンクは紅茶かコーヒーから選べる

Map P.173-A3

京都市左京区浄土寺上南田町36 ☎075-751-9380
12:00〜18:00 (L.O.17:30)
火、不定休 市バス銀閣寺前から徒歩4分

イギリスのアンティーク家具で統一された雰囲気のよい店内

三角屋根の洋館はまるで海外に来たかのようなたたずまい

🍴 とろ〜り濃厚な絶品コロッケ

グリル小宝

グリルコダカラ

1961年に創業し、現在で3代目。創業時の味を受け継ぎ、マヨネーズやタルタルソースはすべて手作り。多彩な洋食メニューを味わえる。

Map P.172-B2

京都市左京区岡崎北御所町46 ☎075-771-5893
11:30〜21:30 (L.O.21:00) 火・水 地下鉄東山駅1番出口から徒歩15分

平安神宮から徒歩圏内。行列ができていることもしばしば

オムライスやハヤシライスとともに人気のカニクリームコロッケ2400円

毎月10日前後に岡崎公園で行われている「平安蚤の市」では掘り出し物が見つかることも！

岡崎

レディの品格高まる！？
「哲学の道」をてくてく

熊野若王子神社から銀閣寺までを結ぶ約2kmの遊歩道・哲学の道。通り沿いには寺社やショップが点在し、寄り道しながら散策するのにぴったり。

京都人気分で歩く♪

おさんぽが楽しい「哲学の道」

水路沿いに整備された散策道で、哲学者・西田幾多郎が毎朝この道を歩いて思索にふけっていたことからこの名前で呼ばれるようになった。桜や紅葉の名所としても名高い。

2 狛ねずみが鎮座する古社
大豊神社
オオトヨジンジャ

所要時間 20分

887年創建の神社で医薬、学問、勝運の神様が祀られる。狛犬ではなく、狛ねずみや狛鳶、狛猿など、さまざまな動物たちが鎮座している。

Map P.173-B3

🏠京都市左京区鹿ケ谷宮ノ前町1
☎075-771-1351
🕐参拝自由
🚌市バス宮ノ前町から徒歩5分

蹴上駅 → 宮ノ前町　鹿ケ谷通り　哲学の道

法然院町

① ② ③

1 熊野権現を祀るパワースポット
熊野若王子神社
クマノニャクオウジジンジャ

所要時間 20分

魂をよみがえらせる力があるという熊野権現を祀る京都三熊野のひとつ。本殿に参拝したあとは、境内の裏にある那智の滝に見立てた千手滝からパワーをもらおう。

Map P.173-B3

🏠京都市左京区若王子町2
☎075-771-7420
🕐参拝自由
🚌市バス南禅寺・永観堂道から徒歩10分

奉納 京洛東那智

同じ社殿に2柱以上の神様をお祭りする一社相殿の御本殿

1. 熊野権現のお使いである八咫烏がモチーフの八咫烏おみくじ500円　2. 御朱印帳1500円の表紙には八咫烏が金で箔押しされている　3.「京洛東那智」の文字が書かれた御朱印もいただこう

狛ねずみ目当てで参拝した「大豊神社」でしたが、ほかにもかわいらしい動物がたくさんいました。(福井県・恐竜)

1. 若返りや金運を象徴する狛巳は本殿前に鎮座。2. 大国社前の狛ねずみは、1体が長寿を表す水玉、もう1体が学問を表す巻物を持つ。3. 大豊ねずみ御守800円などねずみモチーフの授与品が揃う。4. 檜扇をかたどった社名印が華やかな御朱印には「狛ねずみの社」の文字が

南田町

---

3 蜂屋うちわ職店

モダンなオリジナル京うちわ

ハチヤウチワショクテン

伝統工芸品の京うちわの工房兼店舗。より細部へ向き合いたいとの思いから300年前から変わらない伝統的な技法で、すべての工程を手作業で行う。

Map P.173-A3

🏠 京都市左京区鹿ケ谷法然院西町40
☎ 080-6020-8859
🕙 10:00～17:00
🗓 月～木 🚌 市バス法然院町から徒歩1分

本来は分業制だった京うちわの制作を最初からすべて行う

手持ちの紙や布を持ち込んで1枚から仕立ててもらうこともできる

桂離宮に用いられている市松模様を落とし込んだ市松うちわ（紺）4400円

野菜たっぷりのワンプレートランチ

旬の食材を取り入れた、京のおばんざいらんち1650円

---

4 riverside café GREEN TERRACE

哲学の道を眺めながらひとやすみ

岡崎

リバーサイド カフェ グリーン テラス

四季折々に美しい哲学の道沿いにあるオープンカフェ。開放感たっぷりのテラス席でおばんざいを盛り合わせたランチプレートをいただきたい。

Map P.173-A3

🏠 京都市左京区鹿ケ谷法然院町72
☎ 075-751-8008
🕙 10:00～18:00（L.O.17:30）
🗓 水（SNSで要確認）🚌 市バス南田町から徒歩3分

京都・西陣「自家焙煎珈琲ガロ」による店オリジナルブレンドコーヒー

銀閣寺

---

④⑤

流水文様の砂盛「白砂壇」の間を通ると心身が清められるとか

茅葺き、数寄屋造りの趣深い山門が迎えてくれる

所要時間 30分

5 法然院

静寂に包まれた法然上人ゆかりの寺

ホウネンイン

浄土宗の開祖・法然上人の草庵が起こり。境内には谷崎潤一郎など著名人の墓があるほか、3月下旬～4月中旬にはツバキが咲き誇ることでも知られる。

Map P.173-A3

🏠 京都市左京区鹿ケ谷御所ノ段町30 ☎ 075-771-2420 🕙 6:00～16:00 🗓 無休 💴 無料、特別拝観800円 🚌 市バス南田町から徒歩5分

---

6 京都ちどりや

オーガニック和素材コスメ

キョウトチドリヤ

自然との調和に重きを置いたスキンケアアイテム専門店。フェイスパウダーに奈良の名産品・吉野葛を使うなど、口に入っても安心な天然由来にこだわる。

Map P.173-A3

🏠 京都市左京区浄土寺上南田町65-1
☎ 075-751-6650
🕙 10:00～17:00
🗓 木・土・日
🚌 市バス銀閣寺道から徒歩5分

ピーチムーンハーバルフェイスウォーター240ml4730円

スキンケアアイテムだけでなく京都らしい和小物も取り揃えている

ジャパニーズインペリアルローズビューティーセラム30ml2200円

アイセラム10ml3410円はつばき油とローズヒップシードが原料

熊野若王子神社の一の鳥居前には御神木の梛（なぎ）が茂っている。京都最古の古木といわれるパワーツリーだ。

京都御所周辺

Kyotogosho shuhen

歩き方のコツ

京都御所は御苑の中にある。出入口は清所門の1ヵ所だけなので近いのは今出川御門、乾御門、中立売御門。中立売御門の北側にある無料の休憩所でひと休みするのもおすすめ。御所から下鴨神社へは徒歩20ほどで行ける。

ACCESS

京都駅 ▷▷▷ 今出川駅

同地下鉄烏丸線で約9分

原生林が下鴨神社の社殿と参道を覆う糺の森

雅な京都はココにあり！
セントラル京都をよくばりさんぽ

京都の中心に位置しながら、周囲の喧騒を忘れる凛とした空気が漂う京都御所や下鴨神社。一方で周辺には人気の老舗店や新店が勢揃い。

下鴨神社の摂社「河合神社」で美麗祈願♪

良縁を願う女子が列をなす相生社

1. 双葉葵と菊が上品な御朱印帳2000円と御朱印帳袋3000円
2. 2本の木が途中から1本につながって伸びるパワーのある「連理の賢木」
3. 神紋の双葉葵がアクセントになっている御朱印

所要時間 1時間

良縁を願う女子を応援
下鴨神社（賀茂御祖神社）

シモガモジンジャ（カモミオヤジンジャ）

紀元前から信仰されてきた京都の守護神。堂々たる存在感を示す重要文化財の楼門を抜けると、喧騒から切り離された神聖な空気が境内いっぱいに広がる。

Map P.167-A3

♠ 京都市左京区下鴨泉川町59 ☎075-781-0010 ◆本殿6:00〜17:00（特別拝観10:00〜16:00）❺市バス下鴨神社前からすぐ

荘厳な建築様式を鑑賞
京都御所

キョウトゴショ

明治時代までの約500年間、天皇の住まいとして使用された格式高い場所。紫宸殿（ししんでん）、清涼殿、御学問所など、平安以降の建築物を通年で公開している。

Map P.176

♠ 京都市上京区京都御苑内 ☎075-211-1215（宮内庁京都事務所参観係）◆4〜8月9:00〜17:00（最終入門16:20）、10〜2月は〜16:00（最終入門15:50）❺月（祝日の場合は翌火曜）❹無料❺地下鉄今出川駅3番出口から徒歩5分

所要時間 1時間

上／天皇が日常の住まいとして使用した御常御殿　下／明治、大正、昭和の天皇即位礼も執り行われた紫宸殿

「京都御所」の初めての参観なら宮内庁職員によるガイドツアー（1日4回、予約不要、無料）がおすすめ！（埼玉県・K）

綴れ織の壁面装飾が優美な夕映の間

現代和風建築の美を象徴する正面玄関

海外からの賓客をもてなす

京都迎賓館
キョウトゲイヒンカン

所要時間 1時間30分

日本文化の理解と友好を深めることを目的とし、2005年、京都御苑内に開館。建築物、調度品ともに日本の伝統的技能が活用されている。

Map P.176-B2

🏠 京都市上京区京都御苑23
📞 075-223-2301 🕘 9:30～17:00（最終受付15:30）
※現在はガイドツアーのみ。インターネットからの予約優先、空きがあれば当日受付可
🈺 水（祝日の場合は翌平日）
💰 2000円 🚇 地下鉄今出川駅3番出口から徒歩15分

喫茶店らしい味わいの1杯

六曜社1階店
ロクヨウシャイッカイテン

豪華客船をイメージしたクラシカルな喫茶店。創業当時の味を守り続けながらネルドリップで抽出するオリジナルブレンドを味わえる。

Map P.171-B4

🏠 京都市中京区河原町三条下ル大黒町40
📞 075-221-3820
🕘 8:30～22:30(L.O.22:00) 🈺 水
🚇 京阪鴨東線三条駅6番出口から徒歩5分

1. こだわりの家具は特注品 2. 祖父の時代の味を受け継ぐ3代目の奥野さん 3. 手作りドーナツ200円とコーヒー500円

スタイリッシュな店内

野菜が主役のフレンチ

青いけ
アオイケ

京都で育てられた滋味深い味わいの野菜をメインに、モダンで独創性あふれるフランス料理を提供。京野菜の美意識を感じさせる盛りつけも見もの。

「甘鯛の松笠焼き」ふわふわの身が美味
※コース料理の一例

Map P.176-C1

🏠 京都市中京区竹屋町通高倉西入堀之内町631 📞 075-204-3970 🕘 12:00～L.O.13:00、18:00～L.O.19:30
🈺 月2回不定休 🚇 地下鉄丸太町駅5番出口から徒歩3分

京都御所周辺

寺町通りでショッピング♪

喫茶ソワレなど、人気喫茶店とのコラボ商品「夢ミル京都喫茶巡り」

手がきのある暮らしを提案

forme.
フォルム

紙好きの妻と万年筆好きの夫が営む小さな文房具と雑貨の店。書く文化を残したいと、国産の万年筆やガラスペンなどの取り扱いも充実。

Map P.176-C2

🏠 京都市中京区東椹木町126-2 1-A
🕘 13:00～17:00 🈺 日・月（不定休あり。SNSを確認）
🚇 市バス河原町丸太町から徒歩3分

遊び心いっぱいの和菓子

UCHU wagashi 寺町本店
ウチュウ ワガシ テラマチホンテン

落ち着きのある御所東側に位置する和菓子店。厳選した素材と和三盆糖を使い、一つひとつていねいに手作りする落雁は、ミネラル感たっぷり。

Map P.176-C2

🏠 京都市上京区寺町通丸太町下ル信富町307
🕘 10:00～17:00 🈺 火
🚇 市バス河原町丸太町から徒歩3分

楽しさいっぱいの落雁と金平糖のセット。fukiyose KIT1386円

8種類の動物落雁はココア味とバニラ味。animal834円

匂袋各990円

舞妓さんなど、京都らしい季節のはがき1枚275円

多彩な文具の宝庫

鳩居堂
キュウキョドウ

京都きっての老舗文具店。広々とした店内に、便箋やはがき、和紙工芸品などが整然と並ぶ。ちょっといいモノをおみやげにというときにおすすめ。

Map P.171-A4

🏠 京都市中京区寺町姉小路上ル下本能寺前町520
📞 075-231-0510
🕘 10:00～18:00 🈺 無休
🚇 地下鉄東西線市役所前駅3番出口から徒歩3分

紫野〜北野天満宮

Murasakino〜Kitanotenmangu

歩き方のコツ

衣笠山の麓のきぬかけの路沿いに3つの世界遺産がある。バスの本数が少なく、歩くにも全長約2.5kmと比較的長いので、時間に余裕をもってプランニングしたい。

名庭園のある寺社をめぐり
京都最古の花街を愛でる

世界遺産に登録されている名刹が集結するエリア。京都最古の花街・上七軒には格子造のお茶屋が並び、町を歩くだけでも楽しい。

ACCESS

京都駅前 ▶ 市バスで約45分 ▶ 御室仁和寺

遅咲きの御室桜で知られる門跡寺院

1 仁和寺
ニンナジ

888年に創建され、代々皇族が住職を務めてきたことから、御室御所とも呼ばれた。春になると五重塔と遅咲きの御室桜の見事な競演が見られる。

Map P.174-B1

🏠京都市右京区御室大内33
☎075-461-1155 ⏰参拝9:00〜17:00（最終受付16:30）⏰無休 御所庭園800円、御所花まつり特別入山料500円、いずれも高校生以下無料 🚌市バス御室仁和寺から徒歩1分

1. 門の左右に阿吽の仁王像が立つ「二王門」は京都3大門のひとつ
2. 江戸時代から庶民の桜として親しまれてきた御室桜越しの五重塔

禅の教えを表現した枯山水庭園

2 龍安寺
リョウアンジ

東庭に咲く日本最古の侘助椿

室町時代の武将・細川勝元が創建したことが始まりの寺。わびさびの世界を大小15個の石で表現した枯山水庭園が国内外の観光客から人気を集める。

Map P.174-A2

🏠京都市右京区龍安寺御陵下町13
☎075-463-2216 ⏰8:00〜17:00、12〜2月8:30〜16:30 ⏰無休 600円、高校生500円、小・中学生300円 🚌嵐電北野線龍安寺駅から徒歩7分、または市バス竜安寺前からすぐ
境内にある鏡容池は平安時代に公家たちが舟遊びに興じたといわれる

さまざまな説が唱えられているものの、庭園の作者や制作意図は不明

1,2. 鮮やかな絵ガラスに彩られた店内　3. 北野天満宮の目の前に店を構える。休日には長蛇の列が

3 とようけ茶屋

できたての豆腐を多彩なメニューで

トヨウケチャヤ

おみやげにぴったりなとようけ饅頭1188円（6個入）

創業120年を超える豆腐店が営む。名物「生ゆば丼」をはじめとするオリジナル丼が人気を集める。シナモン豆腐、豆乳ヨーグルトなど新感覚メニューも。

Map P.175-B3

京都市上京区今出川通御前西入紙屋川町822
☎075-462-3662　🕘11:00～L.O.14:00
[休]木　[交]嵐電北野線北野白梅町駅から徒歩5分

濃厚な味わいの生湯葉をたっぷり使った生ゆば丼1111円

桃山文化の豪華絢爛な意匠が散りばめられた本殿

4 北野天満宮

学問の神様を祀る全国天満宮総本社

キタノテンマングウ

天神信仰発祥の地で、学問の神様・菅原道真公を祀る。境内には道真公ゆかりの梅が50種類約1500本植えられ、梅の名所として多くの観光客が訪れる。

Map P.175-B3

京都市上京区馬喰町
☎075-461-0005
🕘参拝7:00～17:00（情勢により変更あり）、公式サイト参照
[休]無休　[交]嵐電北野線北野白梅町駅から徒歩5分

1. サインペン付きの牛の絵馬800円。願いごとを書いて一願成就牛舎へ　2.「一願成就のお牛さん」と対の陰陽石「亀石」も一緒に参拝しよう

5 上七軒歌舞練場

京都最古の花街・上七軒

カミシチケンカブレンジョウ

北野天満宮の東門前に広がる花街。春は「北野をどり」、秋は「寿会」の公演が行われる。舞妓を間近で見られる「ビアガーデン」も人気。

Map P.175-B3

京都市上京区今出川通七本松西入真盛町742
☎075-461-0148
🕘[休][料]公演・行事によって異なる　[交]市バス北野天満宮前から徒歩3分

1.「北野をどり」「寿会」は公式サイトや電話で予約しよう　2. 日本庭園のある歌舞練場には上七軒の紋章「五つ団子」の提灯が

6 長文屋

自分好みの七味作りに挑戦

チョウブンヤ

豊かな香りと心地よいしびれにファンが多い山椒・七味の専門店。七味は4タイプの辛さから選ぶことができ、材料の配合も自分好みにアレンジできる。

1. 調味料を入れるためのオリジナル瓶や竹製の容器も販売している
2. 麺類や焼き鳥、ちゃんこ鍋、粕汁とも相性のよい、粉山椒650円

Map P.175-B3

京都市北区北野白梅町54-8　☎075-467-0217　🕘10:00～18:00　[休]水・木　[交]嵐電北野線北野白梅町駅から徒歩3分

京都には祇園甲部、宮川町、先斗町、上七軒、祇園東と5つの花街があり、それぞれ特色が異なる。

一乗寺～修学院

Ichijoji~Shugakuin

決闘の地碑が立つ！

宮本武蔵と吉岡一門が決闘を行った地とされる「一乗寺下り松」

学生も集う、注目エリア
新旧カルチャーいいとこ取り！

京都大学や京都芸術大学があり、学生が多いエリア。
学生街らしく、専門書を扱う書店や評判のラーメン店が点在。
すばらしい庭園をもつ寺院も必見！

ACCESS

京都駅前 ▷▷▷ 市バスで約50分 ▷ 一乗寺下り松町

歩き方のコツ

修学院離宮の参観には事前申し込みが必要なため参観時間によってルートを決めよう。午前中に参観なら次に詩仙堂へ。ラーメン激戦区でも知られる東大路通までは徒歩20分。帰りは一乗寺駅から叡山電鉄を利用しよう。

書店カルチャーを牽引

恵文社一乗寺店
ケイブンシャイチジョウジテン

書店員さんの知識とセンスが光る京都を代表する書店。アート系書籍や珍しい新刊、海外書籍、京都ゆかりの書籍まで幅広いジャンルを取り揃える。

Map P.177-B1

🏠 京都市左京区一乗寺払殿町10 📞075-711-5919
🕐11:00～19:00 🈺無休（1/1除く）🚃叡電叡山本線
一乗寺駅から徒歩3分、または市バス高野から徒歩5分

1. 一乗寺の名物書店　2. 1975年創業。オリジナルの雑貨も扱う　3. イラストレーター・ニシワキタダシさん描き下ろしの、恵文社オリジナル エコバッグ「KEIBUNSHA」550円
4. 彫金作家の谷内亮太さんの「月夜と山猫のブローチ」6万500円

フォトジェニックな唐様庭園

詩仙堂
シセンドウ

江戸時代の文化人・石川丈山が建てた山荘跡。初夏に咲くキョウガノコや夏のテッセン、秋の紅葉と四季折々に彩られた庭園が見事。

所要時間 30分～1時間

Map P.177-B2

🏠 京都市左京区一乗寺門口町27 📞075-781-2954
🕐9:00～17:00（最終受付16:45）🈺5/23
🈸500円 🚃叡電叡山本線一乗寺駅から徒歩15分、または市バス一乗寺下り松町から徒歩7分

1. 中国の詩仙36人の肖像画と漢詩が掲げられている「詩仙の間」
2. 竹林が生い茂る階段を上った先に詩仙堂がある　3. 紅葉の名所としても名高い唐様庭園と書院

✉ 「一乗寺中谷」のでっち羊かんは、丹波大納言小豆が上品な甘さの新感覚スイーツ♡（東京都・オガワ）

後水尾上皇造営の山荘

修学院離宮

シュウガクインリキュウ

所要時間 1時間20分

比叡山の麓の広大な敷地に、上・中・下の3つの離宮があり、それぞれに特徴的な庭園と建物をもつ。上離宮の隣雲亭からは、京都市街や周囲の山々を望める。

Map P.177-A2

🏠京都市左京区修学院藪添 ☎075-211-1215（宮内庁京都事務所参観係）🕐宮内庁HPを要確認 🚫月（祝日の場合は翌火曜） 💴無料 ※18歳以上要申し込み 🚃叡電叡山本線修学院駅から徒歩20分、または市バス修学院離宮道から徒歩15分

一乗寺〜修学院

上／美しい形の違い棚のある、中離宮・客殿の「霞棚」　左下／山からの小川をせき止めて造られた浴龍池は上離宮にある　右下／19世紀前半に京都所司代から献上された浴龍池の中国風石橋・千歳橋

一乗寺エリアの代表格

天天有

テンテンユウ

濃厚な鶏白湯スープが美味！

骨の髄までうま味を引き出した鶏白湯スープと中太麺の相性がばっちり。途中で紅ショウガをプラスすると酸味が加わり2度おいしい。

Map P.177-B1

🏠京都市左京区一乗寺西杉ノ宮町49 ☎075-711-3255 🕐12:00〜22:00（売り切れ次第終了）🚫水 🚃叡電叡山本線一乗寺駅から徒歩8分

1. 煮卵中華そば800円。1.5玉850円と2玉950円も用意　2. 1971年創業の人気店

遠方から通うファン多し

麺屋 極鶏

メンヤ ゴッケイ

グイグイ箸が進みますよ

12年間試行錯誤して完成した超濃厚肉海濁鶏白湯スープが自慢。鶏のうま味が怒涛のように口いっぱいに広がる。

Map P.177-B1

🏠京都市左京区一乗寺西閉川原町29-7 ☎075-711-3133 🕐11:30〜22:00（売り切れ次第終了）🚫月 🚃叡電叡山本線一乗寺駅から徒歩5分

1. 看板には鶏だくの大きな文字が　2. 鶏だく950円。厚切りのチャーシューとメンマ入り

RAMEN
一乗寺はラーメン激戦区

ココでしか味わえない！

天下一品の1号店

天下一品 総本店

テンカイッピン ソウホンテン

全国に200店舗以上を展開する有名店の総本店。独自の工夫と知恵で、鶏ガラと野菜などから取ったこってりスープを完成させ繁盛店へ。

Map P.177-C1

🏠京都市左京区一乗寺築田町94 メゾン白川1F ☎075-722-0955 🕐11:00〜翌1:00（L.O.24:45）🚫無休 🚃叡電叡山本線茶山駅から徒歩10分

1. 本店限定の牛すじラーメン並1300円は牛すじの甘辛さが自慢　2. 聖地と呼ばれる総本店

一乗寺エリアは江戸時代初期の剣豪・宮本武蔵ゆかりの地。狸谷山不動院も武蔵修行の地とされる。ファンは必訪！

嵐山〜嵯峨野
Arashiyama~Sagano

ACCESS

京都駅 ▷▷ 嵯峨嵐山駅 ▷▷ 嵐山駅
　　約16分　JR嵯峨野線で　徒歩6分

歩き方のコツ

渡月橋から天龍寺周辺は歩いて回れる。大覚寺へは嵐山駅から本数の多いバスを利用しよう。所要時間は8分ほど。効率よく回るならレンタサイクルの利用もおすすめ。

嵐山を象徴する美景にうっとり

早起きして出かけよう！
平安貴族も愛した美景の宝庫へ

風光明媚な京都を代表する景勝地、嵐山・嵯峨野。平安貴族も愛したというこのエリアでは四季折々の表情が楽しめる。

平安時代に法輪寺への参拝経路として架けられた渡月橋

所要時間 1時間

壮大な名庭で知られる禅寺

天龍寺
テンリュウジ

足利尊氏が後醍醐天皇の菩提を弔うため、1339年に夢窓疎石を初代住職として創建。世界遺産の曹源池庭園は嵐山の自然を借景にしている。

Map P.178-B2

🏠京都市右京区嵯峨天龍寺芒ノ馬場町68
☎075-881-1235 ⏰8:30〜17:00 🈺無休（法堂は土・日・祝、春夏秋の期間限定公開）💰庭園500円（諸堂参拝は追加300円、法堂特別参拝は別途500円）🚃嵐電本線嵐山駅から徒歩2分

開運に御利益がある、達磨のお守り500円

どの角度から見ても睨まれているように見える「雲龍図」も必見

夢窓疎石が作庭した曹源池庭園は周囲を歩きながら参拝できる

"天龍寺の顔"がある「庫裏」

台所兼寺務所の役割をもつ建物。天龍寺の庫裏には天龍寺の前管長・平田精耕師氏による達磨図を描いた大衝立が置かれている。

禅宗の初祖・達磨大師の絵が参拝客を出迎える

1899年建立の庫裏。大方丈、書院、多宝殿と棟続きになっている

国の史跡・特別名勝第1号に指定

🚩 嵐山は、保津川下りや屋台船、トロッコ列車など乗り物に乗るのも楽しい！（石川県・くるまふ）

所要時間 1時間

「嵯峨御所」の名で親しまれる寺院

旧嵯峨御所 大本山

大覚寺
キュウサガゴショ
ダイホンザン
ダイカクジ

嵯峨天皇の離宮を876年に皇女の正子内親王が寺としたことに始まる。勅封心経を秘蔵する般若心経の根本道場としても知られている。

四季折々に趣を変える本堂南庭

所要時間 30分

Map P.178-A2

🏠京都市右京区嵯峨大沢池4 ☎075-871-0071 🕐お堂エリア・大沢池エリアともに9:00〜最終受付16:30(写経体験は〜15:30) 🈺無休 💴お堂エリア500円、大沢池エリア500円 🚃JR嵯峨嵐山駅から徒歩20分、または市バス大覚寺から徒歩1分

所要40〜60分で体験できる般若心経写経。1000円

縦の柱を雨、直角に折れ曲がる回廊を稲光に例えた「村雨の廊下」

嵯峨野を代表する紅葉の名所

宝筐院
ホウキョウイン

平安時代、白河天皇によって建立された寺院。境内には室町幕府2代将軍・足利義詮と、武将・楠木正行の墓が残る。紅葉の美しさにも定評がある。

嵐山〜嵯峨野

真っ白に染まった雪の日の庭園も風情たっぷり

Map P.178-B2

🏠京都市右京区嵯峨釈迦堂門前南中院町9-1 ☎075-861-0610 🕐9:00〜16:00(11月は〜16:30) 🈺無休 💴900円 🚃JR嵯峨嵐山駅から徒歩15分

『平家物語』の世界へタイムトリップ

祇王寺
ギオウジ

所要時間 15分

草庵の吉野窓は差し込む日差しが色とりどりの色彩を移すため「虹の窓」とも呼ばれる

平清盛の寵愛を失った白拍子・祇王が出家して過ごしたとして『平家物語』の舞台になっている寺。初夏には庭園一面に苔が広がり、青もみじの緑が降り注ぐ。

Map P.178-A1

🏠京都市右京区嵯峨鳥居本小坂町32 ☎075-861-3574 🕐9:00〜最終受付16:30 🈺1/1 💴300円 🚃市バス嵯峨釈迦堂前から徒歩15分

美しい青もみじを見るなら5月の新緑の時期に訪れて

藤原定家の山荘「時雨亭」跡と伝わる場所に立つ

多宝塔は高さ約12mで方三間、重層、宝形造り

所要時間 30分

静寂に包まれた山の中腹にある古刹

常寂光寺
ジョウジャッコウジ

美しい小倉山の新緑や紅葉から「常寂光土に遊ぶような趣がある」とこの名がついたとされる、歴史ある名刹。仁王門には運慶作といわれる仁王像がある。

小倉山の中腹にある境内。展望台からは比叡山を望む

Map P.178-B1

🏠京都市右京区嵯峨小倉山小倉町3 ☎075-861-0435 🕐9:00〜17:30(受付終了16:30) 🈺無休 💴500円 🚃JR嵯峨嵐山駅から徒歩15分

立ち寄りスポット

貴重なオルゴールコレクション

京都嵐山オルゴール博物館
キョウトアラシヤマオルゴールハクブツカン

アンティークから近代の作品まで世界中のオルゴールを約2000点を収蔵。常時150点以上が展示されており、オルゴールの奥深い世界に触れられる。

館内ではオルゴールを知り尽くした博物館員が解説してくれる

百人一首と日本画の魅力を発信

嵯峨嵐山文華館
サガアラシヤマブンカカン

800年前に誕生した百人一首の歴史や日本画の魅力を伝える。2階の窓からは小倉山を背に、大堰川を借景として取り込んだ景色を堪能できる。

120畳の畳ギャラリー。座ってじっくり鑑賞するのもおすすめ

100体の歌仙人形と英訳を展示する常設展のほか、企画展も実施

Map P.178-B2

🏠京都市右京区嵯峨天龍寺立石町1-38 ☎075-865-1020 🕐10:00〜17:00(最終受付16:15) 🈺不定休 💴1000円、大学生700円、中・高校生600円、小学生300円 🚃JR嵯峨嵐山駅または嵐電嵐山本線嵐山駅から徒歩5分

ヨーロッパから来たかのようなかわいらしい建物が目印

Map P.178-C2

🏠京都市右京区嵯峨天龍寺芒ノ馬場町11 ☎075-882-1111 🕐10:00〜17:00(最終入館16:30) 🈺不定休 💴1000円、高校生600円、小・中学生400円 🚃嵐電嵐山本線嵐山駅から徒歩5分

レンタサイクルを利用する場合はJR嵯峨嵐山駅、嵐電嵐山駅へ。電動自転車も用意されている。

嵐山の空気感と一緒に味わって♪
絶対ハズさない最旬グルメ

老舗に加え、センスのいいカフェや話題の新店など、グルメも大充実の嵐山。体に優しいヘルシー料理や写真に収めたくなる映えグルメを求めて散策しよう。

ご飯を食べる手が止まらないだし料理

メニューは朝昼共通でコース料理1種類のみ。3500円

炊きたてのご飯に、ひきたてのだしをたっぷりかけて追加500円で味わえるドリップだしの鯛茶漬け

多彩なだし料理と炊きたてごはん

MUKU ARASHIYAMA
ムク アラシヤマ

かまどで炊き上げたお米と、さまざまな乾物を使っただしを取り入れたメニューを提供する。9種のご飯のおともがのった豆皿料理は目でも楽しめる。朝ごはんが有名なホテル「YADO Arashiyama」の1階にある。

Map P.178-C2
🏠 京都市西京区嵐山中尾下町45 YADO Arashiyama内1F
☎ 075-861-7010
🕐 7:30〜15:00（L.O.14:00）※10:00〜11:30は一時閉店 休不定休 🚃阪急嵐山線嵐山駅から徒歩7分

嵐山の名物菓子を作り続ける老舗

鶴屋 寿
ツルヤ コトブキ

嵐山初の桜餅専門店として1948年に創業。約70年前に嵐山の老舗高級料亭の手みやげとして誕生した「嵐山さくら餅」を作る。道明寺の色合いを生かした桜餅は白く、優しい食感が特徴。

Map P.178-B2
🏠 京都市右京区嵯峨天龍寺車道町30 ☎ 075-862-0860
🕐 9:00〜17:00 休無休
🚃 JR嵯峨嵐山駅から徒歩5分

通年販売の白い桜餅は嵐山の名物

塩漬けされた大島桜の香りが口いっぱいに広がる。10個入2160円

吉野本くず粉で作る、自家製くず餅セット1100円も人気

注文を受けてから仕上げるできたて

ケーキセット1100円。コーヒーは「京都KAFE工船」の焙煎豆を使用

地元民に人気の隠れ家カフェ

MOMI CAFE
モミ カフェ

清凉寺と二尊寺をつなぐ道沿いにあるカフェで、春夏は青もみじ、秋は紅葉を眺めながら静かなひとときを過ごせる。こだわりの自家製メニューを召し上がれ。混雑する休日は予約がベター。

大きな窓が配された店内からは美しく手入れされた庭園を望む

Map P.178-B2
🏠 京都市右京区嵯峨二尊院門前北中院町15
☎ 075-882-6982
🕐 11:00〜L.O.17:00
休不定休 🚃JR嵯峨嵐山駅から徒歩17分

「MUKU ARASHIYAMA」はおくどさん（かまど）を囲むカウンター席がおすすめです。（京都府・嵐嵐）

ヘルシー豆腐スイーツの店

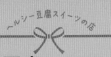

京豆庵 京都嵯峨嵐山店

キョウズアン キョウトサガアラシヤマテン

添加物不使用、国産大豆100%の豆乳&豆腐スイーツが人気。絹ごし豆腐1丁を使用した「お豆腐ソフトクリーム」は、優しい甘さでカロリーは通常のソフトクリームの3分の1。濃厚なため逆さにしても落ちてこない。

嵐山店限定の「黒ごまきな粉豆腐ソフト」550円は食べ歩きにも

Map P.178-B2

🏠京都市右京区嵯峨天龍寺立石町2-1 ☎075-881-3560 🕘10:00～17:00 [休]不定休 [交]嵐電嵐山本線嵐山駅から徒歩5分

逆さに持って撮影するのがお約束！

「豆乳プリン」450円は低温で豆乳のうま味を引き出している

優しい甘さで何個でも食べられる「豆乳ドーナツ」6個入400円

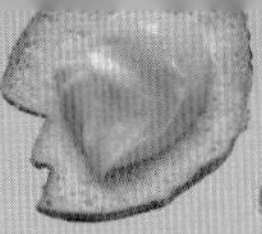

トロリとコクのあるロイヤルカスタード

ぎっしり詰まったつぶあんは根強い人気

あんバター370円。外はカリッと、中はふんわりとした食感

注文ごとに焼き上げる。焼く直前にメレンゲを加えるのがこだわり

あんバター、つぶあん、カスタードの全3種類

賞味期限1分のあんバターたい焼き

まめものとたい焼き

マメモノトタイヤキ

京都の老舗焼菓子屋「石田老舗」が手がける、テレビや雑誌で話題のたい焼き専門店。かわいらしいビジュアルのたい焼きを求めて行列ができることもしばしば。人気はミルキーな味わいのあんバター。

Map P.178-C2

🏠京都市右京区嵯峨天龍寺芒ノ馬場町40-8 嵐山昇龍苑1F ☎075-354-6166 🕘10:00～17:00（売り切れ次第終了） [休]無休 [交]嵐電嵐山本線嵐山駅から徒歩1分

大自然を楽しむ！

春の桜は必見。人気車両はガラス窓がないオープン車両「リッチ号」

保津川渓谷を眺める列車旅

嵯峨野トロッコ列車

サガノトロッコレッシャ

嵯峨嵐山から亀岡市までを結ぶ観光列車。約25分の道中には保津川沿いの自然や渓谷美を堪能できる。アールデコ調のクラシカルな車両もすてき。

秋の紅葉も美しい。日が暮れると沿線がライトアップされる

Map P.178-B2

🏠京都市右京区嵯峨天龍寺車道町（嵯峨野観光鉄道） ☎075-861-7444（テレフォンサービス） 🕘8:40または9:40～17:20 [休]不定休、12月30日～2月末 [料]全席指定片道880円（小人440円） [交]JR嵯峨嵐山駅から徒歩5分、または嵐電嵐山本線嵐電嵯峨駅から徒歩5分 ※最新の運行スケジュールは公式サイトを確認

「小鮎の滝」など水しぶきを上げながら進む迫力満点のポイントも

日本最古の川下りを体験！

保津川下り

ホヅガワクダリ

亀岡から嵐山の渡月橋まで16kmにおよぶ保津川を400年続く船頭の華麗な竿さばきで下る。渓谷美はもちろん、いくつも現れる奇岩巨石も見ものだ。

嵯峨野トロッコで亀岡まで行き、帰りは保津川下りというのもおすすめ

Map P.164-B2

🏠亀岡市保津町下中島2 ☎0771-22-5846 🕘9:00～15:00最終便（12月1日～12月上旬は～14:30最終便）、12月上旬～3月9日10:00～14:30最終便 [休]無休 [料]6000円（幼児・小学生4500円）※身長80cm以下の場合は乗船不可 [交]JR亀岡駅から徒歩8分、または京阪京都交通バス保津川下り乗船場から徒歩1分

伏見

Fushimi

稲荷山のお山めぐりにもチャレンジ！ 名刹&名庭園と千本鳥居をおさんぽ

京都随一の紅葉の名所・東福寺や、枯山水庭園が有名な芬陀院、世界中の観光客が訪れる伏見稲荷大社をめぐる大充実コースをご紹介。

ACCESS

稲荷駅 ▷ JR奈良線で ▷ 約2分 ▷ 東福寺駅 ▷ JR奈良線で ▷ 約2分 ▷ 京都駅

歩き方のコツ

コースの目玉、伏見稲荷神社のお山めぐりは頂上まで目指そうと思うと2時間以上かかる。ほとんどが坂道なので、スニーカーがベター。飲み物も持参しよう。

紅葉の名所で三名橋を見る

1 東福寺

トウフクジ

鎌倉時代初期に九條道家が造営した寺院。境内には、偃月橋・通天橋・臥雲橋を総称した「東福寺三名橋」が架けられている。

Map P.183-B1

🏠京都市東山区本町15　☎075-561-0087
🕘参拝9:00〜16:00 ※季節により異なる
[休]無休　[料]通天橋・開山堂600円（11/10〜30は1000円）、小学生300円／庭園500円、小学生300円
[交]JR東福寺駅から徒歩10分

1. 本堂と開山堂を結ぶ通天橋。眼下には青もみじが美しい洗玉澗が広がる 2. 紅葉の見頃は11月中旬〜下旬

京都最古の枯山水を拝観

2 芬陀院（雪舟寺）

フンダイン（セッシュウジ）

東福寺の塔頭で、京都最古の枯山水庭園のひとつ「鶴亀の庭」が有名。苔と流れるような白砂が美しく、雪舟の作庭といわれている。

Map P.183-B1

🏠京都市東山区本町15-803　☎075-541-1761
🕘参拝9:00〜17:00（最終受付16:30）、12〜3月は〜16:30（最終受付16:00）　[休]無休　[料]500円
[交]JR東福寺駅から徒歩10分

1.「鶴亀の庭」では石組で鶴と亀が表現されている
2. 茶関白と呼ばれた一條恵観ゆかりの茶室「図南亭」の丸窓

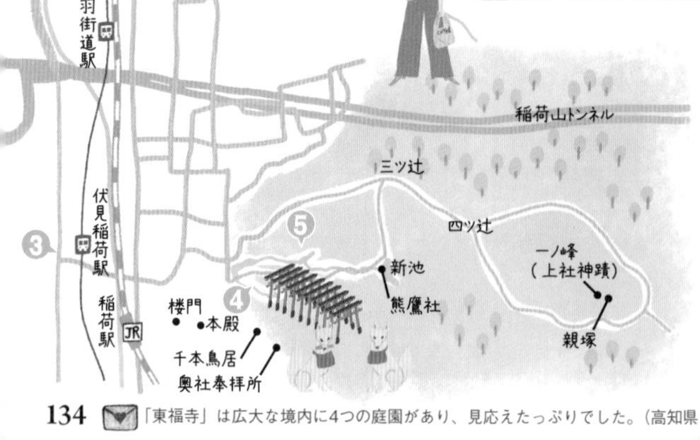

東福寺駅
JR
鳥羽街道駅
伏見稲荷駅
稲荷駅
JR
稲荷山トンネル
三ツ辻
四ツ辻
一ノ峰（上社神蹟）
新池
熊鷹社
親塚
楼門
本殿
千本鳥居
奥社奉拝所

「東福寺」は広大な境内に4つの庭園があり、見応えたっぷりでした。（高知県・カツオライダー）

ミニカツ丼と「かけ」または「ぶっかけ」がセットになったCセット1100円

昆布だしをベースに炊き込んだ自家製「甘きつね」入りのきつね780円

白キツネの絵馬もあります

伏見

ずらりと並ぶ千本鳥居で知られるが、その神域は稲荷山も含め約87万平方メートルと大スケール。山頂を目指してお山めぐりに挑戦してみよう。

楼門
豊臣秀吉によって建てられたとされる楼門がお出迎え

本殿
豪華絢爛な装飾が施された本殿は国の重要文化財

Map P.183-C1
京都市伏見区深草薮之内町68　075-641-7331
境内自由　JR稲荷駅から徒歩1分

3 手打うどん けんどん屋
テウチウドン ケンドンヤ
早めのランチタイムはこちらで

伏見稲荷大社への参拝の前に、きつねうどんで腹ごしらえ。毎日店主自ら打つうどんはつるつると、のどごしがよく、食べ応え満点。

Map P.183-C1
京都市伏見区深草一の坪町41 パールハイツイナリ1F　075-641-1330　11:00〜L.O.15:00　水、月1回不定休　JR稲荷駅から徒歩5分

稲荷パフェ
1400円

鳥居がかわいい♡

5 稲荷茶寮
イナリサリョウ
スイーツで疲れを癒やす

お山めぐりのあとは境内にある休憩所へ。啼鳥菴内に設けられた日本茶カフェで、緑豊かな庭園を眺めつつ甘味をいただこう。

Map P.183-C1
京都市伏見区深草薮之内町68 伏見稲荷大社 啼鳥菴　075-286-3631　11:00〜16:00(L.O.15:30)　水（祝日の場合は営業）　JR稲荷駅から徒歩5分

濃い抹茶ソフトクリーム
800円

千本鳥居
神秘的な千本鳥居は伏見稲荷神社のハイライトのひとつ

▼▼徒歩5分

奥社奉拝所
別名・奥の院。小山めぐりの稲荷山三ヶ峰はこの背後にある

徒歩8分

時間があるならさらに先へ！

熊鷹社
強力なパワースポット

新池
池に突き出た石積みに設けられた拝所。熊鷹大神を祀る。玉垣の向こう側には谺ヶ池（こだまがいけ）とも呼ばれる新池が

徒歩4分

三ツ辻
徒歩7分

「京都市街を一望！」

四ツ辻
お山のぼりの中間地点、四ツ辻からは雄大な眺めを楽しめる

体力に自信があるなら山頂へ

徒歩15分

一ノ峰（上社神蹟）
標高233mの稲荷山の頂上。一ノ峰は「末広大神」の名で親しまれているが、これは親塚を建てる以前から続く信仰だそう

親塚

稲荷山の社をすべて参拝すると1周約4kmだが、高低差もあるため山登りに近く、想像以上にハード。

貴船～鞍馬
Kifune～Kurama

歩き方のコツ
鞍馬寺から木の根道を通り貴船神社へ下るこのコースは、未舗装の山道や石段、アップダウンもあるので、歩きやすい靴がマスト。時間に余裕をもって出かけよう。

仁王門
俗界から浄域への結界とされる仁王門。両側には仁王尊像が立つ

ここから長時間歩くので山麓お手洗いにも立ち寄ろう

涼やかな京の奥座敷で
パワーチャージ&縁結びハイキング

古くは貴族たちも癒やしや涼を求めて訪れていた、京都市街最北のエリア。
京都を代表する2大パワースポットは必見だ。

ACCESS
京都駅前 ▶ 市バスで約30分 ▶ 出町柳駅 ▶ 叡電鞍馬線で約31分 ▶ 鞍馬駅

1 鞍馬寺
宇宙の力を宿すパワスポ
クラマデラ

毘沙門天、千手観音、護法魔王尊が三身一体尊天として祀られる。本殿金堂前の金剛床は境内随一のパワースポット。源義経が鞍馬天狗から兵法を授けられたという伝説も残る。

Map P.186-B2

🏠京都市左京区鞍馬本町1074
☎075-741-2003
⏰参拝9:00〜16:15　休無休
¥500円　叡電鞍馬線鞍馬駅から徒歩5分

本殿前に広がる星曼荼羅を模した金剛床。中心に立って宇宙のパワーを授かる

本殿
左右を「阿吽の虎」に守られた本殿金堂。宇宙の真理そのものとされる御本尊は秘仏で、60年に1度丙寅の年に開帳される

奥宮
相生の大杉
天の磐船
結社

仁王門からのルートは2パターン！

魔王殿

貴船

木の根道
霊宝殿（鞍馬山博物館）
本殿

多宝塔

由岐神社

仁王門

鞍馬駅

本殿金堂までは鞍馬ケーブルカーまたは徒歩で。ケーブルカーは所要2分（片道200円、20分おきに運行）。歩くと20〜30ほどの道のり

徒歩2分

徒歩8分

魔王殿
尊天のうちの一体である護法魔王尊が降臨した場所として崇拝されてきた場所

徒歩7分

木の根道
牛若丸伝説が残る大杉権現社付近の山道。木の根が荒々しく地表に姿を現す

霊宝殿（鞍馬山博物館）
1階は自然科学博物苑展示室、2階は寺宝展観室と鞍馬ゆかりのある与謝野寛・晶子夫妻の記念室、3階は仏像奉安室となっている

神秘的な景観が残る木の根道は圧巻の迫力で自然のパワーを感じました！（福岡県・明太いわし）

2 貴船 喜らく

キブネ キラク

自然のなかで味わう川床料理

貴船神社の目の前に店を構えて100年以上。夏には川床が登場し、京野菜や貴船の旬の食材を使った季節の会席料理を楽しめる。

Map P.186-A1
🏠京都市左京区叡電貴船町47
☎075-741-2037 ⊙11:00～15:00（L.O.14:00）、17:00～20:00（L.O.19:00）🈺不定休
🚃叡電鞍馬線貴船口駅から徒歩34分
※貴船口駅から送迎あり

5～9月に提供している納涼川床料理9680円～

3 貴船神社

キフネジンジャ

水と縁結びの神様を祀る古社

貴船→鞍馬

Map P.186-A1
🏠京都市左京区鞍馬貴船町180 ☎075-741-2016 ⊙参拝6:00～20:00（12～4月は～18:00）🈺無休 💰無料 🚌京都バス貴船から徒歩5分

全国2000社を超える水神の総本宮で、和泉式部が復縁祈願の参拝をして願いがかなったことから縁結びの御利益もあるとされる。本宮・奥宮・結社の順番で参拝する「三社詣」がお決まり。

本宮
水の神様を祀る一間社流造の本宮。ここから三社詣をスタートしよう

縁結びや復縁のパワーをもらえる「むすび守」各1000円

奥宮・結社にもお参りしよう♡

相生の大杉
同じ根から育った大木が寄り添って伸びていることから、仲むつまじくともに老いるようにと、夫婦円満の御利益が。樹齢はなんと1000年

よく当たる!? 水占い
本宮前の御神水に「水占みくじ」（200円）を浸すと文字が浮き出る。

水の神様を祀る貴船神社らしいおみくじはよく当たると評判。

➤➤徒歩9分

4 貴船倶楽部

キフネクラブ

貴船川沿いのカフェでひと息

こだわりのアンティークチェアや薪ストーブが配された木のぬくもりを感じられる店内で、抹茶スイーツを食べながら疲れを癒やそう。

オリジナル抹茶の中にもちもちの白玉が入った、抹茶白玉ぜんざい1100円

Map P.186-A1
🏠京都市左京区鞍馬貴船町74
☎075-741-3039 ⊙11:00～16:30（L.O.16:00）🈺不定休
🚌京都バス貴船から徒歩10分

➤➤徒歩3分

奥宮
貴船神社創建の地。神話の時代に、玉依姫命が船（黄船）でここへ着き社殿を建てたのが神社の始まりとされる

➤➤徒歩5分

結社
和泉式部が夫・藤原保昌との復縁を祈願したとされる、縁結びの神を祀る社。男女の縁に限らず、あらゆる良縁を結んでくれるそう

⋘⋘徒歩5分

天の磐船
貴船の山奥で出土した船形の自然石

宇治

Uji

お香の香り漂う『源氏物語』の舞台でふたつの世界遺産を訪ねる

平安貴族の別荘地として愛されていた宇治で歴史と文化を感じる旅へ。鮮やかな緑が美しい抹茶スイーツも忘れずにチェックしよう!

ACCESS

京都駅 ▶ 宇治駅 JR奈良線で約16分

三条駅 ▶ 宇治駅 京阪本線・宇治線で約30分

歩き方のコツ

散策の拠点はJR宇治駅または京阪宇治駅。駅前にある観光案内所で地図や観光パンフレットを入手してからおさんぽを始めよう。平等院などの見どころは宇治川の両岸に点在している。

竹の器で提供されるのは本店だけ

お茶の名産地

平等院へ延びる表参道の両側には宇治茶の老舗や抹茶グルメの店が並ぶ。周辺にお茶のいい香りが漂うことから2001年に「かおり風景100選」に認定されている。

1 中村藤吉本店

1854年創業の茶商が営むカフェ

ナカムラトウキチホンテン

明治・大正時代の製茶工場の柱や梁を残しつつ現代風に改装したカフェで、パフェなどの抹茶スイーツを提供する。人気店につき入店待ちはマスト。時間に余裕をもって訪れよう。

Map P.184-C2

🏠 宇治市宇治壹番10 ☎ 0774-22-7800
🕙 10:00〜17:30（L.O.16:30）⊗ 無休
🚉 JR宇治駅南口から徒歩2分、または京阪宇治線宇治駅から徒歩11分

1. まるとパフェ[抹茶]1430円。上質な抹茶の魅力が凝縮　2. 明治期の代表的な茶商屋敷として国の重要文化的景観に選定　3. カフェの壁面には輸出用茶葉の箱に貼られていた蘭字（ラベル）の展示も　4. 銘茶売場でおみやげ探しを。数種類のお茶を試せる試飲場もある

2 宇治・上林記念館

御用茶師の貴重な資料を見学

ウジカンバヤシキネンカン

江戸時代に朝廷や幕府の御茶師を務めた上林春松家に伝わる製茶道具や歴史資料を展示。隣接する上林春松本店ではお抹茶を楽しめる。

Map P.184-C2

🏠 宇治市宇治妙楽38
☎ 0774-22-2509（上林春松本店内）🕙 10:00〜16:00　⊗ 金、8/13〜16、12/30〜1/5
💴 200円　🚉 JR宇治駅南口から徒歩6分、または京阪宇治線宇治駅から徒歩8分

茶を運ぶのに使われた呂宗壺（るそんつぼ）などが並ぶ

阿弥陀堂の前に広がる阿字池は極楽にある宝池を模している

3 平等院

極楽浄土を表現した庭園

世界遺産

ビョウドウイン

DATA → P.146

1052年に藤原頼通によって開かれた寺院。宇治川や周囲の山々を借景としながら極楽浄土の世界を具現化している。鳳凰堂とも称される阿弥陀堂の図案は10円玉の図案でおなじみ。

写真提供：平等院

 宇治の「和風ダイニング ちょうじ」というお店はおいしいです。旬のもので手作り、ハズレなし。（神奈川県・べにしょうが）

人気の茶そばがメイン

特別セットメニューの朝日御膳1925円

熱した陶板で煎茶をほうじ茶にする「ほうじ茶づくり体験」2200円

4 お茶作り体験&お茶ランチ
福寿園 宇治茶工房
フクジュエン ウジチャコウボウ

宇治川のほとりで宇治茶三昧！ お茶や茶器作りなどの体験、オリジナルの宇治茶が購入できる茶店、茶甘味・茶料理を味わえる茶寮がある。

[Map] P.185-C3

⌂宇治市宇治山田10 ☎050-3152-2930 ◷10:00～17:00（福寿茶寮L.O.15:30） [休]不定休 [交]京阪宇治線宇治駅から徒歩8分、またはJR宇治駅南口から徒歩15分

1. 親子3神を祀る本殿。内殿の3棟が覆屋（おおいや）で覆われている
2. 「宇治七名水」のうち唯一現存する湧き水

本殿
1

桐原水
2

5 世界一狭い!? 世界遺産
宇治上神社 [世界遺産]
ウジカミジンジャ

宇治

世界遺産の境内全域や背後の小高い山から強いエネルギーを感じると評判の古社。応神天皇とその御子ふたりを祀る本殿は、日本最古の神社建築として国宝に指定されている。

[Map] P.185-B3

⌂宇治市宇治山田59 ☎0774-21-4634 ◷9:00～16:20 [休]無休 [交]京阪宇治線宇治駅から徒歩10分、またはJR宇治駅南口から徒歩20分

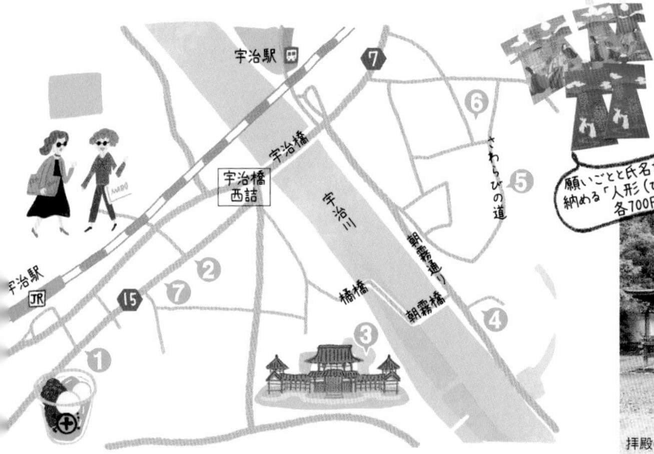
宇治駅
宇治橋
宇治橋西詰
さわらびの道
宇治川
朝霧通り
橘橋
朝霧橋
宇治駅
JR
願いごとと氏名を書いて納める「人形（ひとかた）」各700円

拝殿の前には土地を浄化するという「清め砂」が盛られている

6 『源氏物語』の世界を体験
宇治市源氏物語ミュージアム
ウジシゲンジモノガタリミュージアム

『源氏物語』と物語最後の「宇治十帖」の世界を紹介する博物館。光源氏の邸宅「六条院」の復元模型や「垣間見」の体験展示などがある。

平安貴族が利用した牛車を実物大で復元展示

[Map] P.185-B3

⌂宇治市宇治東内45-26 ☎0774-39-9300 ◷9:00～17:00（最終入館16:30） [休]月（祝日の場合は翌平日） [料]600円、小・中学生300円 [交]京阪宇治線宇治駅から徒歩8分、またはJR宇治駅南口から徒歩15分

MATCHA REPUBLIC
MATCHA REPUBLIC

7 かわいすぎる抹茶ドリンク
Matcha Republic
抹茶共和国 宇治本店
マッチャ リパブリック マッチャキョウワコク ウジホンテン

インクをモチーフにしたドリンクは写真映え抜群。高品質の宇治産一番茶を石臼でひいた宇治抹茶と生乳100%の北海道牛乳などを使用している。

おしゃれなインクボトル入り

大人気の抹茶インクシリーズ580円～

[Map] P.184-C2

⌂宇治市宇治妙楽26-2 ☎0774-39-8996 ◷10:00～18:00 [休]無休 [交]JR宇治駅南口から徒歩3分

「宇治市源氏物語ミュージアム」では、『源氏物語』を題材にしたオリジナル映画やアニメも上映している。

歩いて名所・旧跡をめぐる

「京都一周トレイル®」のススメ

大文字山から眺める絶景！

写真提供：観光Navi

京都の新たな魅力を知りたいなら「トレイル」がおすすめ！ 町を囲むように整備された道を歩いて、自然も観光も楽しんじゃおう。

寄り道スポット多数！
自然と歴史の道をてくてく歩こう

「京都一周トレイル®」とは、京都市街を囲む山並みを結んだトレッキングコースのこと。東・北・西をつなぐ全長約84kmのコースと、京北エリアをめぐる全長約48.7kmからなる。世界文化遺産などに立ち寄りながら自然散策できる。

コース一帯が北山杉の山地のため、真っすぐに林立する杉林や里山の風景などに出合える。一部ハードな山道もあるが、眺望が美しい京見峠や神秘的な沢ノ池は訪れてみたい。

山好き向け
北山西部コース
約19.7km

金鈴峡の渓谷美や嵯峨野・嵐山の風情を満喫しながら天龍寺などの寺社仏閣を参拝できる、京都ならではのコース。体力に自信がないなら清滝から嵐山までのミニハイキングも。

リピーター向け
西山コース
約12.3km

KYOTO TRAIL MAP

賀茂神社
貴船神社　鞍馬寺
清滝川
高野川
金閣寺
賀茂川
京都御所　銀閣寺
嵐山
二条城
京都駅　清水寺
桂川
伏見稲荷大社

0　3km

道標があるからわかりやすい

健脚向け
京北コース
約48.7km

京都駅からバスで1時間の丹波高原に整備されたコース。本格的な山歩きとなるやや上級者向けの道だが、豊かな自然とともに多くの名所旧跡や寺社仏閣、文化財を堪能できる。

歴女向け
北山東部コース
約17.9km

かつて武将や修験者も歩いた、圧巻のパノラマが広がる比叡山から大原、鞍馬へ続く道を歩ける。一般道が多く比較的楽な東部に比べ、北部は山道が多いため歩き慣れた人向け。

初心者向け
東山コース
約34.1km

「まず挑戦してみたい！」という人におすすめ。伏見稲荷大社や哲学の道などの観光スポットに立ち寄りながらハイキングができる。交通の便がよく、コースの出入りが簡単。

基本情報をCheck

服装＆アイテム

歩きやすい靴と脱ぎ着しやすい服装が基本。両手が使えるザックに地図、上着、水分（冬は1ℓ、夏は1.5〜2ℓあると安心）を用意して。

MAP

コースの選び方

気軽に挑戦できる初心者向けから、迫力の景色が広がる中級者向けまで、特色ある5つのコースがある。自分の体力に合わせて選ぼう。

公式ガイドブックをGet

見どころやコース上の道標などが掲載されたマップは必携！ 市内・近郊都市を中心とした書店などで販売。全5コース、各600円。

※公式ガイドマップの売上は、コースの維持補修費用に充当されている

自分磨きにも
つながります

1200年の歴史を紡ぐ古都と
時間をかけて向き合う
文化&アート体験

カルチャーとアート体験は雅な京都の必須科目！
随所にこだわりが詰まった名建築や仏像めぐりなどなど、
知れば知るほど深くてハマる "沼" が待ってます♡
たっぷり遊んだあとは京都ならではの宿泊施設で快適ステイ♪

SIGHSEEING

ヨーロッパで見学した宮殿や邸宅を用いた美術館を参考に、独自の美の可能性を追求し、外観から内装まですべてを印象がデザイン。美術館ではそのスケッチも見ることができる。

独自の世界観を堪能できる

京都府立堂本印象美術館

キョウトフリツドウモトインショウビジュツカン

大正〜昭和に活躍した京都出身の日本画家・堂本印象によって1966年に開館。奇抜な装飾があしらわれた外観から、ドアノブやライトなどの内装にいたるまですべて印象自らデザインした。

Map P.175-A3 紫野・北野天満宮

🏠京都市北区平野上柳町26-3 ☎075-463-0007 ⏰9:30〜17:00（最終受付16:30）休月（祝日の場合は翌日）料510円 🚌市バス立命館大学前から徒歩1分

もっと知りたい！

京都生まれの日本画家・堂本印象

1891年生まれ、本名は三之助。伝統的な日本画から始まり、戦後は社会的風俗画で日本画壇に刺激を与えた。多くの国際展にも招かれた。

ここに注目！

① 庭園ベンチ

美術館の外にある庭園に置かれた「憩い」と名づけられたベンチでは、木漏れ日のなかゆったり座って休憩できる。

② 1F 玄関壁面装飾

美術館に入ると、ロビーの美しい壁面装飾がお出迎え。ロビー中央にはシンボル的存在のガラス装飾「蒐核（しゅうかく）」が飾られている。

人気の撮影スポット

2F 展示室前 木彫り椅子

展示室の前に置かれている椅子も印象のデザイン。同じものはひとつもなく、すべて違うデザインになっている。

背もたれに注目を！

③

④

3F サロン

印象が愛用していた画材などが展示されている。ドアやドアノブ、照明などに施された装飾にも注目したい。

ウワサの外も内も今、本当にアート

キャッチーな外観が圧倒的 現代的なエッセンス 京セラ美術館

見学のあとのお楽しみ♥

ミュージアムショップには、印象の絵をモチーフにしたカラフルなグッズや、ステンドグラスを和菓子に落とし込んだ羊羹などが並ぶ。

「蒐核」がモチーフ

美術館のロゴマークや館内の装飾がモチーフのマスキングテープ各400円

色ガラスや百貨店の包装紙を貼ったガラス装飾作品

美術館の近くに店を構える「京菓子司 笹屋守栄」**Map P.175-A3**による特製羊羹「光る窓」1250円

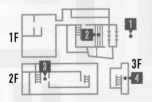

1F

2F

3F

1

2

3

4

見学のあとのお楽しみ ♥

メインエントランス入ってすぐの場所にはミュージアムカフェ「ENFUSE」とミュージアムショップ「ART RECTANGLE KYOTO」を併設。

CAFE

上／京都の食材を生かした食事やスイーツ、コーヒーなどを提供 下／カフェラテ800円 撮影：前谷開

SHOP

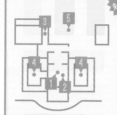

上／マグネット660円 下／展覧会グッズや限定品、オリジナルスイーツなどを取り揃える

もっと知りたい！ 新館の展示スペース「東山キューブ」

面積約1000平方メートル、天井高5mの現代アート展示室。現代アートのほか、アニメーションやコミック、ファッションなどさまざまなジャンルを展示。撮影：来田猛

ここに注目！

1 中央ホール

本館の中心に位置する天井高16mの旧大陳列室は中央ホールへと様変わり。各フロアや建物を自由に往来できるハブとなった。撮影：来田猛

2 2F ステンドグラス

西広間の天井には美しいステンドグラスが開館当時のまま残されている。随所に残された意匠をお見逃しなく。撮影：来田猛

3 東山キューブテラス

本館の中心に位置する本館東側の東山キューブの屋上に作られた屋上テラスからは雄大な東山の景色を一望できる。アート鑑賞の合間に立ち寄りたい。撮影：来田猛

今、本当に行きたいアートスポット

美術館はスゴいんです。行きたいスポット ☆

在感を放つ堂本印象美術館と、
えリニューアルした
大解剖。

5 日本庭園

敷地内には7代目小川治兵衛が作庭に関わったとされる日本庭園も。24時間開放されており、開館時間外でも立ち寄れる。撮影：来田猛

見どころがいっぱい！

4 光の広間 天の中庭

これまで非公開だった光の広間はイベントスペースとして活用され、天の中庭では屋外作品を見ることができる。撮影：来田猛

1933年に開館した現存する日本最古の公立美術館建築が2020年にリニューアル。当時の意匠を残しながらも現代的なデザインを加え、新旧が混在する京都を体現するような美術館となった。

Map P.172-C2 岡崎

🏛 京都市左京区岡崎円勝寺町124
☎075-771-4334 ⏰10:00〜18:00（最終入場は展覧会により異なる）
🗓月（祝日の場合は開館）
💰展覧会により異なる 🚇地下鉄東山駅1番出口から徒歩8分

現存する最も古い公立美術館

京都市京セラ美術館
キョウトシキョウセラビジュツカン

POINT

建築家の青木淳と西澤徹夫が改修を手がけたリニューアルでは、帝冠様式の外観など当時の意匠はそのままに、設備機能をアップデート。新たに新館「東山キューブ」が誕生した。撮影：来田猛

「京都市京セラ美術館」は日本庭園や若手作家の作品を展示する「ザ・トライアングル」など無料エリアも充実している。 **143**

古都の雅な街並みに調和する 名建築を徹底分析！

新旧の建物が混在する京都の町には、建築家の意匠が散りばめられた近現代の建物があちらこちらに。唯一無二の建築美を堪能しよう。

1. 木津川、宇治川、桂川が流れる壮大な風景を望む本館2階のテラス 2. ステンドグラスが美しい本館の踊り場 3. 本館と地中館はガラス張りの通路で結ばれている 4. クロード・モネの「睡蓮」を常時展示

建築データ 本館

竣工‥‥‥‥1932年
設計‥‥‥加賀正太郎
見どころ
● 当時では珍しい洋風山荘建築
● 木骨を見せるハーフティンバー方式

建築データ 地中館

竣工‥‥‥‥1995年
設計‥‥‥安藤忠雄
見どころ
● 周囲の景観と調和した半地下構造
● 上部に植栽が施された円柱形の展示室

天王山の中腹にたたずむ山荘

アサヒグループ 大山崎山荘美術館

アサヒグループオオヤマザキサンソウビジュツカン

関西の実業家だった加賀正太郎が大正〜明治初期にかけて建てた「本館」と、安藤忠雄が設計した「地中館」「山手館」からなる。建物、庭園、内部の展示と見どころ多数。

Map P.165-C1 大山崎

🏠大山崎町銭原5-3 ☎075-957-3123（総合案内）⏰10:00〜17:00（最終入館16:30）🈺月（祝日の場合は翌日）💰企画ごとに異なる🚉JR山崎駅から徒歩10分

日本で最初の国際会議場

国立京都国際会館

コクリツキョウトコクサイカイカン

1966年に日本初の国際会議場として開業。自然に囲まれた15万6000平方メートルの広大な敷地に台形の組み合わせで構成された建物のほか、宝ヶ池を借景にした日本庭園がある。

Map P.177-A1 一乗寺・修学院

🏠京都市左京区岩倉大鷲町422 ☎075-705-1205 ⏰10:00〜17:00 🈺不定休 💰無料 🚉地下鉄国際会館駅4番出口から徒歩5分

モダニズム建築の空間で本格コーヒーを

1. 館内には京都で数店舗を展開する前田珈琲によるNIWA caféが入る 2. 大きなV字柱が印象的なロビー

建築データ

竣工‥‥‥‥1966年
設計‥‥‥大谷幸夫
見どころ
● 台形と逆台形の組み合わせで構成された建物
● 京都の自然に溶け込むような設計

京都を代表する企業の本社だった

島津製作所旧本社ビルを再生

1. 玄関には今でも島津製作所の文字が掲げられている 2. 三角形のモチーフがあしらわれた玄関の柱頭 3. 口溶けのよいオリジナルパンケーキ1500円などカフェメニューも豊富

FORTUNE GARDEN KYOTO

フォーチュン ガーデン キョウト

近代建築の巨匠・武田五一の設計により島津製作所の社屋として建てられた。現在はこだわりの食材をカジュアルに楽しめるフレンチレストランとして営業している。

Map P.171-A4 河原町・烏丸

🏠京都市中京区河原町通二条下ル一之船入町386-2 ☎075-254-8843 ⏰17:30〜22:00（L.O.20:30）、ランチ平日のみ11:30〜15:30（L.O.14:00）、カフェ平日のみ11:30〜17:00（L.O.16:00）🈺火 🚉地下鉄京都市役所前駅16番出口から徒歩1分

建築データ

竣工‥‥‥‥1927年
設計‥‥‥武田五一
見どころ
● 随所に見られる幾何学的な装飾
● 当時最先端だったアーチ型の正面玄関

「大山崎山荘美術館」は建築や展示はさることながら、テラスからの眺めも最高でした！（栃木県・るんば）

もと小学校をアートの拠点に

京都芸術センター
キョウトゲイジュツセンター

国の登録有形文化財

もと明倫小学校の校舎を活用する、若手芸術家の創造活動拠点。竣工当時の姿をほぼ残した建物では、展覧会や舞台公演のほか、ワークショップやトークイベントなどを開催している。

Map P.171-B3 河原町・烏丸

🏠京都市中京区室町通蛸薬師下ル山伏山町546-2
☎075-213-1000 ⏰10:00～22:00（利用施設による）
休年末年始など 料入館無料
交地下鉄四条駅24番出口から徒歩5分

建築データ

竣工……1931年
設計…京都市営繕課
見どころ
● クリーム色の外壁に橙色の瓦を葺いたスペイン風建築
● 折上格天井が見事！豪奢な78畳の大広間

1. 古くは呉服問屋で栄え、釜師や画家も暮らしたという明倫学区 2. 教室を利用した制作室では若手アーティストが制作や稽古に励む 3. 大広間はイベント開催時のみ公開 4. スペイン風の屋根瓦と雨樋の緑青色があたたかみのある雰囲気

KYOTO EXPERIMENT2021 ホー・ツーニェン「ヴォイス・オブ・ヴォイド-虚無の声」（写真：澤田華）

宮家別邸を生かした料理旅館

吉田山荘
ヨシダサンソウ

「最後の宮大工棟梁」といわれた西岡常一による

昭和天皇の義理の弟君・東伏見宮家の別邸として建てられ、戦後料理旅館となった。重厚感のある総檜造りの建物は国の登録有形文化財にも認定されている。ティーサロンも併設。

Map P.172-A2 岡崎

🏠京都市左京区吉田下大路町59-1
☎075-771-6125 ⏰12:00～、17:00～（18:00L.O.）※それぞれ2時間制 休不定休
交市バス銀閣寺道から徒歩10分

1. 1932年に建てられた威風堂々とした立ち姿が印象的な表門。手には皇室ゆかりの「裏菊の紋」があしらわれている 3. 本館2階。書院造りの客室にステンドグラスが施された和洋折衷の空間

歴史を感じるね

建築データ

竣工……1932年
設計……不明
見どころ
● 西岡常一による京都市内で唯一の作品「表唐門」
● 本館2階の直弧紋様モチーフのステンドグラス

建築データ

竣工……1926年
設計……ウィリアムズ・ヴォーリズ
見どころ
● 現存する日本最古のエレベーター
● 直線と曲線を組み合わせた美しい装飾

ヴォーリズ唯一のレストラン建築

東華菜館
トウカサイカン

Map P.171-C4 河原町・烏丸

ウィリアムズ・ヴォーリズ設計による唯一のレストラン建築で、本格的な北京料理をいただける。日本最古のエレベーターや竣工当時の趣をそのまま残した建築美に注目を。

🏠京都市下京区四条大橋西詰
☎075-221-1147 ⏰11:30～21:30（L.O.21:00）、平日15:00～17:00は中休み 休週1日不定休
交阪急京都線京都河原町駅1番出口から徒歩1分

1. 天井や梁にも模様があしらわれている宴会場 2. 2階個室。いたる所に美しい装飾が施されている 3. 大正時代に竣工した当時の姿をそのまま残している 4. 古格子形の蛇腹式内扉など珍しい器具が備わったエレベーター 5. 豚肉と野菜を巻いて揚げた春巻き2200円 6. 前菜盛り合わせ3500円。まずはこれを注文したい

手動式で昇降。今も現役で稼働中

「東華菜館」の玄関ファサードや館内には、海の幸や山の幸など食材のモチーフが散りばめられている。

01 即成院の阿弥陀如来と二十五菩薩

[重要文化財] 像高550cm、木造

現世極楽浄土と呼ばれる本堂内陣の本尊。見上げるほど大きな阿弥陀如来の周りには、笛や太鼓を手にした像高150cmの二十五菩薩が鎮座していて、「仏像のオーケストラ」ともいわれる。

鑑賞ポイント

阿弥陀如来を筆頭に、総勢25名の楽器を持った菩薩様が音楽を奏でている

如来

最も位が高いとされる仏様。ほかの仏様に比べると装飾が少なく、質素な身なりが特徴。髪は丸く巻かれて粒状になった螺髪（らほつ）で、眉間の間には白毫（びゃくごう）がある。

表情やポー
会いにし

推し仏様を
寺院めぐりの楽しみ
ポーズもさまざま
会っておきたい

鑑賞ポイント

優美な雰囲気が特徴。周りの木造雲中供養菩薩像にも注目を

提供：平等院

02 平等院の阿弥陀如来坐像

[国宝]

像高277cm、木造

平安時代を代表する仏師・定朝の作。仏像をパーツごとに分担して制作し、寄せ合わせて一体の像とする「定朝様式」を完成させた。

鑑賞ポイント

救済を求める人を先導しながら見守っているような穏やかな表情

03 永観堂の阿弥陀如来立像（みかえり阿弥陀）

[国宝]

像高77cm、木造

永観堂の本尊で平安後期～鎌倉初期の作とされる。正面ではなく、左側後方へ顔を見返った珍しいポーズが人気を集めている。

二十五菩薩お練り供養が有名

01 即成院
ソクジョウイン

真言宗泉涌寺派の塔頭寺院。極楽浄土を彷彿とさせる「二十五菩薩お練り供養」は、京都の秋を代表する伝統行事として知られる。

Map P.183-A2 泉湧寺・東福寺・伏見稲荷

🏠京都市東山区泉涌寺山内町28 ☎075-561-3443 🕘9:00～16:00 [休]無休 [料]境内自由 [交]JR東福寺駅から徒歩5分

平安王朝美の世界

02 平等院
ビョウドウイン

提供：平等院

1052年、藤原頼通が父・道長から譲り受けた別荘を寺へと改めた。10円玉の図案でおなじみの鳳凰堂をはじめ、見どころが多い。

Map P.185-C3 宇治

🏠宇治市宇治蓮華116 ☎0774-21-2861 🕘8:30～17:30（受付終了17:15）、平等院ミュージアム鳳翔館9:30～17:00（受付終了16:45）、鳳凰堂内部9:00～16:10 [休]無休 [料]庭園＋平等院ミュージアム鳳翔館700円、中・高校生400円、小学生300円、鳳凰堂内部拝観300円 [交]JR宇治駅南口から徒歩10分

京都随一の紅葉の名所

03 永観堂（禅林寺）
エイカンドウ（ゼンリンジ）

「モミジの永観堂」の愛称で親しまれる浄土宗西山禅林寺派の総本山。秋には広大な池泉回遊式庭園の周囲を約3000本ものモミジが彩る。

Map P.173-B3 岡崎

🏠京都市左京区永観堂町48 ☎075-761-0007 🕘9:00～17:00（受付終了16:00）[休]無休 [料]600円（秋の寺宝展開催期間は1000円） [交]市バス南禅寺・永観堂道から徒歩3分

「平等院」は鳳凰堂だけでなく、ミュージアムや庭園もあり、見応え抜群です！（岡山県・ふらわあ）

菩薩

悟りを開く前の釈迦の姿が
モデルとされている菩薩。
釈迦がインド王子だった頃
を表しているため、
ネックレスやブレスレット
などきらびやかな装飾を
身に着けている。

04 泉涌寺の
楊貴妃観音像

重要文化財　像高114cm、木造

唐の玄宗皇帝の后・楊
貴妃をモデルとした仏
様で、1255年に中国か
ら渡来した。長い間秘
仏だったことから、彩
色が多く残る。

鑑賞ポイント

うっとりするほど
美しいたたずまいと、
柔らかい表情は
必見！

05 六波羅蜜寺の
空也上人像

重要文化財　像高116cm、木造

六波羅蜜寺の開祖
である空也上人の
像。「南無阿弥陀仏」
と念仏を唱える口
から6体の阿弥陀仏が
現れたという伝承
を表現している。

鑑賞ポイント

細部まで忠実に
再現された像からは、
空也上人の
力強さが
感じられる

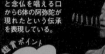

会いにいきたい仏様

に個性あり
たい仏様

つけるのも、
ひとつ。顔立ちも
仏様のなかから、
様をご紹介。

鑑賞ポイント

自分の
胸を両手で
大きく切り開いて、
中にある釈迦の
顔を見せている

高僧

仏教の隆盛に尽力した
高僧の姿を写した高僧の
像のため、実在した人物の
彫刻像というのがポイント。
仏像と同じく仏教における
信仰礼拝の対象と
されている。

06

萬福寺の
羅怙羅尊者像

❀像高250cm、木造

十八羅漢像のひとつ
で、羅怙羅尊者は出家
前の釈迦の子といわれ
る。「人はその心の中
に必ず仏の心を宿す」
という教えを表現して
いる。

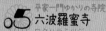

04 泉涌寺
皇室ゆかりの「御寺」
センニュウジ

真言宗泉涌寺派の総本山。
四条天皇が葬られたこと
から、以来「御寺」とし
て尊称される。美人祈願
の御利益でも知られる。

写真提供：御寺泉涌寺

Map P.183-A2　泉涌寺・東福寺・伏見稲荷

🚶京都市東山区泉涌寺山内町27 📞075-561
-1551 ⏰参拝9:00～17:00（最終受付16:30）
12～2月9:00～16:30（最終受付16:00）
💰心経殿（宝物館）　第4月曜 💰500円、小・中学
生300円 🚃市バス泉涌寺道から徒歩15分

05 六波羅蜜寺
平家一門ゆかりの寺院
ロクハラミツジ

951年、「踊り念仏」で
知られる空也上人によ
り創建。平安時代末期
には平家一門の邸宅が
軒を連ね、その数は
5200にものぼった。

Map P.168-C2　祇園・清水寺

🚶京都市東山区ロクロ町81-1 📞075-561
-6980 ⏰8:00～17:00（最終受付16:30）
💰無休 💰無料 🚃市バス清水道から徒歩7分

06 萬福寺
異国情緒あふれる中国式寺院
マンプクジ

江戸時代初期、日本に
渡来した中国僧・隠元
禅師によって開創。梵
唄（ぼんばい）とよば
れる読経や普茶料理な
どに触れられる。

Map P.165-C2　宇治

🚶宇治市五ケ庄三番割34 📞0774-32-3900
⏰9:00～17:00 💰無休 💰無料
🚃JR・京阪宇治線黄檗駅から徒歩5分

「萬福寺」では中国から伝わった精進料理・普茶料理を体験できる（電話にて3日前の午前中までに要予約）。　**147**

わび・さびの世界へおこしやす

茶の湯を「知る」「学ぶ」「体験する」

鎌倉時代に京都で生まれた茶の湯。ハードルが高いイメージのある茶の湯だが、
基本だけでもおさえておけばスマートにお茶をいただけるはず。

KNOW

歴史を知る

The World of Tea Ceremony

鎌倉時代初期、建仁寺の開山でもある禅僧・栄西が中国から茶種を持ち帰り、喫茶の方法を広めたのが始まり。現代に通じる茶道は珠光、武野紹鴎、千利休らによって確立された。

茶の湯を発展させた三茶人

珠光
ジュコウ
（1423〜1502年）

侘茶の祖。浄土宗の寺に入ったあと、大徳寺の一休宗純に禅を学び、それまであった上流階級の闘茶というお茶の産地を当てる遊びから禅の思想を反映させて、4畳半座敷で和敬清寂を重んずる侘茶を創始した。

武野紹鴎
タケノジョウオウ
（1502〜1555年）

侘茶の中興の祖。堺の豪商で、京都に出て和歌を学び、その後珠光の門人から侘茶を習う。侘茶を茶道の理想とし、さらに精神性を取り入れた。名物と呼ばれる茶道具60種を所有したことでも知られる。

千利休
センノリキュウ
（1522〜1591年）

侘茶を大成した、千家茶道の祖。極限まで無駄な要素を排除し、点前、作法を厳格化。客との出会いに一期一会の重みをもたせた。茶室にも工夫を凝らし、にじり口を設けたり、2畳の茶室を考案したりした。

learn

基礎知識を学ぶ

一 茶道の流派

千利休を始祖とした現在の茶道は表千家、裏千家、武者小路千家の三千家によって受け継がれている。流派によって所作や茶道具、お茶の点て方、いただくお菓子などが異なる。

二 装いと持ち物

着物なら白襟に江戸小紋や付け下げ、訪問着に袋帯、白足袋。洋装ならワンピースかスーツを着て、白靴下を履こう。お菓子を取る懐紙や袱紗は持参するのが決まり。

三 茶室のルールや工夫

茶室には湯を沸かす釜がかけられ、掛け軸や花を飾る床がある。茶室の天井が低く、障子で採光が限られているのは、落ち着いた空間で主客が茶事に集中できるようにするため。

床
掛け軸や花を飾る場所。いわゆる床の間

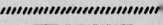

茶室の一例

炉
畳をくり抜いて造った、茶釜で湯を沸かすいろり。11〜4月に利用する。5〜10月は置き型の風炉を使用

広さ
大きく分けて4畳半が基本の「小間」と4畳半〜15畳の「広間」がある

京都旅行でレンタル着物を着て、茶道体験をしました。ハマってしまいそうです！（長野県・ホース）

薄茶メニュー1000円
（季節の和菓子付き）

3 |experience| 茶道を体験する

まずは先生のお点前を見学。そのあとに自分でお茶を点ててみよう

初心者でも気軽に茶道体験

宇治市営茶室 対鳳庵

ウジシエイチャシツ タイホウアン

平等院鳳凰堂の向かいにあることからこの名が付いた、市営の茶室。作法を知らなくても予約なしで気軽に茶道体験ができる。3日前までに予約すればお点前体験2400円も可。

Map P.185-C3 宇治

宇治茶の復興と茶道の普及のために建てられた茶室

🏠宇治市宇治塔川1-5 ☎0774-23-3334（宇治市観光センター）⏰10:00～16:00 📅1/1～1/9、12/21～12/31 💴1000円～ ※季節のお菓子付き 🚃京阪宇治線宇治駅から徒歩10分、またはJR宇治駅から徒歩15分

茶の湯を「知る」「学ぶ」「体験する」

基本の作法

一 茶室に入る

Point
茶室に入る前には服装を整えて。正客は床の間に近い席、初心者なら中間の席に座ろう。

二 お菓子が運ばれる

Point
お茶を飲む前にいただくのが決まり。お菓子を食べるときは、お菓子を懐紙の上に移し、懐紙を手のひらに乗せていただこう。生菓子の場合は菓子切りでひと口大に切り分けて。

三 お菓子をいただく

Point
お茶を飲むときは左手にお茶碗を乗せ、右手を添える。そしてお茶碗の正面を外すために2度回し、3～4回に分けて飲む。飲み終わったら再びお茶碗を2度回して戻そう。

四 亭主がお茶を点てる

五 お茶をいただく

六 茶室から出る

Point
ひととおり終わったら亭主にあいさつをして退出しよう。

お茶席で楽しむ「干菓子」と「主菓子」

お茶席で出される2種類のお菓子。干菓子は文字どおり乾いたお菓子で、落雁や煎餅、有平糖などを指す。主菓子は饅頭や練り切りなど上生菓子のことを指し、濃茶をいただくことが多い。

もっと知りたい！

茶道美術品を約1200点所蔵

樂美術館
ラクビジュツカン

樂焼窯元・樂家に伝わる茶道美術品を所蔵する。初代長次郎から当代吉左衞門までの茶碗が並ぶ「樂歴代特別展」は必見。鑑賞会や茶会などのイベントも随時開催している。

長次郎茶碗を代表する黒樂茶碗「面影」

Map P.166-B2 京都御所周辺

🏠京都市上京区油小路通一条下ル ☎075-414-0304 ⏰10:00～16:30（最終入館16:00）📅月（祝日の場合は開館）💴展示会により異なる 🚃地下鉄今出川駅6番出口から徒歩13分、または市バス堀川中立売から徒歩3分

樂焼窯元に隣接。樂焼450年の軌跡を学ぶことができる

茶の湯に関する企画展を開催

茶道資料館
チャドウシリョウカン

掛物、茶碗、花入などの茶道具や関連の美術工芸品、文献史料などを中心に展示する。2階には裏千家を代表する茶室のひとつ「又隠（ゆういん）」（重要文化財）の原寸大の写しが。茶の湯の専門図書館も併設。

Map P.166-A2 京都御所周辺

🏠京都市上京区堀川通寺之内上ル寺之内堅町682 裏千家センター内 ☎075-431-6474 ⏰9:30～16:30（最終入館16:00）📅月、展示替期間、年末年始 💴通常展700円、特別展1000円 🚃地下鉄鞍馬口駅1番出口から徒歩15分、または市バス堀川寺ノ内から徒歩3分

展示を見たあとは立礼式の呈茶で抹茶と和菓子を楽しもう（有料）

「和敬清寂」には互いに尊敬しあい、心身ともに清らかに、動じないというお茶の精神が込められている。

京都市民の憩いの場

鴨川
カモガワ

京都市内を南北に流れる川
で、春は川沿いに桜が咲き、
夏は五山の送り火の「大文
字」が見える。高野川と賀
茂川が合流する鴨川デルタ
Map P.167-B3 は、地元民
憩いの場所。

映画やドラマの
舞台にもなるよ

市内の南北を流れる

Story

愛すべき三角地帯「鴨川デルタ」

高野川と賀茂川が合流し、鴨川となる地点
にある三角州。東岸から西岸までは、橋や
飛び石で渡ることができる。周辺には寺社
や大学など文化的スポットが点在し、どこ
かノスタルジックな雰囲気が漂う。

鴨川
デルタ
↓

鴨
川

1. 亀や千鳥の形をした飛び
石を伝って対岸へ　2. 紅葉
が12月上旬まで楽しめる
年もある

鴨川沿いはサイ
クリングロード
も完備する

立ち寄りスポットをcheck!

約164mの
商店街

映画ファンも集うサブカル発信地
出町桝形商店街
デマチマスガタショウテンガイ

鯖街道の終着のエリアとして古くからにぎわいをみ
せる、地域密着型のアーケード。食料品店や飲食店
が軒を連ね、出町座など文化的施設も点在する。

Map P.176-A2 京都御所周辺

🏠京都市上京区桝形通出町西入二神町179　🕐🗓店舗に
より異なる　🚉京阪鴨東線出町柳駅5番出口から徒歩4分

行列の絶えない和菓子店
出町ふたば
デマチフタバ

名物は北海道産の赤えんどう豆と小豆、滋賀県
産の羽二重糯米を使った名代豆餅。あんなし、
こしあん入りがあり1個から注文できる。

Map P.176-A2 京都御所周辺

🏠京都市上京区出町通今出川上ル青龍町236
☎075-231-1658　🕐8:30〜17:30　🗓火、
第4水曜（祝日の場合は翌平日）　🚉京阪鴨東
線出町柳駅5番出口から徒歩4分

上／河原町通り
沿いの繁昌店
右／1個240円。
つきたての餅
はモチモチ！

き水や井戸が点在する。琵琶湖と京の町をつなぐ一大構想から実現へといたった歴史を徹底解説！

起死回生の大プロジェクト

琵琶湖と京都を結ぶ

琵琶湖疏水（ビワコソスイ）

水に恵まれない京都の長年の夢である疏水建設を決断し、1890年に琵琶湖第1疏水が完成。豊かな水量の琵琶湖から京都へと水を運ぶ人工水路は今なお現役で活躍する。

関連スポットをcheck!

写真提供：京都市上下水道局

1. トンネルの中は渦が巻いているよう
2. 高さ約3m、長さ約18mのトンネル

歩行者用の小さなトンネル

ねじりまんぽ ネジリマンボ

インクラインをくぐるように造られたトンネル。大きな負荷に耐えられるように、内側のれんがが斜めに積まれ、らせん状にねじられているのが特徴。

[Map P.173-C3] 岡崎

🏠京都市左京区南禅寺福地町
☎075-672-7709（京都市上下水道局）
🕘散策自由 [料]無料 [交]地下鉄蹴上駅2番出口から徒歩3分

疏水建設にまつわるアレコレを知る

琵琶湖疏水記念館 ビワコソスイキネンカン

疏水建設工事の工程や規模、京都の近代化に果たした役割などを、当時の資料や映像で紹介する。大正時代の様子がわかるミニチュア模型がおもしろい。

[Map P.173-C3] 岡崎

🏠京都市左京区南禅寺草川町17 ☎075-752-2530 🕘9:00～17:00（最終入館16:30） [休]月（祝日の場合は翌平日） [料]無料 [交]地下鉄蹴上駅2番出口から徒歩7分

写真提供：京都市上下水道局

1. 琵琶湖疏水完成100周年を記念して開設
2. 琵琶湖疏水についての資料を所蔵

Story

衰退した経済を再生

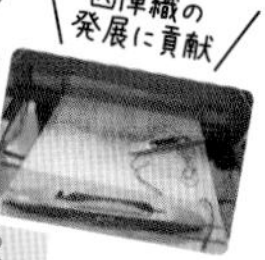

西陣織の発展に貢献

第3代京都府知事の北垣国道は、東京遷都により低迷する京都を復興するために、長年の夢であった疏水建設を計画。日本初の事業用水力発電所を稼働、その電力で日本初の路面電車を走らせた。

国の史跡として保存

蹴上インクライン ケアゲインクライン

蹴上船溜から南禅寺船溜まで敷かれたケーブルカーの一種。高低差約36m、全長約582mのレールで、建設当時は世界最長を誇った。

レールの両側は桜並木♪

写真提供：京都市上下水道局

[Map P.173-C3] 岡崎

🏠京都市左京区粟田口山下町～南禅寺草川町
☎075-672-7709（京都市上下水道局）🕘散策自由
[交]地下鉄蹴上駅2番出口から徒歩3分

労働力は延べ400～600万人、工事費に当時の京都府の年間予算の約2倍を投入した疏水建設事業。新産業発展の原動力ここにあり！

風情ある京町家で暮らすように過ごす

伝統的な建築と滞在しやすい設備を兼ね備えた京町家。
調理器具付きや木造りの内湯付きなど、のんびり滞在を楽しみたい人におすすめ。

伝統とモダンが見事に融合

KYO❀
MACHIYA

職人さんと
私たち夫婦一丸
となって改装
しました!

浴室のデザインにもセンスを感じる

もと茶道教室をリノベーション

京町家コテージ
karigane
キョウマチヤコテージカリガネ

歴史ある町家の趣に加え、随所に天然素材を使ったあたたかみのある1日1組の宿。チェックインの際には、抹茶とともに京都の上生菓子を用意し、宿主自ら盆点前で出迎えてくれる。レンタサイクルを利用すれば、金閣寺や下鴨神社へは15分ほどと、観光の拠点にも最適。

Map P.166-A2　紫野・北野天満宮

🏠 京都市北区紫野下門前町52-2
📞 なし　⏰ IN15:00 OUT11:00
🛏 ①　🚃 市バス大徳寺前から徒歩3分、
または市バス北大路堀川から徒歩5分

1. スタイリッシュで乗り心地のよいtokyobikeを5台用意　2. 2階は4.5畳と6畳の和室。襖で仕切り2部屋に分けての利用もOK　3. 近所にはカフェやレストランも点在　4. 寿司会席「鮨長」さんが作る朝ご飯2500円　5. アンティーク陶器などの食器類が並ぶキッチン

「京町家 楽遊 堀川五条」真向いの「五香湯」は風呂が6種類、サウナや岩盤浴まであり、しっかりととのいます。(東京都・ミコ)

憧れの京都暮らしを体験

京町家 楽遊 堀川五条

キョウマチヤ ラクユウ ホリカワゴジョウ

小さな食堂や居酒屋が点在する京都の下町に位置し、暮らすように滞在できる。伝統の意匠はそのままに、現代的な設備を導入し、快適さを追求した宿は全室風呂付き。さらに真向いのサウナ付き銭湯は無料で利用できる。

Map P.180-A2 京都駅

🏠京都市下京区柿本町590-16
☎075-366-3211 🕐IN16:00～22:00 OUT11:00 🛏11
🚃地下鉄五条駅4番出口から徒歩13分、または市バス大宮五条から徒歩2分

風情ある京町家で暮らすように過ごす

1. 大きな窓と書院も備えた客室「四季」2. 無料のコーヒー提供もあるロビー。床暖房設置で冬でもぽかぽか 3. 無料の朝食は人気ベーカリー「まるき製パン所」など地元の味を楽しめる 4. 染のオーダー専門店「四季彩」制作の暖簾がかかる

たわら庵 タワラアン

皇族の国璽（印鑑）工房として使われていた建物を、現代風の内装にリノベーション。宿泊棟は坪庭を中心に東館と西館の2棟。築120年の京町家の館内構造を隅々まで堪能しよう。

Map P.171-A3 河原町・烏丸

🏠京都市中京区富小路二条下ル俵屋町190 ☎075-468-1417 🕐IN16:00～20:00 OUT11:00 🛏2棟 🚃地下鉄京都市役所前駅3番出口から徒歩6分

職住一体の町家長屋で快適

1. 高野槙を全面に使用した西館の風呂
2. かつては職人の工房だった西リビング。天井まで7mと開放感たっぷり
3. 京町家指定の貴重な建物 4. シモンズのベッドでぐっすり睡眠できる東館洋室
5. 貴重な変木で造られた東館リビング

約4000もの宿泊施設がひしめき合う京都市。ピーク時期には宿代が跳ね上がり、人気の宿はすぐ埋まるので早めの手配を。

Special stay!

全10棟あるグラン
ピングヴァケーションヴィラ

プライベート空間でまったり♪ 一棟貸しでスペシャルステイ

古民家をリノベーションした宿や宿坊、豊かな自然のなかに立つコテージなど、周囲に気兼ねすることなく別荘気分で過ごせる一棟貸しをご紹介。

1. やわらかな日差しが差し込むベッドルーム 2. プライベートデッキにはハンモックも設置 3. 夕食は鍋やBBQなどのプランからチョイス 4. キッチン用具も充実 5. 共有スペース「TAKIBIテラス」。たき火を囲んでの会話も盛り上がる 6. 外の景色を楽しみながら食事ができるダイニングルーム

緑豊かなロケーションで
グランピング

GRAX HANARE 京都 るり渓
グラックス ハナレ キョウト ルリケイ

テントの設営や食事の支度など、煩わしさから解放し、大自然のなかでのんびり過ごせるグランピング。ふたつのベッドルームを備え、食事は専用のデッキでバーベキューが楽しめる。プライベートテントサウナ付きのヴィラもある。

Map P.164-B1 南丹

南丹市園部町大河内広谷1-14 ☎0771-65-5001
IN14:00 OUT11:00 10 JR園部駅から無料送迎バス

「GRAX HANARE 京都 るり渓」では丹波ワインなど、ドリンクのルームサービスがあります。(京都府・カコ)

おすすめPOINT!
ミニキッチンや洗濯機を備え長期滞在でも快適！

広々和室は居心地◎

Antique style

御所門前で"暮らす"を体験
竹間つゆくさ庵
チッカンツユクサアン

京都家の特徴的な間取りを保ちつつ、モダンに改装された宿。館内のインテリアはアンティークで統一され、水の流れをイメージして造られた坪庭のライトアップも幻想的。京都市内の中心地に位置しており旅の拠点にもおすすめ。

Map P.176-C1　京都御所周辺

🏠京都市中京区福屋町737-3
☎075-574-7267　🕐IN16:00 OUT10:00
🛏1　🚇地下鉄丸太町駅5番出口から徒歩5分

1. 優しい照明でリラックスできる和モダンな寝室　2. 2間続きの和室。ちゃぶ台を囲みながらいただく夕食も格別　3. 使い勝手のよいバスルーム　4. 家具の街で知られる夷川通に位置する　5. 町家の意匠として大切にされてきた「箱階段」。丸テーブルと椅子もアンティーク

Modern style

おすすめPOINT!
非公開寺院のプライベート空間を体感！

非公開寺院に泊まっちゃう
宿坊KANETSUNE
シュクボウカネツネ

臨済宗寺院「廣誠院」の敷地内に伝統とモダンが融合した宿がオープン。自然の弾力が心地よいキャメルベッドや、かづら清老舗のアメニティ、手作りでお香を楽しめるキットの用意など、いたれり尽くせりのサービスを提供。

Map P.171-A4　河原町・烏丸

🏠京都市中京区河原町通二条下ル東入ル一之船入町538-1　☎075-231-3831（宿泊専用）
🕐IN16:00 OUT11:00　🛏1　🚇地下鉄京都市役所前駅2番出口から徒歩2分

1. セミダブルベッド2台が置かれたツインルーム　2. プリツカー賞など数々の受賞歴をもつ建築家・伊東豊雄氏が監修し岡野道子氏が設計　3. ゲスト専用での利用もできる食堂「ICHIFUNE」　4. 京都市指定名勝の庭園　5. バスタブ付きのバスルームのほか独立したシャワールームも完備

「宿坊KANETSUNE」の敷地内の離れにある「食堂ICHIFUNE」では、自分で料理人を招聘しプライベートレストランとしても使える。

1. 外観は大正時代の創業時の姿を残す　2. アートギャラリーを含むインスピレーションあふれるロビー　3. ホテルのコンセプト"East Meets West" が感じられるエーススイート　4. 新しい感覚の空間・アート作品を館内のいたる所に配置

米・シアトルのカルチャーに浸る

Ace Hotel Kyoto

エース ホテル キョウト

旧京都中央電話局のクラシカルな建物を活用し、建築家・隈研吾氏とLAのコミューンデザインが建築・デザインを手がける。全世界に9店舗を展開しており、ここ京都はアジア＆日本初出店となる。

1〜3 ©Yoshihiro Makino

Map P.171-A3 河原町・烏丸

京都市中京区車屋町245-2 新風館内　075-229-9000
IN15:00 OUT12:00　213　地下鉄烏丸御池駅南改札直結

ART HOTEL

滞在の楽しさ倍増！おしゃれなアートホテル

歴史的建造物をデザイン性の高い空間へとリノベーションしたり、客室がまるごとアート作品だったり、個性派ホテルが続々オープン！

タイムレスな空間を堪能

NOHGA HOTEL KIYOMIZU KYOTO

ノーガ ホテル キヨミズ キョウト

館内を彩る数々のアート作品に加え、シンプルで洗練された客室には、京都の伝統工芸を生かしたインテリアに高音質なオーディオを用意。気軽に参加できる瞑想体験（30分）にもぜひトライを！

Map P.168-C2 祇園・清水寺

京都市東山区五条橋東4-450-1　075-323-7120　IN15:00 OUT11:00　207
京阪本線清水五条駅4番出口から徒歩7分

1. ロビーラウンジには約50種類の焼きたてパンが登場するベーカリーカフェも併設　2. ワインセラーや簡易キッチンのあるノーガスイート　3. 京都市内を一望できるホテル最上階のルーフトップバーでは、カクテルやタパス料理に舌鼓を

 2023年8月「Ace Hotel Kyoto」に3つ目のレストランKŌSAがオープンしました。（京都府・ケン）

その1
1200年かけて作られた
美しい言葉

柔らかく優雅な響きを感じられる京ことばは、宮中で使われる御所言葉と町で暮らす人々が話す町方言葉が混ざり合い、長い時間をかけて変化してきた言葉。よく耳にする「〜どす」「〜やす」「〜はる」は幕末以降に成立したと考えられている。

御所言葉	言葉の頭に「お」、語尾に「もじ」をつけるのが特徴。髪のことを「おぐし」、かつらのことを「かもじ」などと言う。

町方言葉	職人や商家の人々が話す言葉や、舞妓などが花街で接客などで使う独特の言葉。八瀬や大原の農家の言葉を指す。

女房詞ともいいます

時間をかけて変化しました

その表現にはウラがある!?

憧れの
京ことば
ガイド

母音を伸ばし相手に柔らかい印象を与える京ことば。「手」なら「てぇ」と2音になるぐらいに伸ばすのが特徴。これは、日常で相手とうまく付き合おうという生活の知恵と保身から生まれたといわれる。

語尾を上げるのが特徴どす

その2
独特の発音が
耳に優しい

表と裏があるとよく聞く京都の言葉。「おおきに」は「ありがとう」という肯定のほかに、誘いを断る際にも使われる。「お誘いありがとう、でも……」なのだ。相手に恥をかかせたりするのを避けたいという思いから生まれたという。

その3
語尾に
特徴あり!

独特の敬語表現のひとつが「〜しはる」。「行く」を「行かはる」だけでなく、「犬が寝てはる」など、動物などにも使用する。最も敬意を払う敬語が「お〜やす」で「おいでやす」「おこしやす」もそのひとつ。

優しい響きの京ことばは、おもに京都市や宇治市を中心に使われる言葉。少しでも京ことばを知れば、旅がもっと楽しくなるかも!

その4
本音と建前を
見極めよ

Point 1「よろしいなぁ」

「どうでもいい」の意味を含む。提案をして「よろしいなぁ、考えときます」と返されたら、却下を意味する。

Point 2「ぶぶ漬けでも」

「さっさと帰れ」の意地悪な意思表示とされるが、そうとも言えないらしい。客に「帰れ」というのはしのびないとしてこの表現が生まれ、「わざわざ来ていただいたのにすいません」という気持ちが込められているとの説がある。

相手への思いやりなんです

いくつ知ってる?
京ならではの言い回し

おいでやす	初めての客に対して店側があいさつする言葉。常連客にはよりていねいに「おこしやす」を使うことが多い。

いけず	意地悪の意味とされる。相手から嫌味を言われたときなどに「いけずなお人やわぁ」とかわす。

ほっこり	何かを終えて適度に疲れたときに「ほっこりしたわぁ」と使う。癒やされるという意味はない。

はんなり	上品で華やかな様子を指す。「はんなりした色合い」など、着物の色を表現した言葉だったとされる。

しょうもない	「仕様もない」が変化してできた京ことば。「くだらない」「つまらない」を意味する。

じゅんさいな	水草のジュンサイが語源。「優柔不断な」という意味で「じゅんさいなお人やなぁ」と使う。

もっとお得に
快適に！

京都を楽しみ尽くす 旅のテクニック

出発前に
読み込もう！

京都旅行がより楽しくなる雑学や、ハードルの高い老舗の味を気軽に
堪能するワザなど、お役立ち情報をご紹介。しっかりインプットして京都ツウになろう！

Technique 01 17寺社城が世界遺産に登録 世界が認めたKYOTOを知る

憧れの
世界遺産へ

1994年に「古都京都の文化財」が世界文化遺産に登録された。スポットによって宇治市や郊外にあったり、予約が必要だったりするため、世界遺産めぐりをするなら情報収集を入念に。

1. 下鴨神社（賀茂御祖神社）の楼門と舞殿　2. 仁和寺の二王門

古都京都の文化財

- 上賀茂神社（賀茂別雷神社）（京都市北区）P.37
- 下鴨神社（賀茂御祖神社）（京都市左京区）P.124
- 東寺（教王護国寺）（京都市南区）P.58
- 清水寺（京都市東山区）P.112
- 比叡山延暦寺（滋賀県大津市）坂本本町・京都市左京区）
- 醍醐寺（京都市伏見区）
- 仁和寺（京都市右京区）P.126
- 平等院（宇治市）P.146
- 宇治上神社（宇治市）P.139
- 高山寺（京都市右京区）
- 西芳寺（苔寺）（京都市西京区）
- 天龍寺（京都市右京区）P.130
- 金閣寺（鹿苑寺）（京都市北区）
- 銀閣寺（慈照寺）（京都市左京区）P.126
- 龍安寺（京都市右京区）P.126
- 西本願寺（京都市下京区）
- 元離宮二条城（京都市中京区）P.118

※掲載順は文化庁「文化遺産オンライン」より

Technique 02 一度は参加してみたい！ 古都に季節を告げる4大祭り

東山の
大文字

伝統的な祭礼が数多く残る京都で特に重要視されているのが、京都3大祭と呼ばれる春の「葵祭」、夏の「祇園祭」、秋の「時代祭」に加え、お盆の伝統行事「五山送り火」。全国から多くの人が訪れ、京の町が熱気を帯びる。

五山送り火の点灯時間は各30分

5/15 葵祭（賀茂祭）

約1400年以上前に始まったとされ、平安装束をまとった人々が京都御所をスタートし、下鴨神社、上賀茂神社を練り歩く「路頭の儀」が有名。

7/1～31 祇園祭

1ヵ月にわたって神事や行事が行われる八坂神社の祭礼。ハイライトは「動く美術館」といわれる豪華な山鉾が通りを巡行する「山鉾巡行」。

8/16 京都五山送り火

現世に還ってきた祖先の霊（お精霊さん）を再び浄土へ送る、お盆を締めくくる伝統行事。市内5ヵ所の山々に大の字や船形の火をともす。

10/22 時代祭

平安遷都1100年を奉祝する行事として始まった平安神宮の大祭。約2000人の市民が明治維新から延暦時代の姿に扮して歩く時代行列が見どころ。

Technique 03 京都駅近くの観光案内所で 出発前に最新情報の確認を

京都旅行の拠点・京都駅には各所に案内所が設置されている。最新情報や目的地への行き方などが調べられるほか、観光ルートの相談もできるため、町歩きを始める前に立ち寄ろう。

京都駅ビルインフォメーション
キョウトエキビルインフォメーション

JR京都駅直結

京都駅ビルに関する施設情報を案内する総合案内所。隣接の液晶パネルでイベント情報や最新情報を発信する。

Map P.180-B2 京都駅
☎075-361-4401
◑9:00～19:00 ㉨無休

中央改札西側エスカレーター上にある

京都総合観光案内所 京なび
キョウトソウゴウカンコウアンナイジョ キョウナビ

JR京都駅直結

桜や紅葉の見頃や宿泊情報など、京都府全域の観光情報が集まる。乗車券類や美術館・博物館の入場券も購入可能。

Map P.180-B2 京都駅
☎075-343-0548
◑8:30～19:00 ㉨無休

京都駅ビル2階南北自由通路沿い

JR京都駅鉄道案内所
ジェイアールキョウトエキテツドウアンナイジョ

JR京都駅直結

電車の乗り継ぎに迷ったらこちらへ。目的駅までの効率的な乗り継ぎや所要時間をていねいに教えてくれる。

Map P.180-B2 京都駅
◑8:00～20:00 ㉨無休

JR中央改札口を出てすぐの場所

京都駅前市バス・地下鉄案内所
キョウトエキマエシバスチカテツアンナイジョ

JR京都駅から徒歩1分

路線図をゲット！

京都観光の強い味方であるバス・地下鉄路線図「地下鉄・バスなび」を無料配布している。お得な乗車券の販売も。

Map P.181-B3 京都駅
☎0570-666-846
◑7:30～19:30 ㉨無休

JR京都駅中央口を出て駅前広場東側

超人気店は数ヵ月前から予約します。予約が取れてから旅の計画を組むこともあります。（神奈川県・うるる、）

Technique 04
読んでおけば旅情が深まる 京都×文学×名作をチェック

文豪たちに愛され、名作の舞台になってきた京都。川端康成が『古都』(P.50)を執筆した料亭など、市内には作家ゆかりの老舗や作品に登場する社寺が点在する。旅立つ前に読んで京都の魅力をもっと知ろう。

芥川龍之介『羅生門』

『今昔物語集』内の物語をもとに、荒廃した平安京を舞台に人間の生々の執着を描く。1917年に第一短編集として発行され、芥川は同年、父親とともに初めて京都を旅している。

芥川龍之介『羅生門・鼻』(新潮文庫刊)

三島由紀夫『金閣寺』

1925年に起きた金閣寺放火事件を題材にした三島の最高傑作と名高い作品。三島は京都の老舗旅館・柊屋を定宿として、自決する直前の1970年10月にも家族で宿泊したという。

三島由紀夫『金閣寺』(新潮文庫刊)

谷崎潤一郎『細雪』

大阪の旧家を舞台に4姉妹の日常生活を綴った物語。姉妹は桜の時期は毎年京都を訪ね、平安神宮などで花見を楽しんでいる。谷崎は東京生まれだが、戦後は京都に移り住んだ。

谷崎潤一郎『細雪』(新潮文庫刊)

夏目漱石『虞美人草』

美貌の女性・藤尾を中心とした男女の人間模様を描く。物語はふたりの男の京都観光から始まる。夏目は生涯で4度京都を訪れていて、その体験が作品に反映されたとされる。

夏目漱石『虞美人草』(新潮文庫刊)

Technique 05
憧れの老舗・名店の味を 気軽に楽しむ裏ワザ

「伝統ある店の京料理を食べたい!」と思ってもなかなかハードルが高いもの。そこでおすすめなのが、会席料理をリーズナブルに味わえるランチやお弁当。初心者はまずはここから挑戦を。京都駅直結の伊勢丹地下2階にある老舗・名店弁当コーナーも人気が高い。

お弁当で京料理を満喫

テイクアウトは事前予約制の場合もあるので注意

Technique 06
コスパ最強の移動手段! 進化が止まらない高速バス

新幹線と比べると時間はかかるものの、断然安いのが魅力。夜行バスなら寝ているうちに京都に着く。

高速バス運賃の目安

新宿→京都	2900円～	名古屋→京都	830円～
仙台→京都	7500円～	広島→京都	3800円～
長野→京都	5200円～	高松→京都	5050円～
金沢→京都	3200円～	福岡→京都	3400円～

※運賃は曜日や時期で変動する

Technique 07
"千年の都"の歴史をおさらい ざっくり年表で京都を学ぼう

時代	西暦(和暦)	おもなできごと
江戸	1603年(慶長8年)	徳川家康が江戸幕府を開く
	1637年(寛永14年)	笠置屋(現・月桂冠 P.86)が創業
	1659年(万治2年)	京料理 はり清 P.108が創業
	1663年(寛文3年)	鳩居堂 P.125が創業
	1688年(元禄元年)	西陣 P.118が大織業地に発展
	1751年(宝暦元年)	上羽絵惣 P.29が創業
	1788年(天明8年)	京都大火(天明の大火)
	1847年(弘化4年)	緑寿庵清水 P.91が創業
	1856年(安政3年)	阿闍梨餅本舗 P.120が創業
		下鴨茶寮 P.72が創業
	1864年(元治元年)	池田屋事件/禁門の変(蛤御門の変)
	1867年(慶応3年)	大政奉還、王政復古の大号令
明治	1868年(慶応4年)	明治天皇が即位/京都府開庁
	1869年(明治2年)	日本初の小学校が開校
	1878年(明治11年)	ちんとら P.97が創業
	1885年(明治18年)	琵琶湖疏水 P.151 工事起工
	1886年(明治19年)	円山公園 P.65が開園
	1895年(明治28年)	京都で第4回内国勧業博覧会が開催
		平安神宮 P.120が創建
	1897年(明治30年)	京都帝国大学(現・京都大学)が創立
	1899年(明治32年)	京料理 六盛 P.67が創業
		出町ふたば P.150が創業
	1905年(明治38年)	松葉湯葉 P.45が創業
	1910年(明治43年)	権太呂 P.77が創業
大正	1912年(大正元年)	大正天皇が即位
	1914年(大正3年)	第1次世界大戦勃発
	1922年(大正11年)	天橋立 P.56が国の名勝に指定
昭和	1926年(昭和元年)	昭和天皇が即位
	1932年(昭和7年)	京都市の人口が100万人を超える
	1939年(昭和14年)	第2次世界大戦勃発
	1950年(昭和25年)	金閣寺放火事件
	1964年(昭和39年)	京都タワー P.54が開業
平成	1989年(平成元年)	平成の天皇が即位
	1994年(平成6年)	「古都京都の文化財」が世界遺産に登録
	2017年(平成29年)	文化庁の京都への全面移転が決定
令和	2019年(令和元年)	徳仁天皇が即位

KYOTOトラベル交通ガイド

知っておけば得をする！

旅の目的とスタイルに合わせて、京都の交通機関を乗りこなそう。

京都市内の交通を攻略！

Check Point 1

本当にお得なきっぷBest 3

鉄道＆バス移動が重要な京都で使いたい、便利＆お得なおすすめ乗車券はこちら！

Best 1 地下鉄・バス1日券 1100円

地下鉄の初乗りは220円、市バスは230円。5回利用すれば元が取れる！

京都市営地下鉄・市バス全線と、京都バス※、京阪バス※、JRバス※が1日乗り放題。京都市内のほぼ全域をカバーしている。平安神宮など、京都市内約60ヵ所の寺社や観光施設で割引などの優待を受けられる。

※一部路線を除く

Best 2 地下鉄1日券 800円

地下鉄の初乗りは220円。4回利用すれば元が取れる！

京都市営地下鉄全線が1日乗り放題に。乗車券利用当日に元離宮二条城や京都市京セラ美術館など地下鉄沿線の主要観光施設で優待特典を受けられる。地下鉄の各駅窓口や自動券売機、案内所などで発売。

Best 3 京都・嵐山1dayパス【阪急版】 1400円

阪急電車の初乗り170円を3回と嵐電の初乗り250円を4回利用すれば元が取れる！

阪急電車・嵐電（京福電車）全線と、京都バス（嵐山・嵯峨野エリアのみ）が1日乗り放題。沿線の施設で特典割引を受けられる。春と秋の期間限定発売。

Check Point 2

お役立ちTravel Tips

覚えておけばいざというときに困らない!?京都の移動時に便利＆安心な豆知識4点をご紹介。

☑ 情報収集は「えきなか」＆「まちなか」で

京都市内10ヵ所の駅にある「京都えきなか観光案内所」では、公共交通機関の乗り換え方法や観光地までの行き方をていねいに案内してくれる。「京都公共交通マップ」の提供も。さらに、京都市のセブン-イレブンやスターバックスには「京都まちなか観光案内所」があり、周辺情報を教えてもらえる。京都駅も観光案内所が充実（P.158）。

☑ 乗り換えに便利な最強駅で効率アップ！

京都市内の移動にうまく利用したいのが、JRと地下鉄、私鉄の相互乗り換えを行っている駅。メインターミナルである京都駅のほか、嵐山方面へ行けるJR山陰本線と地下鉄東西線に乗り入れている二条駅、JR東海道本線と地下鉄東西線に乗り入れている山科駅など。

☑ 市バスは「均一料金の後払い」が基本

京都市中心部の均一料金区間を走るバスの運賃は一律230円。後ろのドアから乗車し、降車時に運賃を支払う。京都市内の主要観光地はほぼこの均一区間内にあるが、バス前面上部の方向幕表記が白地に黒字の路線（多区間系統）は均一区間外を運行する場合も。乗車距離によって運賃が変わるため、必ず乗車時に整理券を取ろう。

☑ 乗降客の多い駅を使いこなす混雑時の裏ワザ

JR京都駅や地下鉄四条駅、烏丸御池駅、山科駅は、平日7～9時頃と17時30分～19時頃が混雑のピーク。特に烏丸国際会館行きの列車は先頭車両と2両目が混雑するため、3両目以降に乗車を。通勤ラッシュの時間帯は大きな荷物を持って移動するのは避けよう。

Check Point 3

時短でさくっと名所をめぐる 観光バスツアー

複雑な交通事情に悩まされずに主要観光地を効率よく見て回りたいならバスツアー一択！

屋根のない赤い2階建てバス「スカイバス京都」

ガイド付きのオープントップバスで京都の名所をめぐる。おすすめのコースは約1時間かけて平安神宮や八坂神社など京都市内の主要観光スポットをめぐる「ぐるっと一周ドライブ」。季節やコースによっては桜や紅葉、イルミネーションも楽しめる。

URL resv.kyototeiki kanko.gr.jp/Teikan/Web/Default.aspx
料 2000円

全席2階だから高い視点から京都の町を望める

何回でも乗り降り自由な「スカイホップバス京都」

チケット有効時間内であれば、京都市内に14ヵ所ある専用のバス停のどこからでも何度でも乗り降り可能。金閣寺や銀閣寺など、気になる観光地を自分のペースでめぐれるので観光プランが立てやすい。イヤフォンを利用した音声ガイドで観光スポットの解説が聴ける。

URL skyhopbus.kyoto/
料 1日券4000円

乗り降り自由だから気軽に利用しやすい

京都のバスは停留所での停車時間が短いので、目的地で降り損ねないように人の流れに乗って乗車口へ進むこと。（千葉県・acco）

aruco

京都

Kyoto

MAP

トリビア＆知っ得ネタ、お届けします！

RAILWAY☆TIPS

01 京都駅ビル設計の裏テーマって何？

ガラス張りの外観が特徴的な京都駅ビル。現在の建物は1997年に建てられ、京都駅舎としては4代目となる。「京都は歴史への門である」という設計主旨のもと、平安京の特徴的な碁盤の目の街路網をデザインに取り入れている。

天候や時間により京都タワーが駅ビルのガラス面に映る

02 混み合う京都駅で待ち合わせるなら……

観光スポットへすぐ向かうなら、市内中心部へのアクセスがよい「中央改札口」へ。ただし、目印となるものがないため、「みどりの窓口前」など具体的に決めておこう。目的地に便利な交通機関を確かめておくのが大事。

03 JR京都駅乗り場に欠番がある謎

JR京都駅にある0〜34番乗り場のうち1番と15〜29番は欠番。1番が欠番なのは0番と2番の間に列車通過用線路があるから。14番の次が30番台乗り場なのは、「山陰本線」の「さん＝3」に合わせた言葉遊びだという。

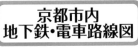

京都市内 地下鉄・電車路線図

梅と紅葉の名所 北野天満宮は 北野白梅町駅から歩いて5分

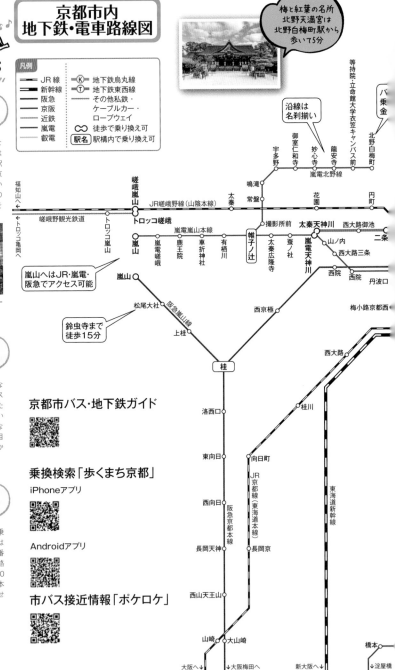

凡例

▅ JR線	Ⓚ 地下鉄烏丸線
▅ 新幹線	Ⓣ 地下鉄東西線
― 阪急	― その他私鉄・
― 京阪	ケーブルカー・
― 近鉄	ロープウェイ
― 嵐電	∞ 徒歩で乗り換え可
― 叡電	駅名 駅構内で乗り換え可

沿線は名刹揃い

嵐山へはJR・嵐電・阪急でアクセス可能

鈴虫寺まで徒歩15分

京都市バス・地下鉄ガイド

乗換検索「歩くまち京都」

iPhoneアプリ

Androidアプリ

市バス接近情報「ポケロケ」

等持院・立命館大学衣笠キャンパス前

バス乗金

北野白梅町

御室仁和寺
宇多野
妙心寺
龍安寺前
嵐電北野線

鳴滝
太秦
花園
円町
常盤
嵯峨嵐山
JR嵯峨野線（山陰本線）
撮影所前
太秦天神川
西大路御池
二条
嵯峨野観光鉄道
トロッコ嵯峨
嵐電嵐山本線
帷子ノ辻
嵐電天神川
山ノ内
福知山へ
←トロッコ亀岡へ
トロッコ嵐山
嵐山
嵐電嵯峨
鹿王院
車折神社
有栖川
蚕ノ社
太秦広隆寺
西大路三条
西院
西院
丹波口
嵐山
松尾大社
上桂
阪急嵐山線
西京極
梅小路京都西
桂
洛西口
桂川
西大路
東向日
向日町
JR京都線（東海道本線）
西向日
阪急京都本線
東海道新幹線
長岡天神
長岡京
西山天王山
山崎
大山崎
橋本
大阪へ
大阪梅田へ
新大阪へ
淀屋橋へ

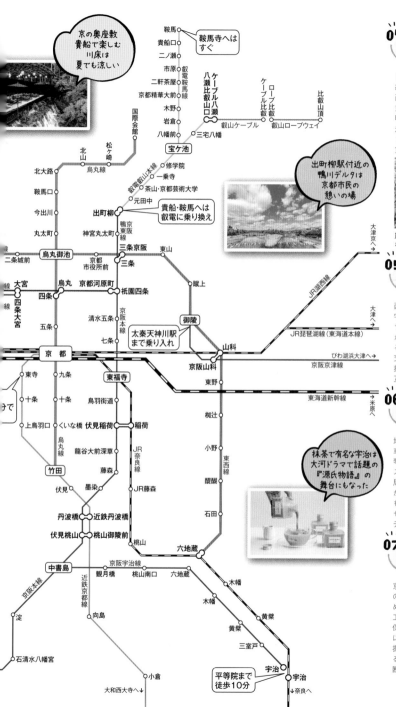

京の奥座敷
貴船で楽しむ
川床は
夏でも涼しい

鞍馬

貴船

鞍馬寺へは
すぐ

二ノ瀬

市原

二軒茶屋

京都精華大前

木野

岩倉

八幡前

叡
電
鞍
馬
線

八瀬比叡山口

ケーブル八瀬
比叡山

ケーブル比叡

ロープ比叡

比叡山頂

三宅八幡

叡山ケーブル

叡山ロープウェイ

国際会館

宝ケ池

北山

松ケ崎

北大路

烏丸線

修学院

一乗寺

茶山・京都芸術大学

元田中

叡
電
叡
山
本
線

鞍馬口

今出川

出町柳

貴船・鞍馬へは
叡電に乗り換え

出町柳駅付近の
鴨川デルタは
京都市民の
憩いの場

丸太町

神宮丸太町

鴨
東
線

京
阪

三条京阪

東山

烏丸御池

二条城前

京都
市役所前

三条

蹴上

大宮

烏丸

京都河原町

祇園四条

四条

京
阪
本
線

清水五条

四条大宮

五条

七条

御陵

太秦天神川駅
まで乗り入れ

山科

京　都

京阪山科

東福寺

東野

JR湖西線

大津京へ→

大津へ→

JR琵琶湖線（東海道本線）

京阪京津線

びわ湖浜大津へ→

東寺

九条

十条

十条

鳥羽街道

くいな橋

伏見稲荷

稲荷

上鳥羽口

龍谷大前深草

椥辻

小野

醍醐

石田

東
西
線

烏
丸
線

竹田

藤森

JR
奈
良
線

JR藤森

東海道新幹線

→米原へ

抹茶で有名な宇治は
大河ドラマで話題の
『源氏物語』の
舞台にもなった

伏見

墨染

丹波橋

近鉄丹波橋

伏見桃山

桃山御陵前

桃山

六地蔵

中書島

京阪宇治線

観月橋

桃山南口

六地蔵

木幡

京
阪
本
線

近
鉄
京
都
線

淀

向島

石清水八幡宮

木幡

黄檗

黄檗

三室戸

平等院まで
徒歩10分

宇治

宇治

↓奈良へ

小倉

大和西大寺へ→

04 京都唯一の路面電車「嵐電」の魅力

「嵐電」は京福電鉄の嵐山本線と北野線の総称。嵐山や洛西エリアの観光に欠かせない重要な足だ。1両編成で風光明媚な観光エリアをのんびり走る。四条大宮駅から嵐山駅まで飲食物の持ち込み自由で貸し切ることも可能。

嵐電カラー「京紫」の車体がかわいい電車が桜並木を走る

05 京都市営地下鉄は「緑」と「朱」の2路線

西京区を除く京都市内10区と宇治市を走る地下鉄は、緑がラインカラーの烏丸線と朱色がラインカラーの東西線がある。「烏丸御池駅」で2路線が交ざり、改札口を通らず乗り換え可能。全路線が他線に相互直通運転を実施。

06 和風な雰囲気のご当地「発車メロディ」

地下鉄東西線では各駅で電車の発車時に音楽が流れる。琴や鈴を使用した和風テイストな楽曲で、京都市交通局の公式サイトで聴くことができる。京阪線の18駅でも「京風」など4つのコンセプトに分けた発車メロディがある。

07 地下鉄工事が困難な古都ならではの事情

京都市街地の地下には多くの埋蔵文化財が存在するため、開削工法による地下鉄工事を行う場合は、文化財保護法によって工事着工前に埋蔵文化財（遺跡）の発掘調査が義務付けられている。遺跡が出たら工事は中断ということに。

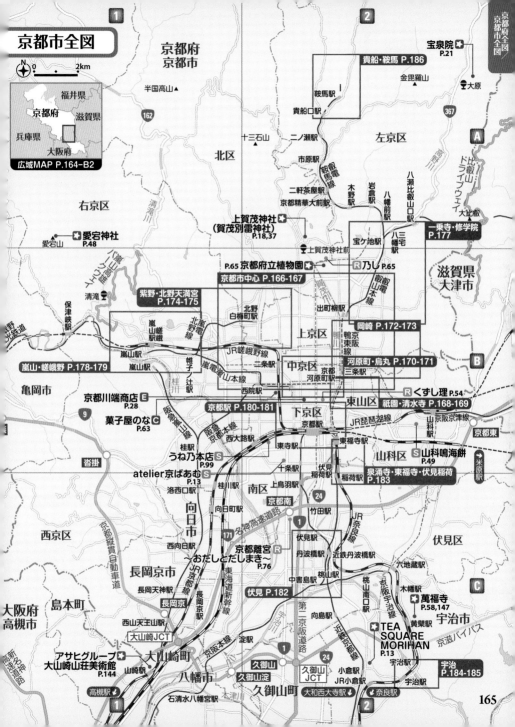

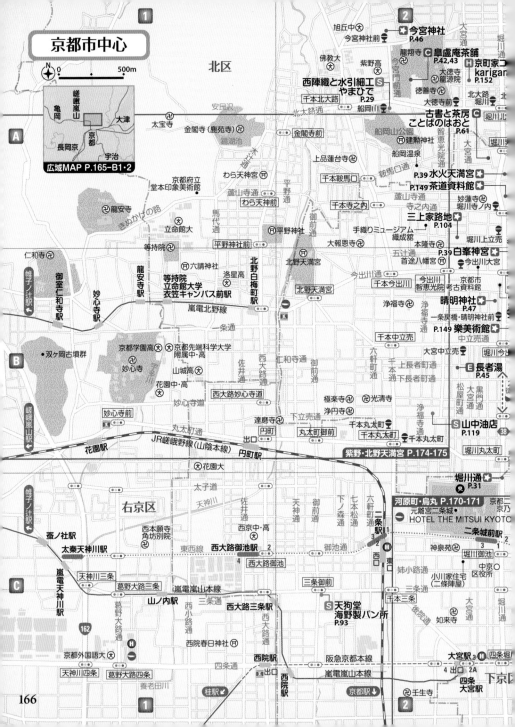

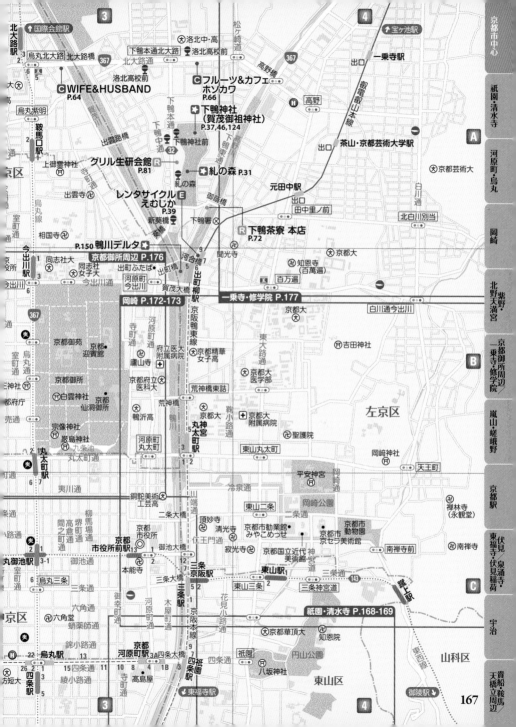

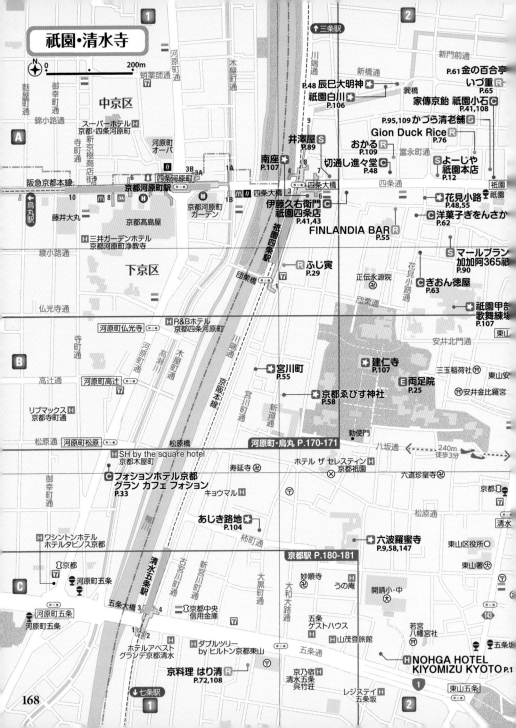

祇園・清水寺

0 — 200m

中京区

↑三条駅

新門前通

P.61 金の百合亭

P.48 辰巳大明神　☆　新橋通

いづ重 P.65

祇園白川 P.106　巽橋

家傳京飴 祇園小石 P.41,108

P.95,109 かづら清老舗

Gion Duck Rice

スーパーホテル
京都・四条河原町

A

寺町通

新京極商店街

河原町
オーパ

井澤屋 S
P.89

おかる P.109

Gion Duck Rice R

切通し進々堂 C
P.48

よーじや S
祇園本店 P.12

祇園

南座 P.107

四条河原町

河原町通

京都河原町駅

阪急京都本線

烏丸駅

京都河原町
ガーデン

伊藤久右衛門 C
祇園四条店
P.41,43

四条大橋 M

四条大橋 M

☆花見小路 祇園
P.48,55

洋菓子ぎをんさか C
P.62

FINLANDIA BAR R
P.55

藤井大丸

京都高島屋

三井ガーデンホテル H
京都河原町浄教寺

綾小路通

下京区

R ふじ寅
P.29

正伝永源院

マールブラン S
加加阿365祇
P.90

ぎおん徳屋 C
P.63

花見小路通

団栗橋

祇園四条駅

団栗通

祇園甲部
歌舞練場
P.107

東山

寺町通

河原町仏光寺 H

R&Bホテル H
京都四条河原町

安井北門通

B

高瀬川

木屋町通

河原町通

河原町高辻

☆宮川町
P.55

京阪本線

建仁寺 ☆
P.107

三玉稲荷社

東山安

両足院 E
P.25

安井金比羅宮

高辻通

リブマックス
京都寺町店

松原通

河原町松原

河原町・烏丸 P.170-171

京都ゑびす神社 ☆
P.58

宮川町通

新道通

勅使門

八坂通　240m
徒歩3分

京都

清水

SH by the square hotel H
京都木屋町

寿延寺

ホテル ザ セレスティン
京都祇園

六道珍皇寺

鴨川

御幸町通

フォションホテル京都 C
グラン カフェ フォション
P.33

キョウマル H

あじき路地 ☆
P.104

柿町通

京都駅 P.180-181

妙順寺

うの庵 H

六波羅蜜寺 ☆
P.9,58,147

東山区役所

東山署

143

C

ワシントンホテル H
ホテルタビノス京都

京都

河原町五条

清水五条駅

新宮川町通

新町通

五条大橋

京都中央
信用金庫

大黒町通

大和大路通

五条
ゲストハウス

若宮
八幡宮社

五条坂

河原町五条

ホテルアベスト
グランデ京都清水

ダブルツリー H
by ヒルトン京都東山

五条通

山茂登旅館 H

NOHGA HOTEL H
KIYOMIZU KYOTO P.1

京料理 はり清 R
P.72,108

京乃宿
清水五条
呉竹荘

レジデイ
五条坂

↓七条駅

1

2　東山五条

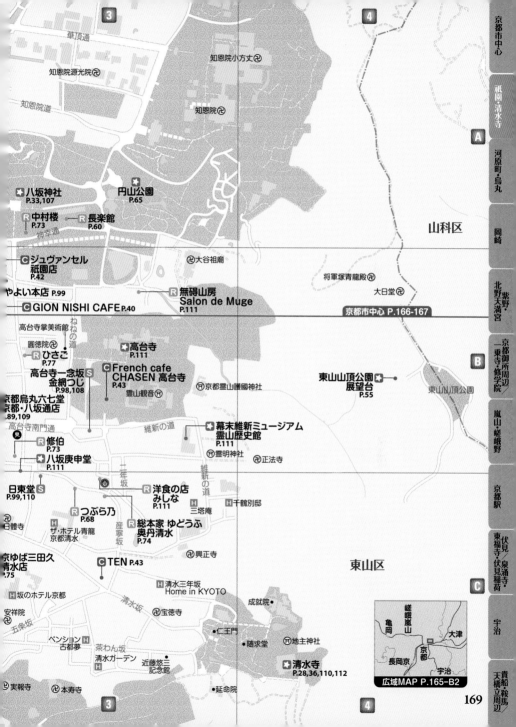

京都市中心

祇園・清水寺

河原町・烏丸

岡崎

北野天満宮

紫野・京都御所周辺

一乗寺・修学院

嵐山・嵯峨野

京都駅

東福寺/泉涌寺・伏見稲荷

伏見

宇治

貴船・鞍馬/天橋立周辺

3

華頂通

知恩院源光院 ㊝

知恩院道

知恩院小方丈 ㊝

知恩院 ㊝

4

山科区

⭐八坂神社
P.33,107

🅡中村楼
P.73

🅡長楽館
P.60

⭐円山公園
P.65

神宮道

㊝大谷祖廟

将軍塚青龍殿 ㊝

大日堂 ㊝

🅒ジュヴァンセル
祇園店
P.42

やよい本店 P.99

🅒GION NISHI CAFE P.40

🅡無碍山房
Salon de Muge
P.111

京都市中心 P.166-167

高台寺掌美術館

圓徳院 ㊝

🅡ひさご
P.77

⭐高台寺
P.111

A

B

高台寺一念坂
金網つじ
P.98,108 🆂

🅒French cafe
CHASEN 高台寺
P.43

㊝京都霊山護國神社

東山山頂公園
展望台
P.55

東山山頂公園

ねねの道

京都烏丸六七堂
京都・八坂通店
.89,109

霊山観音 ㊝

高台寺南門通

🅡修伯
P.73

維新の道

⭐幕末維新ミュージアム
霊山歴史館
P.111

⭐八坂庚申堂
P.111

㊝霊明神社

㊝正法寺

日東堂 🆂
P.99,110

🅡洋食の店
みしな
P.111

東山区

㊝日體堂

🅡つぶら乃
P.68

ザ・ホテル青龍
京都清水

🅡総本家 ゆどうふ
奥丹清水
P.74

㊝三塔庵

㊝千鶴別邸

㊝興正寺

京ゆば三田久
清水店
.75

🅒TEN P.43

清水三年坂
Home in KYOTO

成就院

🅗坂のホテル京都

㊝宝徳寺

🅗仁王門

㊝随求堂

㊝地主神社

C

㊝安祥院

五条坂

ペンション
古都夢 🅗

茶わん坂

清水ガーデン

近藤悠三
記念館

⭐清水寺
P.28,36,110,112

嵯峨嵐山

亀岡

大津

長岡京

京都

宇治

広域MAP P.165-B2

㊝実報寺

㊝本寿院

㊝延命院

3

4

169

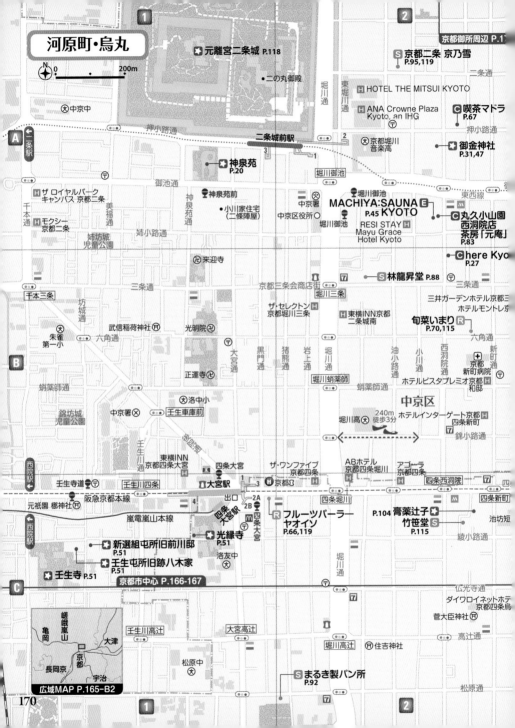

河原町・烏丸

河原町・烏丸

N 0 200m

★ 元離宮二条城 P.118
・二の丸御殿

京都御所周辺 P.1

Ⓢ 京都二条 京乃雪 P.95,119

Ⓗ HOTEL THE MITSUI KYOTO

Ⓗ ANA Crowne Plaza Kyoto, an IHG

Ⓒ 喫茶マドラ P.67

★ 御金神社 P.31,47

Ⓧ 中京中

A 二条駅

二条城前駅

京都堀川音楽高

★ 神泉苑 P.20

🏛 神泉苑前

Ⓗ ザ ロイヤルパーク キャンバス 京都二条

Ⓗ モクシー 京都二条

・小川家住宅 (二條陣屋)
中京区役所

🏛 堀川御池
中京署

🏛 堀川御池
MACHIYA:SAUNA KYOTO E P.45

RESI STAY Mayu Grace Hotel Kyoto

Ⓒ 丸久小山園 西洞院店
茶房「元庵」 P.83

姉坊城児童公園

㊖ 来迎寺

Ⓒ here Kyo P.27

千本三条

Ⓢ 林籠昇堂 P.88

京都三条会商店街

三条通

三井ガーデンホテル京都
ホテルモントレ京

Ⓧ 朱雀第一小

武信稲荷神社㊖

光明院

ザ・セレクトン 京都堀川三条

Ⓗ 東横INN京都 二条城南

Ⓡ 旬菜いまり P.70,115

六角通

B

正運寺

京都 新町病院

蛸薬師通

錦坊城児童公園

Ⓧ 洛中小

中京署

Ⓧ 壬生車庫前

堀川高Ⓧ

240m
徒歩3分

中京区

ホテルビスタプレミオ京都 和邸

ホテルインターゲート京都 四条新町

錦小路通

東横INN 京都四条大宮

Ⓧ 四条大宮

ザ・ワンファイブ 京都四条

ABホテル 京都四条堀川

アゴーラ 京都四条

四条西洞院

西院駅

壬生寺道 ㊖

壬生川四条

🏛 大宮駅

京都❸

🏛 四条大宮

Ⓡ フルーツパーラー ヤオイソ P.66,119

青薬辻子
竹笹堂 P.115

P.104

四条新町

元祇園 梛神社㊖

阪急京都本線

嵐電嵐山本線

Ⓧ 四条大宮駅

光縁寺 P.51

★ 新選組屯所前川邸 P.51

★ 壬生屯所旧跡八木家 P.51

洛友中

★ 壬生寺 P.51

京都市中心 P.166-167

C 広域MAP P.165-B2

嵯峨嵐山
亀岡
大津
京都
長岡京 宇治

壬生川高辻

大宮高辻

堀川高辻

㊖ 住吉神社

ダイワロイネットホテ 京都四条烏

菅大臣神社㊖

高辻通

松原中

Ⓢ まるき製パン所 P.92

松原通

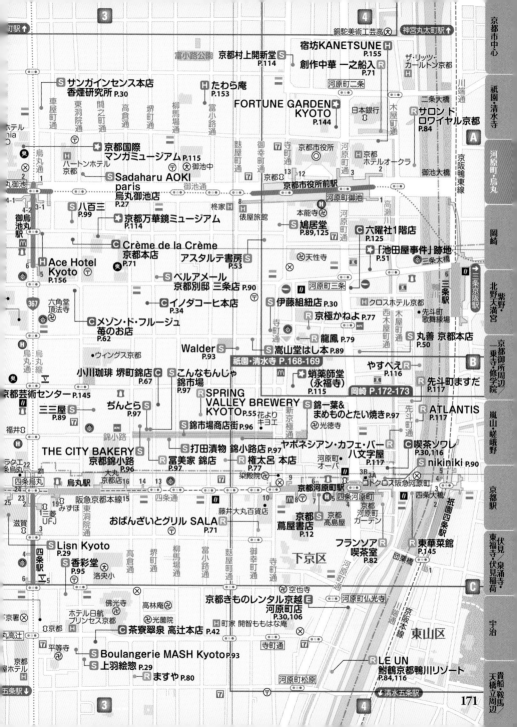

岡崎

N 0 200m

↑出町柳駅

Ⓢ緑寿庵清水 P.91

一乗寺・修学院 P.177

Ⓒ Les Deux Garçons à L'institut P.26

川端東一条

第四錦林小

京都大

京大正門前

★関西日仏学館 P.26

東一条通

●★吉田神 P.50

京都精華女子高

京大正門前

★重森三玲 庭園美術館 P.121

A 梨木神社

盧山寺

京都府立医科大学 附属病院

京阪鴨東線

東山一条

京都大

吉田山荘 P.145

府立医大病院前

志賀越道

府立医大

鴨川

鞍小路通

近衛通

東山近衛

左京区

京都御苑

荒神口

荒神橋東詰

近衛中

神楽坂通

鴨沂高

荒神橋

京都大学医学部 附属病院

京都大

聖護院

吉田東通

新島旧邸

京都御所周辺 P.176

川端通

春日北通

Bäckerei PERKE P.33,1

丸太町橋

丸太町橋

Ⓡ七福家 P.78

錦林小

B 御所東小

河原町丸太町

東山丸太町

丸太町通

●岡崎

下御霊神社

竹屋町通

三菱 UFJ

Ⓡ京料理 六盛 P.67

行願寺 (革堂)

京都

Ⓡグリル P.80,1

寺町通

冷泉通

平安神宮 P.36,120

川端署

河原町・烏丸 P.170-171

喫茶me Ⓡ P.81

ロームシアター 京都

Ⓒdot.s P.33

ザ・リッツ・カールトン京都 Ⓗ

川端二条

東山二条

岡崎公園

岡崎

河原町二条

二条大橋

京都市勧業館 ● みやこめっせ

岡崎公園 動物園前

★京都市 京セラ美術館 P.121,143

日本銀行

京都国立 近代美術館

京都市

C 京都市役所

ホテルオークラ京都

仁王門通

清光寺

琵琶湖疏水

京都市役所前駅

御池大橋

川端御池

新柳馬場通

寂光寺

京都文教 中・高

ポイントバケーション Ⓗ 京都岡崎

★岡崎 P.33

本能寺

ホテルウィング

滋賀

東山駅

三条京阪駅

三条大橋

三条京阪駅

東山三条

三条神宮道

THE HOTEL HIGASHIYAMA by Kyoto Tokyu Ho

河原町三条

京阪本線

若松通

花見小路通

京都華頂大・ 華頂短期大

華頂女子高

青蓮院

木屋町通

東山

知恩院

↓祇園四条駅

京都市中心

祇園・清水寺

河原町・烏丸

岡崎

北野天満宮
柴野・

京都御所周辺／
一乗寺・修学院

嵐山・嵯峨野

京都駅

伏見・泉涌寺
東福寺・伏見稲荷

宇治

貴船・鞍馬
天橋立周辺

今出川通

白川通今出川

銀閣寺前

白沙村荘・橋本関雪・
記念館

🅢 京都ちどりや
P.95,123

GOSPEL 🅒
P.82,121

東山慈照寺

🌟 法然院 P.123

🅒 riverside café
GREEN TERRACE
P.83,123

南田町

京都 五山送り火・
「大文字」

白川通

法然院通

🅢 蜂屋
うちわ職店
P.89,123

法然院町

🌟 哲学の道
P.37

真如堂

光明寺

第三錦林小

ノートルダム女学院
中・高

楼門の滝・

🌟 大豊神社
P.122

宮ノ前町
泉屋博古館

岡崎神社

オークラ
岡崎別邸

中

天王町

240m
徒歩3分

🌟 熊野若王子神社
P.122

永観寺道

南禅寺・永観寺道

🌟 永観堂
（禅林寺）
P.146

鹿ヶ谷通

東山高

野村美術館・

琵琶湖疏水記念館
P.151

禅寺前

🌟 南禅寺 P.32

🌟 蹴上インクライン
P.151

🌟 南禅寺水路閣
P.32

最勝院 奥之院

A

B

C

ステイン
テル京都

🌟 ねじりまんぽ
P.151

蹴上駅

京都市中心P.166・167

科区

御陵駅

日向大神宮

嵯峨嵐山
亀岡

大津

京都

長岡京

宇治

広域MAP P.165-B2

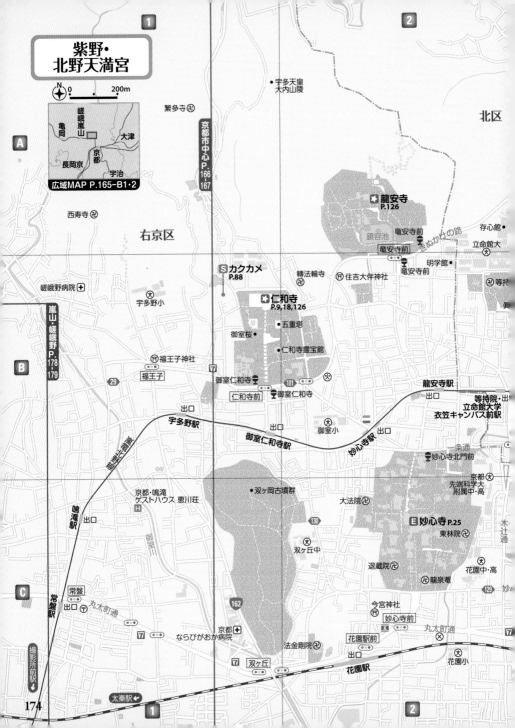

紫野・北野天満宮

N
0　　　　200m

嵯峨嵐山
亀岡　　大津
京都
長岡京
宇治

広域MAP P.165-B1·2

繁多寺卍

宇多天皇
大内山陵

北区

京都市中心 P.166 167

西寿寺卍

右京区

🅢 カクカメ
P.88

轉法輪寺

龍安寺
P.126

鏡容池

竜安寺前

竜安寺前
明学館

さんかけの路

存心館
立命館大

卍 等持

嵯峨野病院🏥

宇多野小🏫

住吉大伴神社

☆ 仁和寺
P.9,18,126

五重塔

御室桜

仁和寺霊宝館

福王子神社

福王子

御室仁和寺

29

101

🏫

龍安寺駅

仁和寺前
御室仁和寺

等持院・出
立命館大学
衣笠キャンパス前駅

嵐山・嵯峨野 P.178 179

宇多野駅

御室仁和寺駅

妙心寺駅

御室小🏫

妙心寺北門前

鳴滝駅

京都・鳴滝
ゲストハウス 恵川荘

双ヶ岡古墳群

大法院卍

一条通

京都
先端科学大
附属中・高🏫

🅔 妙心寺 P.25

東林院

双ヶ岡中🏫

退蔵院卍

花園中・高🏫

龍泉庵卍

木辻通

常盤駅

常盤
出口

丸太町通

ならびがおか病院🏥

京都🏥

162

双ヶ岡

130

今宮神社

妙心寺前

丸太町通

花園中・高

花園駅前

法金剛院卍

花園駅前
出口

花園小🏫

花園駅

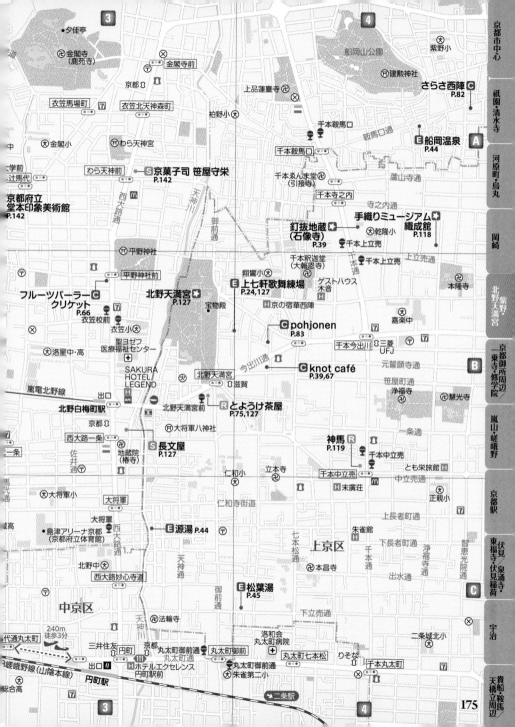

京都市中心

祇園・清水寺

河原町・烏丸

岡崎

北野天満宮

京都御所周辺／一乗寺・修学院

嵐山・嵯峨野

京都駅

伏見・泉涌寺・伏見稲荷

宇治

貴船・鞍馬・天橋立周辺

夕佳亭

金閣寺
(鹿苑寺)

金閣寺前

京都⑧

船岡山公園

建勲神社

紫野小

さらさ西陣 C
P.82

衣笠馬場町

衣笠北天神森町

上品蓮臺寺

千本鞍馬口

E 船岡温泉 A
P.44

金閣小

わら天神宮

千本鞍馬口

千本ゑんま堂
(引接寺)

蘆山寺通

わら天神前

S 京菓子司 笹屋守栄
P.142

西大路通

御前通

天神通

千本寺之内

寺之内通

京都府立
堂本印象美術館
P.142

平野神社

釘抜地蔵
(石像寺)
P.39

乾隆小

手織りミュージアム
織成舘 P.118

立売通

本隆寺

平野神社前

千本釈迦堂
(大報恩寺)

千本上立売

E 上七軒歌舞練場
P.24,127

翔鸞小

千本上立売

フルーツパーラー C
クリケット P.66

北野天満宮
P.127

宝物殿

京の宿華西陣 H

ゲストハウス
木音

嘉楽中

衣笠校前

衣笠小

C pohjonen
P.83

千本今出川

三菱
UFJ

元誓願寺通

B

聖ヨゼフ
医療福祉センター

北野天満宮

今出川通

C knot café
P.39,67

笹屋町通

浄福寺

慧光寺

SAKURA
HOTEL
LEGEND

嵐電北野線

北野白梅町駅

北野天満宮前

R とようけ茶屋
P.75,127

一条通

西大路一条

大将軍八神社

神馬 R
P.119

千本中立売

とも栄旅館 H

佐井通

地蔵院
(椿寺)

S 長文屋
P.127

仁和小

立本寺

千本中立売

中立売通

末廣荘 H

正親小

大将軍小

大将軍

仁和寺街道

島津アリーナ京都
(京都府立体育館)

西大路通

E 源湯 P.44

上京区

上長者町通

朱雀館 H

下長者町通

浄福寺通

智恵光院通

北野中

西大路妙心寺道

天神通

本昌寺

千本通

出水通

中京区

E 松葉湯
P.45

御前通

下立売通

七本松通

洛和会
丸太町病院

二条城北小

C

法輪寺

240m
徒歩3分

代通丸太町

三井住友

京都

円町

丸太町御前通

丸太町御前

丸太町七本松

りそな

千本丸太町

嵯峨野線(山陰本線)

出口

ホテルエクセレンス
円町駅前

円町駅

朱雀第二小

二条駅

総合高

175

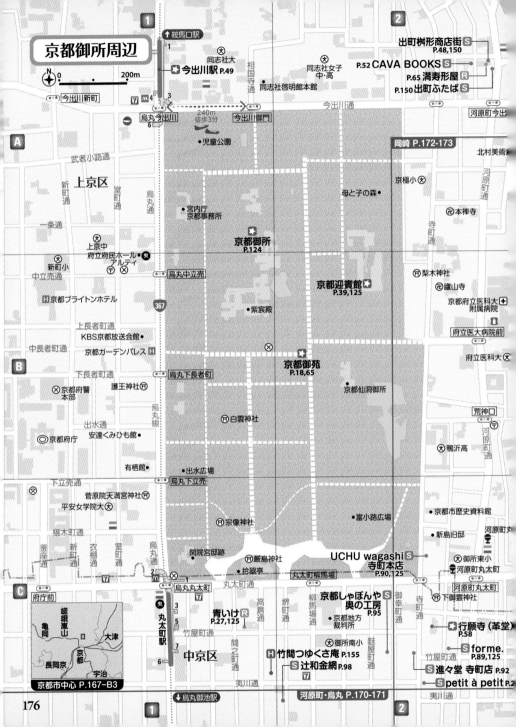

京都御所周辺

↑鞍馬口駅

N
0   200m

今出川新町

◆今出川駅 P.49

同志社大

同志社女子
中・高

同志社啓明館本館

相国寺

2

出町桝形商店街
P.48,150 S

P.52 CAVA BOOKS S
P.65 満寿形屋 R
P.150 出町ふたば S

河原町今出川

烏丸今出川

240m
徒歩3分

今出川御門

岡崎 P.172-173

北村美術館

A

上京区

武者小路通

新町通

室町通

烏丸通

一条通

児童公園

宮内庁
京都事務所

京極小

母と子の森

本禅寺

上京中

新町小

中立売通

府立府民ホール
アルティ

京都御所
P.124

寺町通

河原町通

京都ブライトンホテル

367

烏丸中立売

京都迎賓館
P.39,125

梨木神社

廬山寺

京都府立医科大
附属病院

上長者町通

KBS京都放送会館

中長者町通

京都ガーデンパレス

下長者町通

B

京都府警
本部

護王神社

烏丸下長者町

紫宸殿

京都御苑
P.18,65

京都仙洞御所

府立医大病院前

府立医大

荒神口

出水通

京都府庁

安達くみひも館

烏丸線

白雲神社

鴨沂高

有栖館

下立売通

出水広場

烏丸下立売

菅原院天満宮神社
平安女学院大

宗像神社

富小路広場

京都市歴史資料館

新島旧邸

河原町丸

釜座通

新町通

衣棚通

室町通

烏丸通

閑院宮邸跡

厳島神社

拾翠亭

丸太町柳馬場

UCHU wagashi
寺町本店
P.90,125 S

御所東小

河原町丸太町

河原町丸太町

下御霊神社

C

府庁前

京都市中心 P.167-B3

嵯峨嵐山
亀岡

大津

京都

長岡京   宇治

丸太町駅

中京区

竹屋町通

竹間之町通

丸太町通

烏丸丸太町

青いけ
P.27,125 R

高倉通

堺町通

柳馬場通

京都しゃぼんや
奥の工房
P.95

京都地方
裁判所

御所南小

竹間つゆくさ庵 P.155

辻和金網 P.98

麩屋町通

御幸通

寺町通

竹屋町通

行願寺(革堂)
P.58

forme.
P.89,125

進々堂 寺町店 P.92

petit à petit P.2

1

↓烏丸御池駅

河原町・烏丸 P.170-171

2

↑夷川通

京都市中心
祇園・清水寺
河原町・烏丸
岡崎
北野天満宮
紫野
京都御所周辺・一乗寺・修学院
嵐山・嵯峨野
京都駅
東福寺・泉涌寺・伏見稲荷
伏見
宇治
貴船・鞍馬
天橋立周辺

一乗寺・修学院

広域MAP P.165-A・B2

N   0   500m

京都市中心 P.166-167

240m
徒歩3分

The Prince Kyoto Takaragaike, Autograph Collection

国立京都国際会館 P.144

国際会館駅

八丁街道

宝ケ池通

叡電鞍馬線

八幡前駅

蓮華寺

三宅八幡駅

上高野小

Benidaruma - Dango

赤山禅院 P.58

上離宮

修学院離宮 P.9,129

宝ケ池

宝ケ池公園
子どもの楽園

上高野荒蒔町

宝ケ池公園

妙円寺（松ケ崎大黒天） P.58

涌泉寺

白雲稲荷神社

松ケ崎小

松ケ崎大黒天

松ケ崎駅

松ケ崎大黒天

京都工芸繊維大

左京区役所

北泉通

麺屋 極鶏 P.129

天天有 P.37,129

恵文社一乗寺店 P.53,128

京都下鴨病院

高野

高野

マヤルカ古書店 P.53

高野

福蔵寺

養徳小

ゲストハウス茶山

華祥 P.78

元田中駅

田中神社

田中里ノ前

養正小

ラ・パールデュー P.70

あすかい病院

阿闍梨餅本舗 満月 P.91,120

百萬遍知恩寺

京大

進々堂 京大北門前 P.49

百万遍

今出川通

白川通今出川

修学院小

修学院離宮道

いろり庵 宿ya

松ケ崎橋

修学院道

修学院道

白川通北山

ゲストハウス yadoya-lodge

鷺森神社

曼殊院

曼殊院道

圓光寺

八大神社

一乗寺下り松町

詩仙堂 P.128

金福寺

狸谷山不動院

天下一品 総本店 P.129

京都芸術大

京都芸術大附属高

日本バプテスト病院

北白川別当

北白川小

ペンション北白川

左京区

日天寺

志賀越道

岡崎 P.172-173

177

嵐山・嵯峨野

N 0 200m

あだし野念仏寺 P.38

鳥居本

旧嵯峨御所
大本山 大覚寺 P.131

大沢池

大覚寺

北嵯峨

嵐山高雄
パークウェイ

A

186

嵯峨豆腐
森嘉 P.50

大覚寺門前

祇王寺 P.131

清凉寺

厭離庵

MOMI CAFE C P.132

宝筐院 P.20,131

嵯峨釈迦堂前

二尊院

落柿舎

嵯峨小

GuestHouse
嵯峨嵐山

嵯峨野
トロッコ列車 E P.133

S 京豆庵
京都嵯峨嵐山店 P.133

保津峡駅

JR嵯峨野線（山陰本線）

常寂光寺 P.131

京都嵐山オルゴール博物館 P.131

野宮神社 P.38

トロッコ
嵯峨駅 出口 南

北口

B

嵯峨野観光鉄道

御髪神社 P.47

野々宮

Rickshaw café C P.38

P.132 鶴屋 寿

旅宿あたごや

出口

トロッコ保津峡駅

出口
トロッコ
嵐山駅

竹林の道 P.38

天龍寺 P.130

大河内山荘庭園 P.9,19

嵯峨嵐山文華館 P.131

宝厳院 P.19

京都嵐山
ご清遊の宿
らんざん

嵐山駅

出口

E らんぶら
レンタサイクル

嵐山公園
亀山地区

S まめものとたい P.133

嵐山祐斎亭 P.20

福田美術館
MUNI KYOTO

Suiran, a Luxury
Collection Hotel,Kyoto

豆腐料理 松ヶ枝 R P.74

渡月橋 P.38

清滝道三条

渡月橋

嵐山公園
中之島地区

C

西京区

嵐山 渡月亭 H

ホテル嵐山

嵐山邸宅 M

嵐山モンキーパークいわたやま

旅館 花筏

結庵 H

嵐山
嵐山
花伝

MUKU
ARASHIYAMA P.34,132

法輪寺

電電宮

京都
嵐山
花伝

嵯峨
嵐山

亀岡

大津

京都

ホテル
リバーサイド
嵐山

ザ グ
ウエスト

長岡京

宇治

嵐山

広域MAP P.165-B1

京都市中心

祇園・清水寺

河原町・烏丸

岡崎

北野天満宮

紫野・北野天満宮 P.174 175

京都御所周辺／一乗寺・修学院

嵐山・嵯峨野

京都駅

東福寺／泉涌寺・伏見稲荷

伏見／泉涌寺・伏見稲荷

宇治

貴船・鞍馬周辺／天橋立周辺

3
4

宇多野病院 ✚

鳴滝総合
支援学校 ⊗

一条山越通

宇多野
ユースホステル H

29

山越通

右京区

A

京都工芸繊維大
生物資源フィールド
科学研究部門 ⊗

佛教大学
宗教文化ミュージアム ●

常磐野小 ⊗

遍照寺 卍

嵯峨中 ⊗

広沢小 ⊗

嵯峨
グレースホテル H

240m
徒歩3分

丸太町通

広沢南野町

〒

サンメンバーズ
京都嵯峨 H

8 京都信金

丸太町
山越通

谷町君・
星屋・
談山旅館 H

阿刀神社 卍

嵯峨野高 ⊗

宮神社

B

ホテルビナリオ嵯峨嵐山

嵐電嵐山本線

報徳寺 卍

JR嵯峨野線(山陰本線)

河端病院 ✚

7 出口

鹿王院駅

八百萬神社 卍

車折
神社駅
出口

常磐駅

太秦駅 出口

花園駅

撮影所前駅

王院

車折神社
P.28 ★

天満天
神社 卍

蜂ヶ岡中 ⊗

神ノ木
弁財天

芸能神社 卍

有栖川駅

帷子ノ辻駅 出口

斎宮神社 卍

112

出口

7

7

8 京都中央信金

滋賀

112

太秦広隆寺駅

斉明神社 卍

嵐山小 ⊗

〒

若竹 H

〒 7

C

嵯峨美大
嵯峨美術短大 ⊗

阿弥陀寺 卍

雲晴寺 卍

太秦中 ⊗

133

嵯峨野小 ⊗

本瑞寺 卍

嵯峨美大 ⊗

南太秦小 ⊗

29

嵐山
東公園

ホテル
嵯峨野 H

福田寺 卍

松尾大社駅

広沢池

3
4

京都駅

N 0 ─── 200m
出口

広域MAP P.165-B2

大宮五条
五条大宮
五条通
五条猪熊
堀川五条　五条油小路　五条西洞院

京町家 楽遊
堀川五条
P.153

京都東急
ホテル

堀川楊梅

油小路通
東中筋通
西洞院通

下京区

大宮花屋町

花屋町通

花屋町通

角屋
もてなしの文化美術館

下松屋町通

大宮正面

堀川正面

正面通

西本願寺

龍谷ミュージアム

京都市
中央卸売
市場

JR嵯峨野線（山陰本線）

正面通

櫛笥通

壬生川通

龍谷大付属
平安中・高

堀川通

七条大宮・
京都市水族館前

龍谷大
大宮キャンパス

京都市
中央卸売
市場

七条大宮・
京都市水族館前

堀川七条

七条西洞院　七条

堀川通
七条通

京梅
都小
駅路
西

出口

梅小路小

京菓匠
笹屋伊織 本店
P.91

大宮七条

本光寺

都野菜 賀茂
京都駅前店
P.69

大宮木津屋橋

P.158 京都駅ビルインフォメーション
P.158 京都総合観光案内所 京なび
P.158 JR京都駅鉄道案内所
P.61 FUKUNAGA901

京都駅ビル
P.54

京都水族館
P.31

猪熊通

240m
徒歩3分

堀川塩小路

ジェイアール
京都伊勢丹
P.100

京都鉄道博物館

梅小路公園

リーガロイヤルホテル
京都

西大路駅

JR京都線（東海道本線）

東海道新幹線

都シティ近鉄京都駅

新大阪駅

六孫王神社

八条通

大宮八条

八条壬生

八条油小路

みやこみち
P.10

都ホテル
京都八条

洛南高・中

針小路通

114

大宮東寺道

イオンモール
KYOTO

東寺西門通

東寺道

京都ecoトリップ 本店
P.36

南区

近鉄京都線

九条
弘道小

春日公園

東寺駅

新町通

南大内小

東寺
（教王護国寺）
P.58

壬生川通

京都

OMO3京都東寺
by星野リゾート

ミスター・ギョーザ
P.79

京阪国道口

九条中

出口

広隆国道口

九条通

171

九条大宮

十条駅

九条油小路　九条西洞院　九条

143

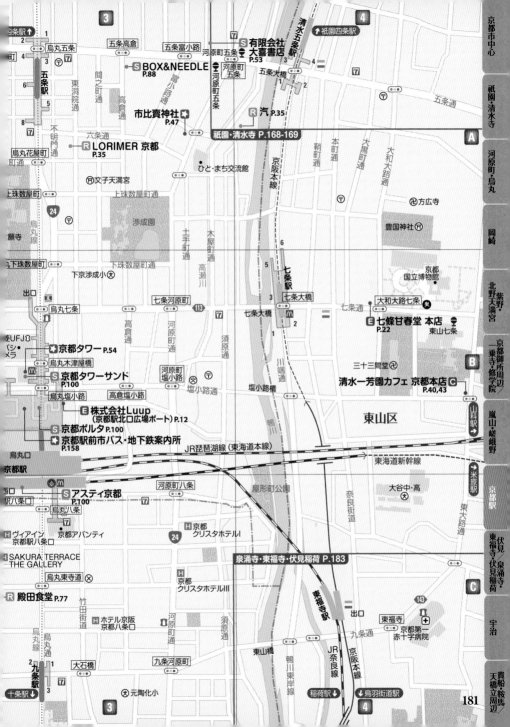

3

4

京都市中心

祇園・清水寺

河原町・烏丸

岡崎

紫野・北野天満宮

京都御所周辺

一乗寺・修学院

嵐山・嵯峨野

京都駅

伏見/泉涌寺・伏見稲荷

宇治

貴船・鞍馬

天橋立周辺

↑清水五条駅

↑祇園四条駅

五条高倉

五条富小路

7 河原町五条

S 有限会社 大喜書店 P.53

烏丸五条

五条駅

河原町 五条

S BOX&NEEDLE P.88

河原町 五条

五条大橋

五条通

市比賣神社 P.47 ★

R 汽 P.35

祇園・清水寺 P.168-169 **A**

京阪本線

R LORIMER 京都 P.35

ひと・まち交流館

方広寺

文子天満宮

上珠数屋町通

豊国神社

24

京都国立博物館

下京渉成小

七条駅

大和大路七条

E 七條甘春堂 本店 P.22

七条大橋

東山七条

七条河原町

113

七条大橋

7

清水一芳園カフェ 京都本店 C P.40,43 **B**

京都タワー P.54 ★

烏丸木津屋橋

S 京都タワーサンド P.100

烏丸塩小路

河原町塩小路

塩小路橋

東山区

山科駅

E 株式会社Luup (京都駅北口広場ポート) P.12

S 京都ポルタ P.100

★ 京都駅前市バス・地下鉄案内所 P.158

JR琵琶湖線(東海道本線)

東海道新幹線

米原駅

烏丸口

京都駅

河原町八条

屋形町公園

大谷中・高

奈良街道

東大路通

M アスティ京都 P.100

烏丸八条

H ヴィアイン 京都駅八条口

京都アバンティ

24

H 京都 クリスタホテルI

SAKURA TERRACE THE GALLERY

泉涌寺・東福寺・伏見稲荷 P.183 **C**

烏丸東寺道

H 京都 クリスタホテルIII

東福寺駅

143

R 殿田食堂 P.77

竹田街道

ホテル京阪 京都八条口

東福寺

京都第一赤十字病院

九条河原町

東山橋

JR奈良線

京阪本線

九条駅

大石橋

十条駅

元陶化小

稲荷駅

鳥羽街道駅

鴨川東岸線

3

4

伏見

墨染

📮

墨染駅

N
0   200m

広域MAP P.165-C2

広域MAP内:
嵯峨嵐山
亀岡
京都
大津
長岡京　宇治

A

竹田駅

ゲストハウス敬天 H

棒鼻

202

津知橋通

京都信金

欣浄寺

京と家
月の湯別邸 H

京都中央信金

出口
伏見駅

240m
徒歩3分

近鉄京都線

京阪本線

24

栄春寺

寶國寺

伏見住吉小

専念寺

上板橋通

桃山中

伏見区

京都教育大学
附属桃山中

丹波橋

京都教育大学附属桃山小

北出口
1/2

丹波橋通

丹波橋通

中央口
4

東出口

JR
奈良線

丹波橋駅

丹波橋駅

桃山高

旅館寿々喜荘 H

京都
中央信金

115

念故寺

竹
田
街
道

滋賀

第
二
京
阪
道
路

濠
川

伏見中

伏見板橋小

3

京
町
通

B

須釜児童
公園

KFC

伏見署

伏見区役所

吟醸酒房油長 S
P.86

両替町通

新
町
通

桃
山
御
陵
前
駅

御香宮神社

御香宮前

京都中央信金

宝福寺

月桂冠

三菱UFJ

京都

みずほ

三井住友

大手筋通

竹田街道大手筋

光啓寺

京都桃山総合病院

油掛通

一切神社

伏見桃山駅

1 2

出口

伏見

黄桜記念館
Kappa Gallery
P.86

商
店
街
通

竜
馬

24

伏見夢百衆 S
P.86

伏見公園

長光寺

月桂冠大倉記念館
P.86

伏見
南浜小

願船寺

妙福寺

秦長老公園

四運寺

桃陵中

大島疹

観月橋北詰

三栖神社

中書島

下三栖

124

金井戸神社
(三栖神社御旅所)

北口

京阪宇治線

京都中央信金

桃山

出口

観月橋駅

観月橋

C

南口　中書島駅

京都外環状線

観月橋南詰

向島小

伏見港公園

竹田街道外環

近
鉄
京
都
線

淀駅

宇治川

宇治川公園

向島駅

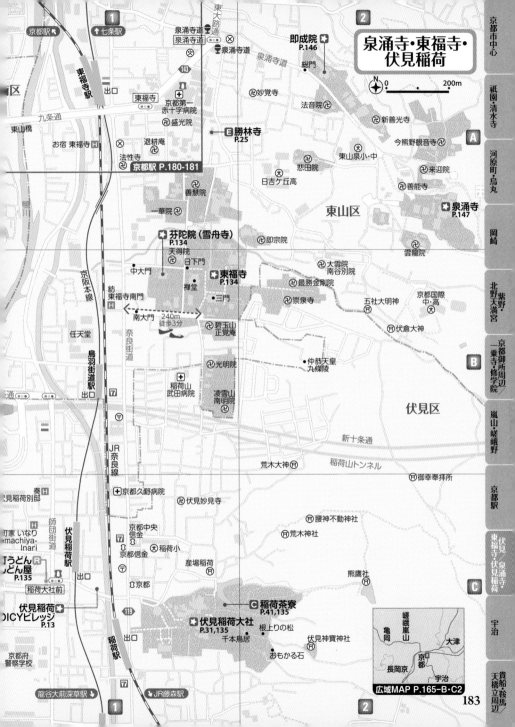

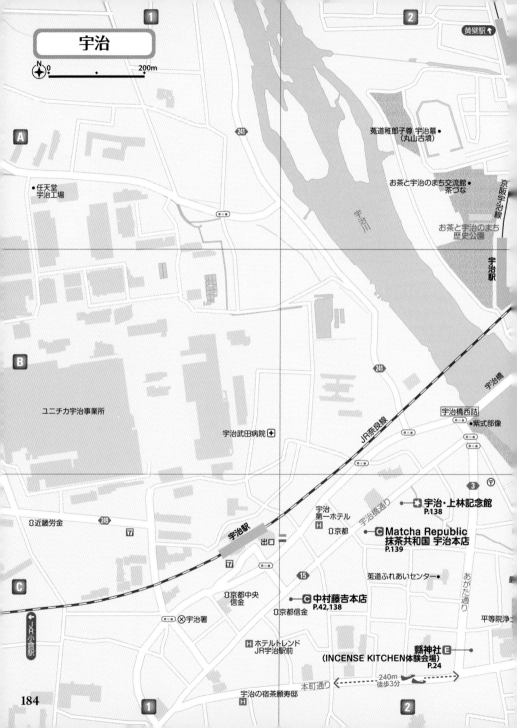

宇治

N 0 ‖‖‖‖‖‖‖‖‖‖‖‖ 200m

黄檗駅↑

241

菟道稚郎子尊 宇治墓・
(丸山古墳)

お茶と宇治のまち交流館・
茶づな

京阪宇治線

A

・任天堂
宇治工場

お茶と宇治のまち
歴史公園

宇治駅

宇治川

241

B

ユニチカ宇治事業所

JR奈良線

宇治橋

宇治橋西詰 ・紫式部像

宇治武田病院✚

宇治・上林記念館
P.138

宇治橋通り

☆

近畿労金 249

宇治駅

出口

宇治
第一ホテル
H ☗京都

C Matcha Republic
抹茶共和国 宇治本店
P.139

菟道ふれあいセンター・

あがた通り

C

☗京都中央
信金

☗京都信金

C 中村藤吉本店
P.42,138

平等院浄土

縣神社 **E**
(INCENSE KITCHEN体験会場)
P.24

JR小倉駅→

✕宇治署

H ホテルトレンド
JR宇治駅前

本町通り ◀╌╌╌ 240m
徒歩3分 ╌╌╌▶

宇治の宿茶願寿邸
H

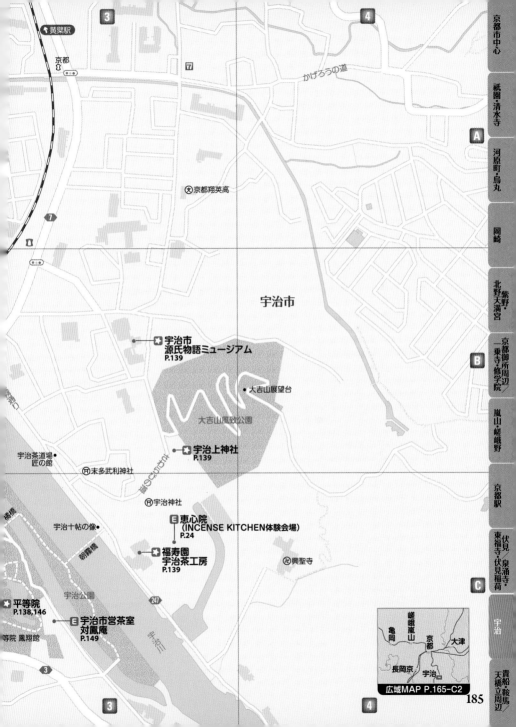

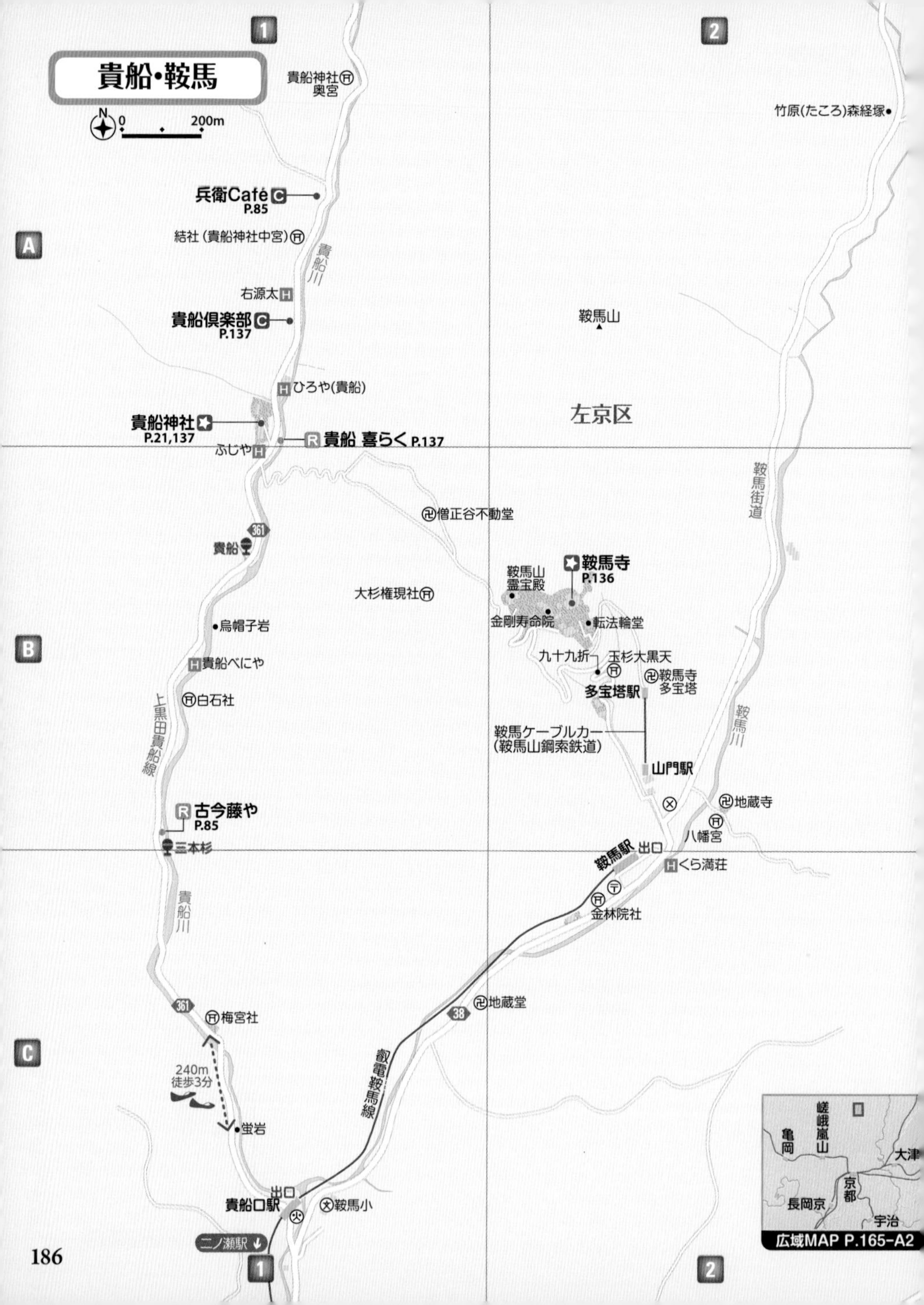

貴船・鞍馬
0
200m
N
1
2
A
B
C
貴船神社[⛩]奥宮
竹原(たころ)森経塚
兵衛Café [C]
P.85
結社（貴船神社中宮）[⛩]
貴船川
右源太 [H]
貴船倶楽部 [C]
P.137
鞍馬山
ひろや(貴船) [H]
左京区
貴船神社
P.21,137
[R] 貴船 喜らく P.137
ふじや [H]
鞍馬街道
僧正谷不動堂
361
貴船
鞍馬寺
P.136
鞍馬山
霊宝殿
大杉権現社
金剛寿命院
転法輪堂
烏帽子岩
九十九折
玉杉大黒天
[H] 貴船べにや
鞍馬寺
多宝塔
白石社
多宝塔駅
上黒田貴船線
鞍馬ケーブルカー
（鞍馬山鋼索鉄道）
鞍馬川
山門駅
地蔵寺
[R] 古今藤や
P.85
八幡宮
三本杉
鞍馬駅
出口
[H] くら満荘
貴船川
金林院社
361
梅宮社
地蔵堂
38
240m
徒歩3分
叡電鞍馬線
蛍岩
嵯峨嵐山
亀岡
大津
京都
長岡京
宇治
広域MAP P.165-A2
出口
貴船口駅
鞍馬小
二ノ瀬駅

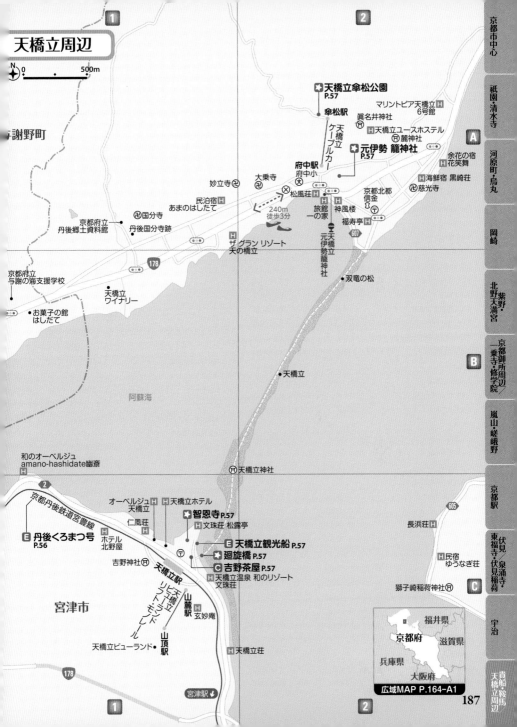

天橋立周辺

京都市中心

祇園・清水寺

河原町・烏丸

岡崎

紫野・
北野天満宮

京都御所周辺
一乗寺・修学院

嵐山・嵯峨野

京都駅

伏見
東福寺・泉涌寺・伏見稲荷

宇治

貴船・鞍馬
天橋立周辺

N
0 500m

加悦野町

☆天橋立傘松公園 P.57

● 傘松駅

マリントピア天橋立
6号館 H

天橋立ケーブルカー

眞名井神社

H 天橋立ユースホステル
麓神社 H

☆元伊勢 籠神社 P.57

余花の宿
花笑舞 H

府中駅
府中小

妙立寺卍 大乗寺卍

海鮮宿 黒崎荘 H

慈光寺

大乗寺

松風荘

民泊宿
あまのはしだて H

⊗

240m
徒歩3分

旅館・
一の家

神風楼

京都北都
信金

福寿亭 H

国分寺卍

京都府立
丹後郷土資料館

丹後国分寺跡

ザ グラン リゾート
天の橋立 H

元
伊
勢
籠
神
社

天
橋
立
籠
神
社

607

京都府立
与謝の海支援学校

天橋立
ワイナリー

178

双竜の松

お菓子の館
はしだて

● 天橋立

阿蘇海

H 天橋立神社

和のオーベルジュ
amano-hashidate幽斎

オーベルジュ
天橋立 H

2

天橋立ホテル H

長浜荘 H

京都丹後鉄道宮豊線

仁風荘 H

智恩寺 P.57

605

E 丹後くろまつ号
P.56

ホテル
北野屋 H

H 文珠荘 松露亭

H 民宿
ゆうなぎ荘

吉野神社卍

天
橋
立
リ
フ
ト
ラ
ン
ド
モ
ノ
レ
ー
ル

天橋立駅

〒

E 天橋立観光船 P.57

☆ 廻旋橋 P.57

C 吉野茶屋 P.57

獅子崎稲荷神社卍

宮津市

山麓駅

H 天橋立温泉 和のリゾート
文珠荘

玄妙庵

天橋立ビューランド

山頂駅

H 天橋立荘

178

宮津駅↓

A

B

C

福井県

京都府

滋賀県

兵庫県

大阪府

広域MAP P.164-A1

1

2

187

188

名称	エリア	ページ	MAP
晴明神社	二条城・西陣	47	P.166-B2
赤山禅院	一乗寺・修学院	58	P.177-A2
泉涌寺	泉涌寺・東福寺・伏見稲荷	147	P.183-A2
即成院	泉涌寺・東福寺・伏見稲荷	146	P.183-A2
蛸薬師堂(永福寺)	河原町・烏丸	115	P.171-B4
糺の森	京都御所周辺	31	P.167-A3
辰巳大明神	祇園・清水寺	48	P.168-A2
丹後くろまつ号	天橋立周辺	56	P.187-C1
智恩寺	天橋立周辺	57	P.187-C1
竹林の道	嵐山・嵯峨野	38	P.178-B2
茶道資料館	京都御所周辺	149	P.166-A2
長者湯	二条城・西陣	45	P.166-B2
TEA SQUARE MORIHAN	宇治	13	P.165-C2
手織りミュージアム 織成館	二条城・西陣	118	P.175-A4
哲学の道	岡崎	37	P.173-A3
天龍寺	嵐山・嵯峨野	130	P.178-B2
東寺(教王護国寺)	京都駅	58	P.180-C1
東福寺	泉涌寺・東福寺・伏見稲荷	134	P.183-B1
渡月橋	嵐山・嵯峨野	38	P.178-C2
南禅寺	岡崎	32	P.173-C3
南禅寺水路閣	岡崎	32	P.173-C3
仁和寺	紫野・北野天満宮	9・18・126	P.174-B1
ねじりまんぽ	岡崎	151	P.173-C3
野宮神社	嵐山・嵯峨野	38	P.178-B2
幕末維新ミュージアム 霊山歴史館	祇園・清水寺	111	P.169-B3
花見小路	祇園・清水寺	48・55	P.168-A2
東山山頂公園展望台	祇園・清水寺	55	P.169-B4
平等院	宇治	138・146	P.185-C3
琵琶湖疏水	岡崎	151	-
琵琶湖疏水記念館	岡崎	151	P.173-C3
FORTUNE GARDEN KYOTO	河原町・烏丸	144	P.171-A4
福寿園 宇治茶工房	宇治	139	P.185-C3
伏見稲荷OICYビレッジ	泉涌寺・東福寺・伏見稲荷	13	P.183-C1
伏見稲荷大社	泉涌寺・東福寺・伏見稲荷	31・135	P.183-C1
船岡温泉	紫野・北野天満宮	44	P.175-A4
芬陀院(雪舟寺)	泉涌寺・東福寺・伏見稲荷	134	P.183-B1
平安神宮	岡崎	36・120	P.172-B2
宝筐院	嵐山・嵯峨野	20・131	P.178-B2
宝厳院	嵐山・嵯峨野	19	P.178-C2
宝泉院	大原・比叡山	21	P.165-A2
法然院	岡崎	123	P.173-A3
保津川下り	嵐山・嵯峨野	133	P.164-B2
堀川通	二条城・西陣	31	P.166-C2
MACHIYA : SAUNA KYOTO	河原町・烏丸	45	P.170-A2
松葉湯	紫野・北野天満宮	45	P.175-C4
円山公園	祇園・清水寺	65	P.169-A3
萬福寺	宇治	58・147	P.165-C2
御金神社	二条城・西陣	31・47	P.170-A2
三上家路地	二条城・西陣	104	P.166-A2
御髪神社	嵐山・嵯峨野	47	P.178-B1
南座	祇園・清水寺	107	P.168-A2
源湯	紫野・北野天満宮	44	P.175-C3
壬生寺	京都駅	51	P.170-C1
壬生屯所旧跡八木家	京都駅	51	P.170-C1
宮川町	祇園・清水寺	55	P.168-B1
妙円寺(松ヶ崎大黒天)	一乗寺・修学院	58	P.177-A1
妙心寺	紫野・北野天満宮	25	P.174-C2
元伊勢 籠神社	天橋立周辺	57	P.187-A2
元離宮二条城	二条城・西陣	118	P.170-A1
ヤ 八坂庚申堂	祇園・清水寺	111	P.169-B3
八坂神社	祇園・清水寺	33・107	P.169-A3
吉田山荘	岡崎	145	P.172-A2
吉田神社	岡崎	50	P.172-A2
ラ 樂美術館	京都御所周辺	149	P.166-B2
らんぶらレンタサイクル	嵐山・嵯峨野	38	P.178-C2
龍安寺	紫野・北野天満宮	126	P.174-A2
両足院	祇園・清水寺	25	P.168-A2
レンタサイクルえむじか	京都御所周辺	39	P.167-B3
六波羅蜜寺	祇園・清水寺	9・58・147	P.168-C2

✖ 食べる ✖

名称	エリア	ページ	MAP
ア 青いけ	京都御所周辺	27・125	P.176-C1
ATLANTIS	河原町・烏丸	117	P.171-B4
いづ重	祇園・清水寺	65	P.168-A2
伊藤久右衛門 祇園四条店	祇園・清水寺	41・43	P.168-A2
稲荷茶寮	泉涌寺・東福寺・伏見稲荷	41・135	P.183-C1
イノダコーヒ本店	河原町・烏丸	34	P.171-B3
おかる	祇園・清水寺	109	P.168-A2
小川珈琲 堺町錦店	河原町・烏丸	67	P.171-B3
おばんざいとグリル SALA	河原町・烏丸	71	P.171-C4
カ 菓子屋のな	河原町・烏丸	63	P.165-B2
家傳京飴 祇園小石	祇園・清水寺	41・108	P.168-A2
汽	京都駅	35	P.181-A4
Gion Duck Rice	祇園・清水寺	76	P.168-A2
ぎおん徳屋	祇園・清水寺	63	P.168-B2
GION NISHI CAFE	祇園・清水寺	40	P.169-B3
喫茶ソワレ	河原町・烏丸	30・116	P.171-B4
喫茶マドラグ	河原町・烏丸	67	P.170-A2
喫茶me	岡崎	81	P.172-C2
貴船 喜らく	貴船・鞍馬	137	P.186-A1
貴船倶楽部	貴船・鞍馬	137	P.186-A1

はんなりおさんぽ

京グルメが楽しみ♪